村青少年日常生活中的机使用与现代体验

基于六营村中学生的田野研究

万新娜　著

天津社会科学院出版社

图书在版编目（ＣＩＰ）数据

乡村青少年日常生活中的手机使用与现代体验 ：基
于六营村中学生的田野研究 / 万新娜著. -- 天津 ：天
津社会科学院出版社，2023.10
　　ISBN 978-7-5563-0921-4

　　Ⅰ．①乡… Ⅱ．①万… Ⅲ．①移动电话机－影响－青
少年－研究－中国 Ⅳ．①D669.5

　　中国国家版本馆 CIP 数据核字(2023)第 199989 号

乡村青少年日常生活中的手机使用与现代体验 ：
基于六营村中学生的田野研究
XIANGCUN QINGSHAONIAN RICHANG SHENGHUO ZHONG DE SHOUJI SHIYONG YU XIANDAI TIYAN:
JIYU LIUYING CUN ZHONGXUESHENG DE TIANYE YANJIU

责任编辑：吴　琼
责任校对：刘美麟
装帧设计：高馨月
出版发行：天津社会科学院出版社
地　　址：天津市南开区迎水道 7 号
邮　　编：300191
电　　话：（022）23360165
印　　刷：高教社(天津)印务有限公司
开　　本：710×1000　　　1/16
印　　张：15.25
字　　数：226 千字
版　　次：2023 年 10 月第 1 版　　　2023 年 10 月第 1 次印刷
定　　价：88.00 元

内容简介

　　手机在乡村青少年群体的普及与广泛使用,深刻地改变着他们的日常生活模式和交往方式,拥有了与城市无差的多样化信息服务和现代消费体验,成为他们对现代城市文化追寻的重要渠道。本书以六营村作为田野观察点,考察现代媒介技术对中国乡村的深刻影响。手机以其现代性的表征深刻地建构着乡村青少年的日常生活,手机时空切换让他们在传统与现代、乡土与城市、地方与全球的现代性矛盾与冲突中游离,面临文化归属与认同的困惑。乡村青少年在网络媒介实践中热情拥抱现代多元文化的同时,也在努力从乡村文化逻辑中寻求能带来更多安全感的乡村认同。

序

　　近些年来随着现代化、城市化进程的迅猛发展,农民经济收入、居住条件、生活水平等物质生活发生翻天覆地的变化同时,弱势人口留守,乡村家庭功能缺失,代际传承断裂,乡土日渐空心化与边缘化。在此过程中,具有现代性表征的媒介技术在村落中普及,带来日常生活和社会交往方式的变迁,媒介技术与乡村文化成为极具现实意义的研究议题。乡村生活水平的大幅提升和电信产业的发展让手机在农村日益普及,青少年成为村落空间中深度使用手机的群体,手机深刻地改变着他们的日常生活和交往方式。

　　媒介技术的更迭及其带来相应变化是社会变迁的缩影。本书以乡村田野——六营村为研究场域,展开情景式研究,将乡村新生代——青少年与手机作为研究对象,在现代转型而又充满矛盾的乡村语境下,探寻乡村青少年在村落空间中如何使用或"驯化"手机,并进一步探讨在现代性语境下媒介与乡村文化之间的关联。列斐伏尔的"日常生活"理论和"空间生产理论"作为本次田野研究的理论剖析工具,运用诠释民族志的研究方法,对六营青少年日常生活中手机使用的空间与场景,展开深入考察。本书将乡村青少年日常生活空间实践的家庭空间、学校空间和网络空间作为叙事结构,借助这些空间中相应关系——亲子关系、师生关系、同伴关系,发掘乡村青少年手机使用的社会文化意涵。

　　手机在六营青少年群体中的普及,深刻地改变着他们的日常生活模式和交往方式,有了与城市无差的多样化信息服务和现代消费体验,成为他们对现代城市文化追寻的重要渠道。在家庭空间中,手机跨越时空的现代表征让留守家庭随时能够实现亲情连线,补足家庭功能,促进家庭代际关系的平衡与融通,赋予青少年一代更多的话语权与决定权。在校园空间中,手机的出现打破了乡村校园时空封闭的特征,成为其在繁重学业任务下,短暂逃离、放松身心的工具。手机网络带来的海量信息无限拓展了知识和信息获取渠道,教师不再是传统封闭村落中唯一知识权威,师生关系有了新变化。手机网络改变着乡村青少年同伴关系和交往方式,他们借助手机网络实现同伴关系和情感的建立和维系。网络空间成为乡村青少年现实空间中同伴交往的重要延伸和补充。研究发现手机以其现代性的表征深刻地建构着乡村青少年的日常生活,手机时空切换让他们在传统与现代、乡土与城市、地方与全球的现代性矛盾与冲突中游离,面临文化归属与认同的困惑,他们通过各种途径努力构建着乡村边界与地方认同。乡村青少年在现代多元文化的体验与网络媒介实践中,努力从乡村文化逻辑中寻求能带来更多安全感的乡村认同。

手机带来的各种现代与后现代表征,不可能脱离特定社会生活语境。手机给乡村青少年带来诸多改变是乡村语境下社会文化结构与生态的体现。手机使用的性别差异是乡村性别文化所致,并相互建构。手机持有的时间和价格的差异是新经济环境下乡村阶层划分的结果。因此,媒介技术存在于特定社会语境中,无法脱离社会文化背景单独发挥作用。手机让乡村新生代社会生活和交往方式层面发生了显见的变化,却不易撼动乡村稳定核心价值体系和认同机制。手机引发的各种变化只是具有现代取向的社会生活和交往方式层面的改变,深层的文化价值秩序延承并未因现代媒介技术的冲击而消逝。与之前发展语境下的乡村传播研究认为媒介技术能够促进人的现代化发展、缩小城乡差距的普遍认知不同,事实上媒介技术只是给乡村青少年带来技术的"震惊"与娱乐狂欢,对缩小城乡多方差异是极其有限的。同时,娱乐至上媒介使用习惯还会让他们进一步远离乡村文化。手机仅仅被乡村青少年作为娱乐消遣工具,而并未作为拓展知识、开阔眼界、提升素养的工具。他们只关注娱乐八卦而不是各类新闻讯息；他们主动搜索歌曲、影视剧而很少主动搜索科教信息；他们钟爱玄幻电子书却几乎不主动接触经典著作。手机给乡村青少年带来更多的是技术、娱乐、消费层面的城乡趋近，而深层次的"我者"与"他者"文化习得与传承，知识的积累，文化素养提升被娱乐至上的现代媒介消费模式完全挤占。媒介技术逐渐培养起乡村青少年现代娱乐与消费观念，渴望远离乡土，却又无法从城市文化中获取应有的安全与归属感，处于文化"拔根"状态。

媒介技术所带来社会变化与革新均是特定时空下特有文化价值体系的新向面。手机带来乡村交往格局和关系秩序变迁，其关键背景与核心动力是乡村现代化进程的推进，这些在手机参与下的各种变迁更多地体现在社会生活交往方式、微观权利等方面，而乡村社会的核心文化价值体系和文化认同机制并未发生改变。具有现代和后现代表征的手机在村落空间的使用，是被乡村文化价值体系逐渐"驯化"的过程。

中国社会是具有乡土基因的社会，但是现代化与城市化迅猛发展让人们快速奔跑的同时忘却了自己的文化归属。具有现代消费文化内核的手机扰乱了乡村新生代的文化认同机制，让他们虽身居乡土但被媒介培养起现代生活和消费习惯，向往现代城市却并未形成应有的认同与归属。在现代城市的汲取式发展面临诸多弊端和瓶颈时，是时候回归孕育着丰厚文明却被逐渐抛弃的乡土，重新唤起乡村新生代的乡土记忆与认同。

目　录

第一章 绪论

第一节 研究缘起与意义

一、研究缘起

2008 年 9 月的一天,我第一次走进这个身处大别山腹地的小村落——六营,参与体验了一场极具乡土特色的婚俗典礼。各种新奇的仪式让自幼生长在西北边陲,习惯了多元民族文化的我第一次感受到了本民族传统乡土文化的奇趣与魅力。之后每次返乡,让我对六营的印象日渐亲近、明晰,独特的风俗文化引起了我浓厚的兴趣。六营村所属的商城县自夏商时期便被列为诸侯封地,几千年来延承着华族文明,留下了丰厚的民族文化积淀。其身处大别山腹地,远离现代城市,一直较完整地延续着乡土文化传统。这里的人们保持传统的人际交往格局和礼俗往来,当然,现代化与城市化进程也让这里悄然发生着改变。那次婚礼让村里很多人特地从务工地赶回来,婚礼结束后第二天,村里的人们便相互道别,陆续踏上了返城打工的征程。婚礼当天的热闹喧嚣迅速归为平静,好似不曾有过,只有胡乱丢弃在池塘里的一次性杯、碗,那扎眼的红色"嘲笑"着秋日里村庄的萧条与落寞。至今还记得三姐返程前的种种不舍与留恋,8岁的小女儿默不作声地扯着妈妈的衣角,大一些的儿子站在一旁,一脸默然。那是我第一次感受到留守儿童不只是一个词语而是真真切切的身边存在。

之后的每次回乡都会感受到鲜明的变化,一栋栋漂亮的楼房建成或在建,不断有人举家搬往县城,村里多了许多长满杂草的场院。正月里,村西头的铜山桥也开始堵车,豫、浙、苏、沪、京打头的车牌是当地人流动的足迹和城市打拼的见证。2015年夏天再次有幸参加的一场婚礼,对于已沉寂了许久的村庄,这依旧是全村人的大事。人们还是那么欢愉、热闹,只是没有了七年前那场婚礼的乡土气息。舞台、充气拱门、现代说唱表演、聒噪的“的士高”,好像是错入了县城促销门店。平日里六营依旧是老人、妇女和孩子的世界。小卖部门口聚集在一起聊天的老人们因生命的无常而日渐减少,新开的棋牌室成了留守女人们闲暇的好去处,村里新盖的楼房越来越漂亮,可住的人越来越少。

在众多的变化中,最为显见是那些曾经围在电视机前出神地看动画片的孩子们,如今已和父母一般高了。曾经那个因为母亲外出务工不舍而泪流满面的小女孩如今已出落成大姑娘,对父母的来去也习以为常。他们各自捧着自己的手机窝在舒适的角落里,旁若无人地打游戏、刷空间、看影视剧。假期的村里随处可见一群少年围着玩手机,手机让他们迅速沉迷其中而心甘情愿地将电视的主动权还给了长辈。青少年对手机的品牌、功能、外观等硬件要求不断提升,也成为同伴间攀比炫耀的资本。六营青少年对现代的、新奇的手机及其带来的网络体验乐此不疲、心无旁骛,埋头沉迷于手机,成为日渐空心化村落中的一道独特风景。

在手机出现之前,六营青少年通过电视和长辈的讲述满足其对城市的想象,或寒暑假到父母打工的城市参观,但他们永远是无法融入的“他者”。与父辈们通过身体空间挪移来感触现代城市的方式不同,乡村青少年无需空间移动,便可通过无差别的海量信息、电子娱乐、线上交往、网络购物触摸到现代生活的脉搏,并乐此不疲,虽身在乡村却获得现代"脱域"①体验和把握世界信息脉搏的能力。手机的普及与风靡如何影响并重塑乡村青少年的日常生活;乡村青少年的手机使用有何隐喻;乡村青少年手机使用与文化认同形成怎样的互构关系;手机给村落空间带来的传统与现代、城市与乡村的交错体验及如何影响或建构乡村青少年的文化认知;他们如何通过极具后现代特征的手机表征自我、建构自我,成为本研究的关注问题。

　　乡村青少年决定着乡村的未来走向。很多学者指出,20世纪以来,在城市化和现代化的浪潮席卷下,乡村文明濒临凋敝,越来越多的年轻人外出上学或打工,最终在城市生活,乡村成为"回不去的故乡"。这些年,大量劳力外出务工的常态让六营村生活水平提升的同时,乡村文化表征的日渐遗失,乏人传承,让人颇感惋惜。但这些人毕竟留有浓厚的乡村记忆,对乡土传统仍心存敬意。手机的侵入让留守在村落中的乡村青少年在身体未移动的情形下便接受了思想、观念、生活方式的现代化改造。村落空间的手机使用形成了地方与全球、传统与现代、乡村与城市的文化冲突生态。本研究希望以手机为切入点,在探寻手机对乡村青少年日常生活重构的基础上,诠释媒介技术在乡村社会变迁中的角色。

　　本研究主要采用质化研究方法,以微观视角,把研究对象看作鲜活生命个体,通过关注日常生活的方方面面,解析支撑表象下恒久而确定的原则、规律、文化价值和社会结构。质化研究方法跳脱了量化研究的规模样本与数据统计的主流研究模式,对人深度关切,发掘其所生存的社会结构、秩序及权力关系。现实中媒介技术的普及给原本处在剧烈变迁的乡村社会带来了新的向量。媒介的介入让偏远的村落空中充斥着多元文化

---

　　① 脱域:是指社会关系从彼此互动的地域性关联中,从通过对不确定的时间的无限穿越而被重构的关联中"脱离出来"。吉登斯(1990/2011:15)认为,前现代社会,人们的社会生产与生活是受到地域性活动支配,时间总是对应特定的空间。然而进入现代社会以来,各种"脱域"的要素的孕育,时间与空间逐渐具有了分离的可能性。场所完全被远离它们的社会因素所穿透并据其建构而成。建构场所的不单是在场发生的东西,场所的"可见形式"掩藏着那些远距离关系。

力量的碰撞与冲突,这成为利用质性研究方法进行深度考察与文化解析的绝佳场域。

二、选题意义

本文以乡村为研究场域,展开情境式研究,将该场域中最为活跃的群体——青少年作为研究主体,将其置于转型期的乡村文化背景下的日常生活情境之中。探寻媒介技术给新一代乡村居民日常生活和乡村文化带来的现代冲击。本文在研究对象的选取、质性研究方法的选用、日常生活理论的微观视角等方面具有一定的理论与现实意义。

首先,研究对象的重要性。本研究的研究对象是通过田野考证不断缩小范围,而最终确定下来的。在乡村空间中具有现实针对性,也具有理论考察意义。

乡村青少年是村落中的新生代,其社会认知和思想动态代表着乡村社会文化未来发展与走向。赵旭东(2008:318)认为在现有的乡村社会学或者传播社会学研究中有意无意地践行着传统与现代、乡村与城市这样以现代性为基础的对比分类的预设。此情形下的研究主体大都是基于城市中心主义的"他者"视角下的"农民""乡村居民""城市农民工"的界定,而忽视了乡村社会中群体差异。六营青少年作为乡村新生代,是媒介陪伴下成长起来的一代,他们的思想、观念、对乡村文化的认同与延承意愿已与他们的父辈截然不同。他们中的绝大部分人将城市作为自己奋斗的目标和最终理想,具有鲜明的现代性的取向。因此,选取乡村青少年作为研究对象更具文化诠释价值与意义。自 2010 年前后,手机在六营村出现并逐渐普及。近几年,村里青少年手机普及率较高,成为乡村青少年获取信息、休闲娱乐的重要工具,手机已经完全取代了电视,很多学生表示平时根本不看电视。手机的娱乐、通信、社交等功能深刻地影响着乡村青少年的日常生活体验。就现有的手机文化研究来看,量化研究和城市居民倾向仍是目前研究的主流。在乡村传播方面,电视对乡村社会的影响一直是学者们关注的焦点,近两年出现了一些针对手机在少数民族村落的使用进行人类学考察研究。极具现代与后现代双重表征的手机在村落中的普及与使用具有文化研究价值,是探讨现代化、城市化背景下乡村文化存在与未来发展的切入点。

确定六营村作为田野研究地点,是一种自发的行为,也有研究便利的考虑。在此论述地点选取的意义有"粉饰"之嫌,但随着调研的逐步深入,对六营村有了宏观认知和更为深入的了解后,发现六营是难得的乡村传播研究场域。与城市周边村落、城中村、东部沿海村落的城镇化不同,六营村地处大别山深处,地理位置偏远。现代性浪潮的余威给六营带来了变化但不如上述发达地区村落那么彻底。大量人员长期在外务工,带来经济条件的改善,但对乡土传统文化仍心存敬意,返乡时自觉地遵循着乡村传统的文化秩序,乡村仍是他们最终的归宿。在这种传统乡土场域中,极具现代、城市表征的手机便让各种冲突、碰撞、张力立现,是极好的质性研究考察场域。

其次,新媒体及微观理论视角。郭建斌(2003)认为自传媒与乡村社会研究问题被提及以来,为了更快地和外国传播学研究主流接轨,中国大陆的有关乡村社会的传播学研究从一开始就被置于"现代化"和"发展传播"宏观的理论框架内。十多年来一些学者尝试将人类文化学研究的民族志方法引入乡村传播学研究当中,挖掘媒介使用表象背后的社会结构和权利关系(郭建斌,2003;李春霞 2005;金玉萍 2010)。这些研究均是基于空间差异角度以考察电视媒介对少数民族地区"他者"文化的冲击与认同的影响。本文是以汉族乡村社区为田野考察对象,以新媒介技术为切入点,探寻现代化语境下手机给传统乡村文化带来矛盾与冲突及其文化诠释。

关注微观的日常生活是本研究基本视角。根据列斐伏尔的日常生活理论,将哲学家们始终认为的"非哲学的、平庸的、没有意义的"日常生活纳入哲学研究范畴,以微观的人的日常生活为学术关切,揭示背后的宏观权力渗透、微观权力表征、传统习俗存在逻辑等,从而达到"以小见大"的目的。在研究过程中采取自下而上和自上而下两种视角,将乡村青少年的手机使用置于传统与现代、乡村与城市、地方与全球的相遇与碰撞的语境中,对乡村青少年日常生活中手机使用行为展开观察与诠释。

为了更好地梳理乡村青少年微观层面日常生活手机的使用与体验,本研究采用空间理论视角和关系视角相互依托方式构建论文的框架。在空间理论方面,借鉴列斐伏尔的"空间生产理论",突破了传统社会科学的历史倾向性,强调历史、社会、空间多元整合的视角来发掘事物的复杂性。将乡村青少年日常生活实践空间划分为家庭空间、学校空间、和网络空间,梳理并发掘乡村青少年的手机的文化意涵,同时兼顾这些空间中的主要关系:亲子关系、师生关系、同伴关系,揭示在手机作用下这些角色关系中的权利更迭与变迁,以求在纷乱的日常生活实践表象中,有条不紊地呈现并展开文化诠释。

最后,关于选题的社会现实意义。这些年来全国上下大张旗鼓地进行社会主义新农村建设。在六营村,一栋栋漂亮的楼房背后五彩的塑料垃圾无人清理;国家投资建设的乡村书屋无人问津;祭祖的烟花耗资逐年递增,而年味却越来越淡;一些乡土传统也因人们外出务工而日渐流失。现代化浪潮中乡村及其传统文化成为许多社会学者的关切。有学者预言传统乡村最终会走向衰败和消亡成为"无法返回的故乡"(熊培云,2012:461-462)。但也有学者认为,在现代化与城市化的冲击下,乡土民间文化、宗教信仰并没有消失,反而不断展现出巨大的生命力(王铭铭,1997:85-100)。无论是乡村的消亡论,还是复兴论,有一点是必须肯定的,随着现代化、城市化进程的加快,乡村社会无论是基础的家庭生产经营模式还是外在的生活表征都呈现出巨大的变化,而基于日常生活的微观视角更能细致地反映出转型期乡村社会变迁的复杂样貌。

本研究以六营新生代的手机使用作为切入,深入六营及青少年日常生活空间与场景,对现实空间与虚拟空间展开深入考察。以手机为切入,人为主体,乡村未来发展为关切,展现现代化与城市化语境下乡村社会文化继承与发展的困顿,在日趋复杂而又多元的文化冲击中,认清形势比明确方向显得更为重要。

第二节 文献综述

　　手机在乡村迅速普及,成为乡村青少年广泛接触外界信息、体验现代网络生活的重要渠道。本文以微观视角,尝试探寻乡村青少年日常生活中的手机使用,手机对乡村青少年学习、生活及交往方式的重构,以及在传统乡村秩序与现代网络体验的冲突与张力中,乡村青少年文化认同与自我建构。为了更好地展开此项研究,梳理文献时主要从以下两个主题展开:乡村传播研究、青少年与媒介研究。

一、发展视野中的乡村传播

　　中国的乡村传播学一直被置于发展传播学语境中。发展传播学的核心观点是传播媒介是国家发展的工具。发展传播学理论兴起于20世纪50年代末,以勒纳、罗杰斯、施拉姆等为代表的学者,开启了发展传播学的基本模式。勒纳的《传统社会的消逝:中东的现代化》(1958);施拉姆的《大众媒介与国家发展》(1964);罗杰斯的《创新的扩散》(1962)和《农民的现代化》(1969),英格尔斯的《人的现代化》(1974)等。该阶段的研究将传播看作从传统社会结构转变为现代化社会结构的过程中,必须改变或调适行为和态度,以转向现代化的个体,这种转变是借助传播来完成的。近代西方发展传播学理论主要是基于发达国家的现代化理论。然而,20世纪后期资本主义现代社会各种弊端频现,以中国为代表的发展中国家进入经济快速增长的轨道,现代化理论遭受多方批评与质疑。随着媒介技术的迅猛发展,发展传播学体系中呈现媒介技术转向,探讨新媒介技术与社会结构互构的逻辑。20世纪80年代戴维·莫利将媒介技术置于日常生活情境中展开研究,运用民族志的研究方法探寻媒介与人和社会的互构关系,开启了受众研究新模式。西尔弗斯通运用民族志研究方法将媒介技术和社会关系进行综合考察。西尔弗斯通(1996:14)认为媒介技术能够分离或连接家庭领域和外界的同时也可能解构家庭内部行为。肖恩·莫斯在上述研究的基础上将社区认同纳入媒介技术研究范畴,试图研究媒介技术如何表达特定文化模式。该阶段的研究在延承了发展传播学的研究范式基础上,展开积极的反思与批判。在承认媒介技术对人们日常生活和交往模式的建构的同时,强调社会结构与文化权力体系的决定性作用。约翰逊的《电视与乡村变迁——对印度两村庄的民族志调查》(2009)采用了参与式观察和深度访谈的人类学研究方法,诠释电视对乡村社会变迁的影响,拓展了发展传播学的研究空间。

中国学者于20世纪80年代开始介绍发展传播学,开启了中国发展传播学的研究。这一时期的研究主要是学习和借鉴国外发展传播学理论及研究路径。真正针对中国国情,较为成熟的实证研究始于90年代。一些社会学者将大众媒介这一变量纳入到社会发展体系中来。最具代表性的研究成果为裴正义的《大众传播与中国乡村发展》(1993)和陈崇山等人的《媒介·人·现代化》(1997)。形成媒介与传播发展推动社会现代化进程的范式。之后,学者李红艳对乡村传播有一系列研究,并致力于中国乡村传播学理论研究与实践探索。正如方晓红(2002:1-4)所言:"农村在中国是一个不容忽视却常被忽视的领域"。近年来,大众媒介与乡村社会发展变迁研究开始成为中国大陆新闻传播学者关注的领域,研究者一方面继续借鉴西方发展传播学理论来分析农村、农民的发展与大众媒介的关系,同时也在思考发展传播学本土化的问题,提出构建中国式发展传播学的诉求。在一系列学术成果引领下,乡村传播正式纳入传播学研究体系。

2016年起,以"乡村、文化与传播"为主题的河阳学术论坛吸引了国内外文化传播与人文社科学者的关注,是传播学科领域理论精粹与本土实践结合的重要引领与导向。著名传播政治经济学学者赵月枝也逐渐将"乡村传播"作为自己新的研究方向。她认为中国的传播学界应该有城市与乡村、中心与边缘的现实关怀,积极探寻现代农民的主体性、媒体和文化在农村社会中的地位和作用、乡村文化和农耕文明的生命力等。乡村传播学研究就是发展传播学研究本土化实践与探索的典型。

就目前来看,量化实证主义研究方法仍然是我国学者涉及乡村传播研究的首选,并产生了诸多相关著作,其中被学界广为关注的为:方晓红的《大众媒介与农村》(2002)、谭英的《中国乡村传播实证研究》(2007)等。这些量化研究是基于大规模样本,深入、全方位的科学调查,总体上认可了现代传媒对乡村社会发展的积极意义,针对所存在的问题,提出了科学的建议。但是,乡村传播理论体系不能只将农民视为无差别的统一体,无视其个体差异,将大众媒介作为农村传播的唯一且重要变量,忽视对乡村人际与群体传播模式的复合考量。

近两年来乡村传播的质性研究逐渐增多,代表性成果有:郭建斌的《独乡电视:大众媒介与少数民族乡村的日常生活》(2003)、金玉萍的《日常生活实践中的电视使用——托台村维吾尔受众研究》(2010)。两人的研究均采用了民族志研究方法,从日常生活实践的角度探讨了少数民族社区与大众媒介的关系,很大程度上弥补了量化研究的不足。

总体来看国内的发展传播学研究延续了国外实证主义传统,很多成果是基于大规模数据的整理与归类上,为后续研究提供了宝贵的科研资源,但理论提升与社会学视野的逻辑发现不足。以郭建斌为代表的一批传播学者,以乡村或少数民族乡村为关注点,引入了人类学的研究方法,对乡村的个案展开微观的剖析与解读,为发展传播学注入了新的活力。微观、人性化的社会学视角也是本文期望延续的传统,探寻乡村新生代媒介技术使用的主体性,以及现代媒介技术和传统乡土文化在建构现代农村文化的逻辑与意义。

近年来,媒介技术的迅猛发展让手机逐渐在农村地区普及,关于手机作为一种个人媒介对乡村生活方式变迁影响的研究也逐渐增多。手机与乡村文化传播的相关研究基本是置于现代化的语境下,探寻手机对乡村发展的意义,围绕手机对农村生活方式及交往方式的影响与改变这一主题展开。如李艳艳的《手机在农村信息化过程中的角色探讨》(2009)和李亚玲的《手机媒体与农村信息化分析》(2008)描摹手机在乡村的使用状态,并对手机在农村进行信息传播的优势进行分析和阐述。在对农村进行实证调查研究,揭示手机媒介对当地村民生活的影响后,张孝翠(2010)认为:手机为人们思考、表达思想和抒发情感的方式提供了新的定位,并在不知不觉中指导人们认识和理解事物的方式。手机正在以潜移默化的方式,重构农民的生活世界。赵海英(2011)认为:在社会发展历程中,从来没有一种传播媒介像手机这样对农村居民的生活方式造成如此大的影响。手机促使农民日常生活方式重构,推动农村居民生活方式从传统到现代变迁。此外,还有很多学者通过个案的定性研究方法剖析了手机对游走于城市中的农民工群体生活交往状态改变的研究(杨善华,2006;曹晋,2009等)。

手机与乡村的研究大部分通过量化研究的数字分析展现了现代媒介技术对传统农村社区生活方式的剧烈冲击,并勾勒出手机打破并重构农村传统生活及交往格局的基本逻辑,是对乡村传播学的补充与发展。但这些研究中农村居民被视为无差别的个体。笔者在进行田野调研中发现,手机对农村现有交往格局的影响是有限的,在老人、留守妇女、少年儿童为主体的农村社区中,老人和妇女的手机使用是对传统交往格局的时空延展,少年儿童才是手机的"易感人群"。新媒体的即时、互动的特性及其强大的娱乐功能极大地吸引着农村年轻群体的积极参与,深刻改变着其学习、生活、娱乐方式,并感染着乡村空间中的其他人群,这也是本文将乡村青少年锁定为研究对象的原因。

二、青少年与媒介

大众传播媒介对青少年影响的研究始于 20 世纪 30 年代佩恩基金对

电影效果分析。① 该专题研究成果以《电影和儿童研究摘要》为题公开发表,指出:电影明显地改变了儿童的态度和行为,即使当时没有显现出瞬时效果,也仍具有一种长期的潜移默化的作用(转引自卜卫,1990:32－47)。佩恩基金的研究分别从不同方面证明,电影改变了儿童的态度和行为,电影强化了大众媒介的力量,且这种力量是不可抗拒的,也是有害的。大众传播应该对少年儿童的不良行为负责。佩恩基金的研究是当时"魔弹论"时期的典型研究。之后施拉姆等人对儿童的收视行为进行研究,对佩恩基金的观点做出了修正,提出电视为我所用的儿童收视观念,打破了早期儿童被动接受电视的惯性思维。

　　进入 80 年代,青少年与传播关系的研究加入了欧洲批判学派研究的视角。将青少年视为特定社会文化背景下的受众,社会培养了青少年,电视在其中起着重要作用。认为以往传播学研究从实证角度考察大众媒介与青少年发展的关系,忽略大众传播与整个社会历史文化之间的关系,难以说明复杂的社会现象,强调将传播现象放在广泛的社会背景和历史进程中考察。

　　90 年代以后,青少年与大众传播关系的研究有了新进展。由大众媒介对少年儿童的消极影响,转向了大众传播正面教育作用,以及大众媒介对青少年心理发展影响的研讨,认为传播效果的发生是一个和其他社会因素相联系的错综复杂的心理过程,大众传播只是在其中扮演着重要角色。此外,研究方法也发生了变化,早期的青少年与大众媒介的调查主要以社会调查方法为主,通过分析大量样本,探讨青少年的电视行为和使用模型。80 年代,心理实验方法得到了研究者的采用,以小样本组的控制实验展开研究。近年来,也有部分研究者采用文化人类学方法研究青少年与大众媒介关系。

---

　　① 联合国《儿童权利公约》界定,儿童指 18 岁以下的任何人。国外媒介与儿童的研究基本依据国际惯例,将儿童的年龄界定在 0～18 岁之间。研究者根据自己的研究动机与研究需求将不同年龄段的儿童作为研究对象。本研究青少年的年龄定位于 13～18 岁之间。

80 年代初,西方传播学研究成果在中国大陆大量引入,加之电视媒介在中国大陆迅速普及而带来媒介环境变化对青少年认知行为的影响不容忽视,媒介与青少年研究逐渐成为重要议题。总的来讲,媒介与青少年发展研究议题多样,角度不同,方法各异,但主要围绕着:青少年媒介使用情况、媒介对青少年的影响、儿童媒介素养这三个议题展开。

卜卫开展了一系列少年儿童与大众媒介的研究,为国内该项研究奠定了基础。卜卫在通过《论儿童的媒介需要与媒介选择》(1993)、《关于儿童媒介需要的研究——以电视、书籍、电子游戏机为例》(1996)、《电视与儿童社会化》(1994)等一系列研究为少年儿童的媒介使用与满足领域的研究作出了重要贡献。卜卫(1993:21-31)认为,儿童有多种媒介的需要,并且对每种媒介的需要各不相同,电视满足儿童放松、逃避、刺激、交往、娱乐的需要;报纸满足儿童学习、新闻、消磨时间的需要;广播满足儿童新闻的需要。青少年的媒介使用研究主要是采取定量的研究方法,围绕媒介选择、内容选择、接触时长、接触频次等方面展开对儿童使用大众媒介情况的调查,以较为丰富的基础数据,描绘出青少年使用媒介及影响的大致轮廓。江林新(2010:18-22)等人对上海市少年儿童媒介使用状况进行了连续两年的跟踪调查,发现电视是上海少年儿童接触率最高的媒介,网络其次,接触内容主要是娱乐信息和实用信息,新闻需求较弱,约半数的少年儿童拥有手机,主要作为通信工具使用。张轶楠(2007:69-73)等人对留守儿童媒介使用情况调查后认为留守儿童因缺乏父母关照,只能通过电视实现情感补足,但适合农村留守儿童的电视节目数量极少。2010 以后出现了关于网络媒体的使用与满足、手机的使用与满足等新的议题,但基本延续了原有研究模式和研究方法,研究议题集中在网络媒介使用行为的数字化描述及影响的相关性分析。

在媒介使用行为的影响因素方面,卜卫(1991:47-72)认为性别、年龄、家庭关系、班级地位、在校道德表现的不同,会引发少年儿童产生不同的媒介需要。有学者认为家庭因素深刻影响了青少年媒介使用习惯及行为(李萍,2006;江宇,2008)。很多学者针对青少年电视接触后的影响和效果研究展开探讨,正负影响各持己见。正向意见重点在于强调大众媒介有益于青少年社会化、现代化发展(刘保卫,2009;王勇,2010;郝放,2012 等);而负面影响主要在于暴力、黄色、超前消费等方面(许战胜,2008;张佩吉,2011;刘荃,2003 等)。

青少年媒介素养研究主要集中在两个方面:一是关于国外媒介素养经验介绍(胡华涛,2009;刘津池,2011;周廷勇,2010)。另一类集中在留守儿童媒介素养调研及提升路径的探索(张凌,2011;杨靖,2011;郑素霞,2012;孙雯雯,2014)。

通过梳理国内媒介与青少年发展研究的文献后,国内现有的研究对青少年群体的媒介技术使用与满足、影响和素养的研究取得了一定成果,并在积极探寻如何利用媒介技术更好地促进青少年发展。但现有的研究具有明显的城市化倾向,并且研究方法相对单一,本研究希望能有所突破。

第三节　回归生活世界:
"日常生活"理论与空间转向

列斐伏尔认为(Lefebvre,2002:45):人类世界不仅仅是由历史、文化或由意识形态和政治的上层建筑所界定。它也是由这个居间和中介的层次——日常生活所界定的。早在 19 世纪下半叶,新康德主义、胡塞尔的现象学、舍勒的哲学人类学等开始关注人的价值与意义,它们弱化之前所崇尚的人类普遍知识和普遍逻辑规律,着重重建人的生存意义和价值逻辑,这种理论倾向完全不同于我们所熟悉的马克思主义关于人的社会实践逻辑建构。虽然马克思对纯思辨的哲学体系深恶痛绝,从不将人悬置于历史和社会结构之外,但最终仍无法跳脱社会结构形态与人类实践关联的抽象的普遍原理与逻辑。在中国,多年马克思主义哲学的洗礼让人们常识化地认为经济基础、上层建筑和意识形态构成的基本社会结构是最科学的,这恰恰局限了学术研究视角与视野。"日常生活"理论提供了一个因习惯而被长期忽视的全新研究视角与领域。

"日常生活"理论摆脱宏大叙述与普遍原理,而以微观层面的普通民众的日常生活为关切。作为学术理性关注,通过日常生活中的衣食住行、社会交往、风俗礼仪等琐碎日常揭示背后的宏观权力渗透、微观权力表征、先验人类文化秩序、传统习俗存在逻辑,帮助我们更为清晰、贴近地认识周遭的日常,实现人的解放。日常生活的研究不仅局限于普通人日常生活表象,采取自下而上和自上而下两种视角整合,将日常生活看作是普通民众与国家的相遇与互动。

一、列斐伏尔的"日常生活"理论

"日常生活"理论是产生于现代化语境下的批判范式。在很长的一段时间里由实证主义、结构功能主义主导的主流社会学研究倾向于对客观世界普遍法则和社会秩序、功能的研究,而日常生活领域的微观范式游离于主流话语体系之外。人们将日常生活视为琐碎的、无关紧要的,忽视普通人的日常生活对社会现实与社会结构的建构与被建构的现实。20世纪中叶以后,面对资本主义矛盾日益凸显,现代科学技术和消费社会带来人的"异化",原本主流社会学的解读方式显得力不从心。哲学和社会学领域的学者纷纷将研究视角回置于日常生活世界,将现实的日常生活作为其理论出发点及归宿。胡塞尔、海德格尔、维特根斯坦、卢卡奇等人都曾强调对日常生活关注的重要性。而"日常生活"作为一个重要的概念及理论是由法国哲学家和社会理论家昂利·列斐伏尔(Henri Lefebvre)正式提出的。在列斐伏尔看来日常生活并非是平庸的、没有意义的,哲学研究并不是只有摆脱生活才能更好地进行思考,而应努力把日常生活纳入哲学研究范畴。

列斐伏尔是黑格尔式的马克思主义者,他继承了马克思主义的批判精髓,但其将"个体的生存与再生产"作为宗旨的日常生活理论实现了对经典马克思主义的改造和超越,巧妙地实现了对现代资本主义"异化"的批判。列斐伏尔的日常生活理论无意将日常生活作为哲学或社会学研究中独立的研究领域,而是将其作为总体社会实践中的一个基础性层次。与之相区分的非日常生活领域是哲学、科学、艺术、政治、经济、社会生产制度等非日常的、宏观的、通过抽象总结的高等文化观念,整体的社会结构及关系在这一基础性层次中呈现。日常生活理论关注普通人的生活世界,从日常生活中发现文化意识形态、社会秩序、微观权力,实现反思与批判。列斐伏尔的"日常生活"理论虽然是基于现代资本主义语境下的微观批判哲学,但其独特的视角与批判思路完全可以被放置于不同语境加以借鉴。

二、日常生活的媒介技术

现代媒介技术的广泛使用作为现代生活的表征,极大地渗透到日常生活领域当中,无论是在城市还是乡村,这已经成为不争的事实。在电视媒介深入到人们的家庭日常生活之后,手机以其便携、移动、智能等特性,渗透到人们生活的方方面面,真正成为人的器官的延伸。列斐伏尔(2002:90,转引自郑震,2011)认为现代技术极大破坏了日常生活的传统形态,各种技术化和工业化的产品将人卷入到技术之中,使普通人的日常生活异化为现代性无意识,自觉接受技术与工具理性的统治。现代媒介技术使人们足不出户便可享受高速信息的冲击和体验,获得大量公共生活知识。当人们陷入现代媒介狂欢时,列斐伏尔警惕地提出,人们通过大众媒介获得的信息并不是真正的知识,媒介并没有赋予个体权利。人们并没有真正参与到公共事件及决策中来。日常生活中媒介传递的信息再次让人们陷入现代性异化的操控中。

现代人类身处于一个由语言和符号统治的社会。现代媒介技术在传递各类信息符号时,自身也隶属于符号体系当中。例如手机更多意义上成为现代、时尚的符号与表征,而逐渐远离其通信效能的本真。人们的日常生活游走于各类符号当中,而一个真实的物质世界在现代化冲击下逐渐隐退。基于符号消费的日常生活对民众及日常生活加以规划和控制。媒介技术自身和通过媒介传递的各类符号组合无情地营造了消费社会,使人们陷入无止境的消费轮回中。列斐伏尔(2005:27,转引自郑震,2011)认为日常生活中的个体消费是在媒介所营造的符号体系中被控制的消费。人们受制于各类广告和营销机构,产生虚妄的选择与满足。

列斐伏尔的日常生活理论产生于特定的社会语境和历史时期,以对资本主义现代化批判为目的,这让列斐伏尔对前现代社会的农业社会的原始与本真状态有天然的青睐。而中国乡土社会中传统与现代交织的现状使其日常生活拥有丰富的要素和多元的解读,乡土社会的日常生活研究更具学术价值。中国社会学研究对乡土社会尤其偏爱,并擅长以微观视角探寻乡土社会的内在肌理。媒介技术是列斐伏尔日常生活批判的关切。媒介技术是信息工业化和消费社会共同发展的结果,给城乡居民的日常生活带来翻天覆地的变化。本研究将列氏的日常生活理论作为研究视角,以手机为切入,梳理作为现代表征的手机对乡村秩序的重构,并希望能够冷静地审视与思考当代乡土社会在现代化冲击下样貌及未来的命运。

三、社会理论的空间转向

20世纪70年代以来,空间成为社会生活的重要内容,是现代性批判话语的主要视角,被称为关于"空间转向"的社会文化思潮。这一研究视角的转变主要体现在社会文化研究改变了长期以来"历史—时间"的主导性话语构建,转而以空间视域检视历史情境和社会生活,关注事物的共时、在场与构成。早期的社会文化研究之所以没有针对空间展开专门性的讨论是因为前现代社会,人类客观、实在的社会实践与交往模式,让人们认为空间就是地方,局限了对空间概念的感知。而随着现代社会的到来,空间脱离了地方层面,空间的社会性内涵被发现。20世纪70年代以

后诸多学者从不同角度展开空间研究。齐美尔着力探寻空间与人类社会
行为之间的关联成为后来社会文化研究领域中空间研究的源头。列斐伏
尔、福柯、布尔迪尔、吉登斯、哈维等学者从不同角度审视了空间问题,使
空间视角成为跨学科的共识。其中,最具代表性的是列斐伏尔的基于空
间的政治经济学中的空间生产理论,将"空间生产"作为严肃的理论话题
引入学术研讨。此外,福柯的空间规训和卡斯特的流动空间生产理论也
备受关注。在"空间生产"理论中空间不再是一个单纯的基于地理的概
念,更多的基于空间的意义生产。无论是政治经济学视角还是微观权力
视角,空间生产理论强调在日常生活中各种不同空间塑造着不同的社会
形态、交往模式、价值观念以及更为深层的文化心理、社会变迁、政治变
革、权力更迭。"人们更加关注空间的社会实践,关注人们在空间中的主
体性行为和空间的生产和再生产,空间变成了一种社会生活的经验事实,
构成经验现象的表征和知识系统,空间成为浓缩和聚焦现代社会一切重
大问题的符码。"(潘泽泉,2007)

　　移动媒介技术对现代社会生活的广泛介入极大推动了空间的复苏和
空间的转向。"人类的空间感知不仅是自然与地理的,还是社会的与跨
越空间的,不仅是物质与现实的,也是意识与精神层面的。"(邵培仁,杨
丽萍2010)现代媒介技术已经深刻参与到社会空间的构建及意义生产的
过程。具有后现代特质的社会化媒体深刻影响了传统的物质空间实践,
使空间界定及空间意义生产都呈现出新的空间边界、逻辑操演和具身体
验,不仅诠释了现代性的文化特征,同时还揭示出了现代社会的结构特
征。"空间"作为一种跨科学的研究视角,同样可以尝试运用在媒介与乡
村社会空间实践关系与文化意义生产中来。

　　自1978年中国共产党第十一届三中全会拉开改革开放的序幕之后,
中国农村便经历了巨大而深刻的社会变迁。以农业生产制度改革为先
导,陆续迎来了市场化、城市化、全球化的进程,中国农村有史以来逐步深
入而又全面地被卷入现代化进程和世界市场体系中。中国农村所面临的
不仅仅是"非农业化"的转变,更多的是传统与现代、城市与乡村、地方与

全球的复杂的文化较量与冲突,乡村空间的意义生产具有更为丰富的文化意涵。在六营,中学生是村里手机体验最为深刻的群体,乡土语境中的现代体验让乡村新生代的社会交往与生活方式表现出与父辈截然不同的状态,极大程度上预示着不远的未来乡村社会交往方式变迁的趋势及其文化价值意义。

本研究的主体部分以列斐伏尔"空间生产理论"作为剖析六营青少年手机的社会交往的叙事方式和理论分析架构。在列斐伏尔(1984:182,转引自郑震,2011)看来,空间转向并没有改变日常生活微观层次的基础地位,只不过日常生活的基础性和异化特征经历了一种空间本体论的转化,即日常生活中的空间生产。为了抵抗西方社会科学、历史编纂等学科的历史倾向性,强调"空间—社会—历史"的三元辩证法,即要以历史、社会、空间多元整合的视角来发掘事物的复杂性。列斐伏尔(1976:21,转引自张子凯,2006)在其《空间的生产》中将空间的实践划分为三个维度,第一空间:是生产与再生产的,包括每一种社会形态的空间场所的物质层面的"空间实践",是一种具体化的可感知的空间;第二空间:与社会生产关系密切相关,折射出各种社会秩序的各种知识、符号、代码的精神层面的"空间表征",是概念化的空间,是被构想出来的空间;第三空间:置于不设限的开放性和自由度中,强调赋予空间多重含义的可能性的"表征的空间",是一种反抗统治秩序的空间和与社会生活隐喻的空间。本研究基于六营村青少年学生日常交往现状所形成的特有的交往空间结构,将六营青少年交往空间划分为基于物理空间的家庭空间、学校空间和更具后现代表征的网络空间,即在第一空间维度展开叙事的基础上,探寻现代化语境下手机对乡村社会交往的模式与观念的重塑,实现第二空间意义上的文化表征解读与诠释。在各类传统与现代符号的交叠冲撞中,完成第三空间意义上的文化搭建,即对乡村手机的后现代表征与乡土传统、中心与边缘、城市与乡村的冲突与矛盾或勾连与融合的解读。

四、现代"乡土中国"的日常生活解读

乡村蕴含了列斐伏尔对前现代社会的浪漫主义想象。列斐伏尔（1991:207,137,转引自郑震,2011）认为,相较于消费主义异化的人,日常生活中真正的人诞生在乡村的"农民共同体"。他们相较于现代化语境下异化的人类,具有独特、原初而又自发的生命力,是一种理想化的日常生活的平衡状态。然而这种理想化状态却被高速运转的现代社会破坏,而形成一种日常生活的异化。从某种程度上来讲,中国的乡村社区和农民可以帮助我们完成对这种原初的日常生活的空间想象与建构。但无论城市还是乡村都被现代化、城市化、全球化无情席卷,现代性已经成为当下中国社会理论与实践面临的焦点问题。中国农村这个传统与现代冲撞角力尤其激烈的场域,是否还能坚守住乡土中国理想的平衡,是坚守还是全面沦陷,给我们提供了无限的学术想象,也为我们提供了分析现代性乡土中国的可能性。

基于文化根基、地域等因素,乡村作为传统文化的代表面临的现代化冲击,不如城市的现代化来得那么迅猛。现代化在乡村的日常生活中更多以碎片化、表面化的零星形态出现,而不太容易撼动乡村固有的传统社会秩序和伦理价值。基于日常生活的考察能够敏锐地捕捉到乡村现代化的表征,把握乡土社会中传统与现代交织的图式。此外,基于"血缘""地缘""亲缘"的乡村交往格局、文化秩序和伦理观念是日常生活中普通人的生产与交往的体现。进入农村就可以触摸到农村最真实的生活,村民每天朝九晚五、周而复始的日常生活应纳入研究者的视野。中国的乡村社会研究有着基于微观视角的关注日常生活的传统。费孝通的《乡土中国》将乡土社会日常生活中的衣食住行、婚丧嫁娶、生产劳作作为考察对象,探寻现代化进程中的中国命运。

现代性意识形态使人们沉迷于经济发展速度、科技进步、城市扩张带来的实在利益。日常生活理论源于20世纪资本主义现代化语境下人的

异化的批判。作为日常生活批判理论引介与研究的重要学者衣俊卿在将
日常生活批判理论置于中国语境中时,明确地将他的研究领域限定在传
统农业文明条件下形成的自在、自发的日常生活世界的文化图景以及其
在现代化进程中的命运。中国的现代化是在西方发达国家工业文明高速
发展并呈现出弊端和争议的背景下推进的,捍卫和抵制都将成为关于现
代化论争的重要取向。日常生活理论让我们摆脱了宽泛而无意义的现代
性争论,从日常表征中探寻现代性如何渗透性地塑造日常生活肌理和逻
辑,及其如何潜移默化地建构人们的生产生活方式,进一步判断现代化在
中国的现状及命运,这才是中国语境中日常生活理论视角的现实意义。

第四节　传播学中的民族志研究:
脉络及本文应用

　　20 世纪 20 年代英国社会人类学家马林诺夫斯基开创了现代"民族
志"研究方法后,民族志成为社会学、文化人类学的重要研究方法。① "民
族志"(ethnography)作为质化研究的重要一支,又被译作"种族志""人种
志""人种学"等。陈向明(2000:25)认为该研究方法是对人类及其生活
的日常环境、历史文化背景等展开情境化的描绘,并在此基础上进行诠释
分析的一种方法,目的是探寻特定文化中人的生活方式、行为模式和价值
观念。这种研究方法要求民族志研究者在较长的一段时间参与到当地人
们的生活中,观察、聆听与诠释他们说了什么,并提出问题。民族志研究
方法最早应用于西方人类文化学者对"他文化"(other culture)的考察与
分析,直到今天各学科民族志方法仍然遵循马氏的基本原则。民族志研
究方法以其微观、深入的研究视角成为量化研究范式的重要补充,其鲜活

---

　　① 学界普遍认为,1922 年马林诺夫斯基《西太平洋航海者》的出版,标志着学术范
式的现代民族志研究方法的隆重登场。

的田野生活观察与独到的人文诠释,逐渐成为社会人文学科备受关注的研究方法。

一、传播学民族志研究的渊源与脉络

大众传播学的民族志方法引入源于英国文化研究 20 世纪 80 年代出现的受众研究转向。[①] 文化研究学者不赞同美国社会学中的以功能主义为内核的量化、中立,而回避意识形态的研究,也反对英国传统文学研究中狭隘的精英主义研究范围。该范式主张把文化看成一种社会实践,把社会生活方式纳入到文化研究中来。Len Ang(2001)认为莫利 1980 年的《全国观众》的研究为媒体研究带来了民族志方法的流行。这一时期出现了一批颇具影响力的受众研究成果,詹姆斯·勒尔(James Lull)的《电视的社会使用》(1983),多罗斯·霍布森(Dorothy Hobson)的《家庭主妇和大众媒介》(1985)等,并成功运用民族志研究方法,在研究主题、研究方法与视角上有了大胆突破。学界普遍将这一趋势视为媒介研究的"民族志转向"(ethnographic turn)。作为"结合知识"的文化研究始终保持着开放、独立的特性,对常人日常生活中的不平等与微观权利做出批判。英国受众研究逐渐将注意力转向对普通人影响更大的大众媒介和文化产品上,通过对媒介文化表征的深度描摹与发掘,展现日常生活的"微观政治"(micro politics)。

90 年代以后,文化研究的微观研究视角和批判分析路径得到了更多传播学者的认可。随着计算机、手机等新兴媒体对传播格局的冲击,传播学民族志研究主题呈现出媒介技术转向。出现了家用媒介技术使用与社

---

① 1964 年英国伯明翰大学英语系成立了当代文化研究中心(CCCS),文化研究范式脱胎于文学批评领域,霍格特、威廉斯等文化研究奠基者均来自文学批评领域。它"内卷式"地突破了英国文学精英主义传统,对"大众文化"进行文化考察,被学界誉为文化研究学派,也称为伯明翰学派。1980 年以后,文化研究中的受众研究分支逐渐呈现出媒介技术和民族志研究方法的转向,成为传播学研究领域中的重要一支。

会关系、技术使用中的性别特征与差异、新媒介技术使用与认同关系等一系列研究。这些研究继续采用民族志的研究路径,将新媒介技术置于日常生活中,诠释媒介技术对社会交往关系及格局的影响和对社会与文化的重构。澳大利亚学者安·莫亚(Ann Moyal)的《电话的女性文化》(1989),对女性的电话使用行为考察后认为电话使女性组成朋友间的电子共同体,主动应对现代日常生活中的框架与约束。英国学者葛瑞汉·默多克(Graham Murdock)在《家用电脑的景况:资源与实践》(1995)的研究中发现在家庭空间中父母和孩子使用计算机有很大区别,父母将计算机作为教育工具,而年轻人把它当作游戏机。互联网使用带来了全新家庭关系与代际关系。另一项研究议题是探寻媒介技术与文化之间相互建构的逻辑,强调社会文化潜移默化的强大力量。认为媒介技术虽然建构或破坏社会结构与秩序,但媒介技术更大程度上是社会文化延续性解读。

　　媒介技术的进步使人类日常生活愈发依赖各类新兴媒体。传统的基于日常生活的民族志考察单依靠"线下"的观察与访谈的模式已很难透析现代人们生活的全景。基于田野实践调查的民族志的研究方法也呈现出网络发展:"网络民族志"或"虚拟民族志"(朱凌飞、孙薪茹,2004),即研究者积极参与到网络社区中,与调查对象建立密切关系,在网络平台收集资料。最早运用网络民族志的典范学者是:洛宾·海曼(Robin Hamman),他有效地运用民族志的研究方法,对聊天室的网民展开研究。在网络空间进行研究"线上"与"线下"双向度拼接,可以帮助研究者更加全面、立体、深入地参与研究对象的日常生活,展开阐释研究。不同的传播学研究方法中一直存在着差异的张力,量化与质化、批判范式与行政管理范式,而事实上研究方法并没有鲜明的界限。近些年来,受众研究呈现出不同理论和研究方法整合趋势。英国学者索尼娅·利文斯通(Sonia Livingstone)(2005)采取质化与量化方法并重的研究方法,研究儿童与青少年与互联网的关系。大卫·冈特利特(David Gauntlet)(2007)运用实验的方法研究电视在儿童感知环境问题上承担的角色。安妮特·希尔(Annette Hill)(2008)综合使用量化和质化研究方法,通过焦点小组、问卷、深度访谈探索受众如何从暴力电影中获得娱乐,并讨论观影过程中的自我审查、认同、和底线等议题。

在传播学领域,也有部分学者对传播学民族志研究的批判力和有效性提出质疑,认为民族志研究方法微观的视野会造成对个别实践表征的过度解读。如约翰·科纳(1991:267-284)担心该研究范式过于关注是日常生活的"微观政治"(micro politics),会使文化研究丧失批判的能力。即便如此传播学民族志研究迎着质疑声,不断完善、发展、壮大,成为传播学研究范式中不可忽视的诠释经验主义范式,影响力辐射世界的传播学界。

二、中国大陆传播学民族志研究

早在 20 世纪初,中国的民族志研究延承马林诺夫斯基和费孝通的研究传统,在民族学、社会学和文化人类学等学科中广泛应用。中国传播学肇始于 20 世纪 80 年代,主要对接的是美国行政量化研究,并逐步发展成为中国传播学研究的主导范式。2000 年之前中国大陆传播学领域对民族志研究尚未明确提及。2003 年,中国大陆传播学者郭建斌在著名新闻学权威期刊《新闻大学》中发表《民族志方法:一种值得提倡的传播学研究方法》,首次明确提出应将民族志研究方法应用于传播学中。郭建斌认为民族志研究方法是中国传播学研究"本土化"的有效突破路径。文章在梳理了民族志研究方法的基础上,精准地提出了传播学民族志方法进行研究的三个核心原则,为传播学民族志研究的后来者提供了方法论的指导。① 同年,郭建斌以《电视下乡:社会转型期大众媒介与少数民族社区——独龙江个案的民族志阐释》获得博士学位。该博士论文是中国最早的传播学民族志研究实践,拉开了中国大陆传播学民族志研究的序

---

① 郭建斌认为民族志的传播学研究不同于行政量化式的研究,最关键的问题或原则为:一、想方设法融入研究对象的日常生活;二、考察研究对象生活的方方面面;三、以"深描"作为解释现象的理性追求。

幕,随后更多的传播学学者运用民族志研究方法对微观社区及人群的日常生活中的传播行为进行考察,涌现了一大批运用民族志研究方法进行传播学相关议题研究的成果。(李春霞,2005;吴飞,2006;金玉萍,2010;龙运荣,2011等)

民族志研究对"他者"文化介入的独特视角使我国传播学民族志研究主要表现为三大主题取向。我国早期传播学民族志研究的主要成果集中在独特少数民族地域文化语境下的民族社区群体传播研究。这类研究主要在特定的理论视角下围绕媒介技术对少数民族地区传统文化时空的重塑,及其背后的各种权力意识形态与冲突的解读。例如李春霞通过"仪式"的视角诠释了作为物、技术和媒体的电视对彝族社区生活的植入与时空重构,诠释现代媒介技术对少数民族文化的冲击。金玉萍从"新受众研究"范式出发,借用了德赛托的日常生活理论,考察了托台村维吾尔族村民的电视接触与解读,展现了电视对维吾尔族村民生活的重构及对国家认同机制的影响。此外,龙运荣、卿志军、孙信茹分别对黎族、侗族、哈尼族等少数民族村落展开了基于电视媒介的民族志考察。除少数民族地区外,乡村社区的民族志考察也成为传播学者的偏爱。在不可逆转的现代化与城市化浪潮的冲击下,乡村社区被视为传统文化的坚守与遗留。在现代与传统、城市与乡村、全球与地方多重矛盾交叠下的乡村社区成为现代化转型时期中国社会的最佳考察切入点。作为现代化表征的大众媒介强烈地冲击着乡村传统社会结构、文化秩序及交往格局。有学者(李红艳,2008)认为,对中国乡村传播的考察,应该是基于对乡村居民日常生活的民族志考察,此较宏大结构叙事更能体现学术价值与温情。作为中国乡村传播学的缔造者李红艳(2008)认为对乡村传播应更加注重个人在日常生活中的体验与感受,而不仅仅是空谈社会结构。在考察现代媒介技术对土家文化冲击后,谭华(2005)认为,乡村传播中的民族志研究是全球化语境下中国传播学本土化的有益尝试与探索。一些学者将"少数民族"与"乡村"作为田野选择必要因素,更加丰富而又立体地展现少数民族村落居民的媒介日常生活,探寻背后的权力与认同机制(陈

默、崔锋,2011;陆双梅,2014;卿志军,2013;等)。近几年来传播学民族志
考察重点从地理空间的偏向转向特殊身份人群的考察。如边缘、弱势群
体的媒介使用考察。在社会转型背景中,现代化、城市化发展以牺牲部分
处于社会底层人群的利益为代价。社会中处于弱势地位的特殊群体如何
使用媒介技术,媒介技术是否能够帮助其补足缺失,实现媒介赋权等主题
成为重要关切。留守儿童、农民工、流动女工等成为重要关注对象。该类
议题的传播学民族志考察重点展现了现代媒介技术对弱势群体日常生活
的重构。在考察了留守儿童的电视观看行为后,李红艳(2011)认为留守
儿童电视观看是积极主动赋予电视内容意义的文化行为。电视的观看行
为对留守儿童不会造成一致的后果,留守儿童会将电视家庭与现实家庭
比照,而产生心理落差。一些研究者在"媒介赋权"的基调下展现媒介技
术对弱势人群生活重构的同时,强调无法摆脱特定社会结构、秩序及权力
对人的身份与行为的框定与规约的矛盾。曹晋(2009)聚焦上海家政钟
点女工,透视中国农村妇女在城市化进程中的手机日常使用后,认为手机
帮助涌入城市的农村妇女建立都市交往网络,实现工作联络并异地履行
母职,但农村妇女仍无法跳脱自身的社会地位和性别身份。丁未(2009)
以深圳市城中村攸县籍出租车司机的媒介技术使用为研究案例,展现了
农民工群体社会关系结构演变及深层社会根源。

　　传播学民族志研究在短短十多年的发展历程中,经历了由陌生到被
熟知过程①,很多学者将此范式下传播学探索视为传播学"本土化"的有
效路径,研究成果也不断成熟与完善,与国外民族志研究发展趋势相似,
国内传播学民族志研究也经历了从封闭走向开放,从单一到多元的过

---

　　① 2003年郭建斌的博士论文《电视下乡:社会转型期大众媒介与少数民族社
区——独龙江个案的民族志阐释》,第一次正式将民族志研究方法引入传播学研究,拉开
了中国传播学民族志研究的序幕后,越来越多的学者尝试使用民族志的研究方法展开研
究,并成为本土传播学研究中的重要一支。

程。①　具体表现在:首先,研究地点实现多点"回归",不再拘泥于乡村。早期的民族志研究者较为青睐选取具有异质文化与传统的偏远的乡村作为田野考察地点,十多年来传播学民族志研究成功实现了乡村地域突破,打破思维定式,解放民族志研究传统。田野不仅仅局限于乡村而是任何可以成为民族志考察的地方。同时考察对象多元化,凸显学术研究的人文关切。2010 年以前的研究更多地表现为对媒介语境下地域、民族、文化的探究。之后的研究更加注重对弱势身份人群媒介使用的关注,农民工、女工、留守儿童、城市儿童、城市中低收入群体等(曹晋,2009;樊佩佩,2011;李红艳,2011;丁末,2014 等)。最后,由早期的电视媒介过渡到各类新媒介技术。由于电视对人们日常生活深入渗透,日常生活中的电视媒介实践一直是传播学民族志研究的考察重点,但随着手机等新兴媒介技术的普及,手机媒介的民族志考察逐渐增多。手机作为新媒体对少数民族地区传统文化生活的重塑,社会文化结构与权力秩序下的弱势群体的新媒介赋权成为这两年来重要议题。

　　民族志为传播学研究提供了一种可能性,并逐步发展壮大,改善了传播学量化行政研究"一统天下"的局面。传播学作为舶来学科,尤其是在信息全球化语境下,如何开展传播学本土化研究成为近些年来华人传播学学者争论的焦点。民族志研究方法的引入将研究问题与研究对象立足中国本土,成为建构传播学本土化研究范式的有效路径。传播学民族志研究发展历史短,具有巨大的学术发展空间与前景。国外民族志研究在经历了海外异族文化探险之后回归本土,研究视角扩展为能够体现独特文化的城市移民文化、企业文化、实验室文化、街角文化、摇滚音乐等社会生活的各个方面。我国传播学民族志研究也应开拓思路,不拘泥于传统,打破地域、时空限定,充分发挥社会学想象力,将是否能实现人文关怀作

---

①　国外现代民族志研究由"早期追求海外异族文化研究,纷纷转向对本土文化的关注,并形成回归的趋势……他们意识到:独特的文化变异无处不在,在国内把这些变异记录下来,往往比异地更加重要"(陈向明)。

为传播学民族志研究的可能性及学术价值的判断依据,体现民族志研究对人类日常生活实践的人文关怀。

三、本研究中民族志研究方法的使用

为了对人们生活进行深入细致的研究,研究人员有必要把自己的调查限定在一个小的社会单位来进行。这是出于实际考虑。调查者必须容易接近被调查者以便能够亲自进行密切观察。……对这样的一个小的社会单位进行深入研究而得出的结论并不一定适用于其他单位。但是,这样的结论可以用作假设,也可以作为在其他地方进行调查时的材料。这就是获得真正科学结论的最好方法。

——费孝通《江村经济》

民族志研究方法传入中国后,演变成了对村落社会的研究。① 虽然这种民族志研究的中国式演变略显保守,但也符合民族志研究对“异质”文化青睐的传统。受此影响我国最早采用民族志方法的传播学研究的田野地点也选择农村,乡村传播民族志研究成为我国传播学民族志研究的主要构成。现代媒介技术伴随着现代化、城市化进程深刻地冲击着乡村社会秩序、结构及文化价值,传播学者沿袭了社会学研究传统,运用民族志研究将媒介作为考察乡村社会的新维度,以“小村落”透视“大问题”。

关于研究地点及对象的确定。质化研究要求在进行研究行为之前,首先要确定研究对象。陈向明(2000:77)认为研究对象是研究者希望集中关注的人、事、行为、意义等综合,是为研究圈定领域和边界。本研究将田野地点确定在河南省商城县六营村。2008 年以来,多次返乡经历带给我的文化冲击,及各类冲突与矛盾表征带给我的疑惑促成我将其作为本

---

① 学界将这种研究方法称为“微型社区研究法”,这种研究趋势也影响到了传播学民族志研究的取向。

次研究的田野地点。六营村地处大别山腹地,深受中国传统儒家文化、红色文化、现代商业文化的交叠洗礼,使这里成为中国乡村基层变迁的经典缩影,是社会转型期各类矛盾冲突与碰撞的经典场域。作为一个对乡村生活极为陌生的外来者,六营村独特的乡村结构秩序及乡俗文化引起了我极大的好奇与兴趣,并给我固有的城市文化经验带来了不小的冲击与震荡。同时作为这一社区的家庭成员,随着到这里次数的增多和了解程度的加深,村民对我也愈加了解并不设防,更便于我深入当地生活,多方收集资料,顺利开展田野调研工作。

通信产品价格日益低廉和农民生活水平的提高,让手机在六营村已经非常普及。我希望以手机为切入探寻现代化与城市化进程对传统村落日常生活、文化认知与归属的冲击与影响,以及乡村文化与现代媒介技术的关系。作为一次学术尝试与探索,研究对象范围是不断调整并缩小的过程。起初我将六营整个社区内所有居民设定为考察对象,但在前期调研中发现,近些年来,村子里的中坚人口常年外出务工,只剩下留守人群,其中青少年是村里唯一富有生气和活力的群体,也是预示着乡村未来发展方向的群体。[①] 村中的青少年均在求学,偶有辍学也会迅速离开六营,随父母外出务工。本研究中代表乡村新生代的青少年限定为六营的中学生(12~18岁)。

基于乡村生活水平的提升,联络外出务工父母的需要,移动通信产品价格平民化等多种因素,大部分乡村青少年拥有手机,并成为他们获取信息、娱乐消遣的重要工具。节假日的乡村,随处可见青少年"低头一族"。乡村青少年形影不离的现代化表征——手机成为此次研究的切入与线索。此外作为家庭未来的希望,在他们身上既有传统文化的基因,又能看到现代文化的痕迹,是考察六营村多元冲突与矛盾纠葛的最佳对象。因此,六营青少年日常的手机实践最终成为本次研究主题。

---

① 在六营村,中青年人口流失严重,日常生活中村里主要是留守人口,即留守老人、留守妇女和求学中的留守青少年及儿童。

文献研究法伴随着整个研究过程,我不断搜集、整理、阅读、消化相关文献。文献资料主要包括相关主题学术研究成果和地方史志。在有了研究方向与大致设想后,我正式于 2015 年 2 月—3 月;2015 年 6 月—8 月两次进驻六营村展开关于青少年手机使用的田野考察,历时 3 个月零 16天,后续经历了历时 4 年的琐碎、零星的田野考察,累计时长约一个月。在调研过程中主要使用了问卷调查、参与式观察、深度访谈等民族志研究方法。

问卷调查法。问卷调研帮助我更为详尽地把握调研对象及其手机使用的基本特征,为后期展开田野调研确定框架与方向。得益于当地熟人间的人际关系脉络,在当地亲戚和朋友的帮助下,我于 2015 年 3 月开学,进入到六营所属的初中学区(GG 中学)和高中学区(GM 高中),在班主任协助下,以班级为单位,分层抽样。这一环节下发问卷 200 份,有效问卷 169 份,回收率 84.5%。问卷调研结果显示中学生手机拥有率高,合并统计高达 84.2%,并且随着年纪的增长手机拥有率不断提升,初中低年级段手机持有率相对较低,随身携带情况不多。进入高中阶段,手机基本普及,随身携带情况普遍。手机是当地中学生获取信息、休闲娱乐的重要工具。这一环节帮助我较为详细地掌握了当地青少年学生手机使用状况。①

参与式观察。参与式观察要求研究者与被研究者一起生活、工作,在频繁密切的接触中观察他们的言行与生活。陈向明(2000:228)认为这种研究方法使研究者对当地社会与文化有具体的感性认知与体验的同时深入研究对象内部,理解他们对自身行为意义的解释。虽然研究对象是青少年,但我尽量广泛地收集各种资料,通过参与生产劳动、仪式活动等乡村典型活动深度融入观察。在两次调研中我分别居住在两位亲友家,与他们一起生活、学习、劳作,展开观察。其中一家有两个孩子,分别是高

---

① 问卷及调研详情见附录一:《农村地区青少年媒介使用情况调查问卷》《新技术环境下乡村中学生媒介接触与使用报告》。

中生和初中生。另一家的两个孩子中一个刚刚参加工作,一个于2015年7月考上大学。这些孩子既是我的深入观察对象,也很好地充当了我的小助手。在他们的帮助下,我顺利地完成了各类访谈。参与式观察是对乡村日常生活实践的随时观察与记录,在与这四位孩子朝夕相处中完成。当然,每日次入户访也是我展开观察良好契机。

深度访谈。本研究的深度访谈均为半结构式访谈。[①] 即在拟定访谈提纲的基础上,保证访谈的开放性,为访谈对象留有自主发挥的余地。访谈对象大部分是在亲戚或小助手的协助下找的。一部分是通过"滚雪球"的方式由访对象介绍。在征询了学生及家人同意后,约定时间,展开访谈。[②] 为了保证访谈对象真实、自在、自然状态,访谈地点全部在受访者家中,请求访谈者的家人和我的小助手回避。正式访谈结束后,我会邀请访谈对象的家人,参与访谈和讨论。有效访谈青少年人数21人,人均访谈次数2~3次,每次2~3小时。在征得访谈对象的同意后将访谈对象加为QQ好友便于后期联络和网络行为观察。此外,我还走访了当地的初中和高中,利用晚自习进入部分班级,教师回避的情况下,完成集体讨论与访谈。访谈教师5人。此外,村中长者、普通村民,村干部等都是我的访谈对象。

网络民族志调研和日记文本分析。问卷及访谈结束后,我将问卷中填写了QQ号的学生加为好友。[③] 在专设的"田野调研"的QQ群中有64名好友,方便了我通过网络展开田野调研,调研对象在QQ空间中的情绪表达、生活记录和网络互动记录为我提供了新的田野观察平台。此外,我委托两位中学教师晚自习时在班里布置一篇随堂命题作文《我和手机的

---

① 访谈提纲详情见附录二。

② 乡村的熟人社会让我约定访谈对象的过程十分顺利,几乎是有求必应,只要提出访谈要求,学生们都会积极配合,甚至主动帮助我联络新的访谈对象。

③ QQ是村里中学生使用手机时重要的交流软件平台。与城市青少年群体不同,乡村青少年几乎没有人使用微信。关于为何不使用微信,很多人认为大家都不用所以自己也就不用。可能是乡村校园空间中手机的"地下"使用状态让微信语音传播的优势不便发挥。

故事》,回收作文 81 份,是难得的文本资料。① 在六营村的三个多月的田野调研过程中,留存了数十小时的访谈录音,并坚持每天撰写田野调研记录。

---

① 为了尽量地减少学生在做命题作文时的顾虑和压力,协助调研的亲戚是数学老师,并且非班主任。作文不记名。布置作文时设定要求如下:"题目:《我和手机的一天》《我和手机的故事》任选一题。基于真实描述的记叙文,仅作为调研使用,不做学生综合表现评定依据;不少于 800 字;真实、客观、不记名。"从回收的作文来看,90%以上的学生认真完成了本次作文。非常有意思的是,可以看出有 3 到 4 名学生是在网络上搜索有关手机的内容,拼凑出的作文。此次作文是在学生晚自习当堂完成的,虽然学校明令禁止带手机入校,但是仍有学生将手机带入课堂。

第二章　六营村媒介生活变迁

　　这是 2014 年暑期六营村的一个普通清晨。由于前一天手机游戏玩得太晚，WDS（化名，后同）和妹妹还都在各自的房间睡懒觉。妈妈吃过早饭便去棋牌室打麻将了，爷爷放完鸭便坐在院子屋檐下剥前一天拔出的花生，院儿里显得格外安静。昨夜的小雨让这个清晨略显清凉，空气中弥漫着浓重湿气，植物的叶片湿漉漉的，各种绿色那么艳丽。门口路两旁大片稻田上漫着轻薄的雾气，静等着晨光的铺洒。这里的夏天清秀迷人，道路两旁树影婆娑，大片的稻田如绿色的绒毯铺满所有的空地，因插秧时间不同而呈现出深浅不一的绿色色块，煞是养眼好看。水塘中，鸭子悠闲地戏水。今年暑假很多同学都去父母打工的城市了，村里没剩几个能一起玩的伙伴。刚刚放假时，WDS 央求妈妈装了宽带和无线网络。今年爸爸在外面的收入还不错，加上妈妈也想像小卖部老板娘那样在电脑上学广场舞，没费什么周折妈妈就答应了。网络成了 WDS 和妹妹假期里打发时间的工具，只是电脑装在妈妈房间，用起来没那么自由。偶尔一两个假期没出去的小伙伴会来他家一起玩手机，毕竟湾儿①里连网线的人家不多。

　　六营这个中国中南部的小村落，地处大别山区腹地，在全球化、城市化的侵袭下仍顽强地存留着属于自己的田园样貌，但已略显寂寥。村里绝大部分的青壮年劳力都外出打工，老人和少数妇女留在家里，照料田地

---

　　①　居民小组在当地俗称"湾儿"或"湾子"。

和上学的孩子们①。烈日下,偶然走过扛着锄头、晒得黝黑的老人。今年雨水充沛让他们轻松不少,可他们也闲不住,趁着农闲兴(种)点小菜自家吃。村里上了年纪的老年人都经历过信阳大饥荒,吃苦受罪走过来,大都坚持继续劳作,直到身体不允许。

　　正值暑假,零星骑着电瓶车飞驰而过的年轻人,遇见熟人迅速减速,匆匆地地打个招呼后,便加速驶离了,毫无驻足停留之意。与老一辈喜欢聚集闲聊不同,家中的电视或网络等现代媒介技术对村里年轻人更有吸引力。位于村子正中,主路边的村支部,总是大门紧闭,村干部们平日里都去忙自家的事了,只是在有事的时候才开门,比如收电费。门口斑驳的大喇叭也失去了昔日的辉煌,涂在墙上的"建设社会主义新农村"的标语因年久未换而失色难辨。村支部旁边的小卖部是村里唯一的代销点,略显昏暗的货柜中货物虽不丰盛倒也基本可以满足周围乡邻的日常需求。小卖部屋檐下总是围坐着三两个老年人纳凉、聊天。清闲的店老板常在其中,偶尔有生意来时才起身招呼。村支部后面是一座村小——六营村小学。② 开学时,上下课的电铃声和孩子们琅琅的读书声,让这个寂静的村庄鲜活了许多。放学后三五成群的孩子们时常光顾小卖部购买各色"五毛食品"。据说明年六营小学扩建成为六营中心小学,店老板希望那时生意能更好一些。

　　从小卖部出来,走上主路,向东走约摸 50 米,便路过大元家新开的麻将馆。没有广告牌,门口总是停着不少电瓶车和屋里热闹的搓麻声就是很好的广告。料理完家务的妇女骑着电瓶车按时到这里来打麻将,玩点小钱,WDS 妈妈是这里的常客。闷热的夏天坐在空调房里和熟人打打麻将,扯东家聊西家,很是惬意。有孙辈占手的老年妇女也常聚在麻将室门

①　乡村里从事农业劳动人口逐渐呈现老龄化趋势,一些无法从事农业劳动或无须从事农业劳动的老年人将田地转租出去。近两年更多的稻田被种粮大户承包。村里大部分家庭的收入结构呈现出非农化倾向。

②　六营村小学包含一至五年级,总人数 287 人。因生源逐年下降,县教体局最新规划,2017 年六营村小学在继续撤并附近其他村小的基础上,成立六营村中心小学。

口,不时传来奶奶们高声呵斥声和孩子的哭闹声。麻将是村里最普遍的娱乐、消遣和交往方式。尤其是过年,男人们回来了,村里四处都是牌局,男女老少齐上阵。一些观念传统的老年人对这帮妇女耍牌看不惯,无奈他们已经退出了家庭权力舞台,他们的态度已经无关紧要了。大元的爸爸、妈妈在上海打工,她和姐姐在村里上学,爷爷奶奶照顾她们姐俩儿,在六营基本都是这种祖孙隔代抚养的状况。好在大元的爷爷奶奶都年轻,50岁上下,勤劳能干。家除了经营麻将馆之外,还有一辆拉砂石料的大车。大元的爸爸是家里唯一的儿子,家中4个大人挣钱,两个小孩开销。家里早在2004就购置了一辆新捷达,2008年就盖起了带车库的三层洋楼,日子过得很是红火。

晚饭过后,WDS坐在妈妈房间玩起了电脑,妹妹趴在床上玩手机。天色渐暗,老人们照旧坐在电视机前等《河南新闻》《新闻联播》或戏曲类节目。夜色降临,昏暗的路灯下聚集着跳跃飞舞的小虫,塘里的青蛙、蛐蛐,还有其他不知名的小虫开始了寂寥的奏鸣曲。大元家的麻将馆晚饭后就歇业了。三两人影在村子的主路上散步,不时地驻足、相互招呼。晚上7点,小卖部门口"我在仰望,月亮之上……"的广场舞音乐准时响起,就着小卖部的白炽灯,七八个中年妇女伴着音乐扭动、跳跃。这是村里妇女们两年前自发组织的休闲娱乐活动,也算响应了镇上活跃农村文化生活的号召。刚开始跳的时候,还有很多老人和小孩围观,现在大家也都不稀奇了,只有妇女们在昏暗的灯光下,就着激昂的节奏,孤独而又奋力地舞动着。约摸一小时后,音乐一停,村里迅速回归了夜晚的宁静,只剩下昏黄的路灯下蚊虫聚集飞舞和不绝于耳的虫、蛙的喧鸣。妈妈回来后,WDS早就躺在自己的床上,在手机上看暑期热播剧《克拉恋人》。

第一节　六营村概况

六营村是本次田野调研地点,是山区腹地的一个普通村落。既饱受中华传统乡土文化侵染,也正在经历现代城市文明的冲击,其历史和发展轨迹在一定程度上代表了中国农村发展的历程和现状。本节将从六营村的区位、历史和现状两个方面做简要介绍。

一、六营的历史及区位:历史悠久的革命老区

六营村位于河南省商城县最西端,与光山县和潢川县毗邻,大别山区北麓,隶属于信阳市。其所属商城县地理坐标为东经 115°06′—115°37′,北纬 31°23′—32°05′。东临安徽省金寨县,南接湖北省麻城市。商城县西与光山县、新县接壤,北与潢川县、固始县毗邻。以城关赤城街道办事处为中心,东距安徽省会合肥市 208 公里,南至湖北省会武汉市 234 公里,西到信阳市 165 公里,北达省会郑州 467 公里。全境南北长 75 公里,东西宽 50 公里,总面积 2130 平方公里,占河南省总面积的 1.28%。商城地处北亚热带北缘,气候温和,雨量充沛,四季分明,全境有大小河流 728条,有"北国江南、江南北国"之美誉。主要农作物为水稻。

六营村所属的商城地区历史悠久,早在新石器时期就有人类定居生息,华夏殷商文明发源于此。商城县最早为黄帝子孙封地。据明嘉靖三十年(1551)《商城县志》记载:高阳氏(即颛顼)封子庭坚(即皋陶)于安陂城(县历史上第一座古城,遗址在今天汪桥乡天井村①),曾孙陆终封于黄城(即商城)。西周为黄国地。春秋战国先属吴后属楚。秦始皇统一六国时期属九江郡。西汉时期设置雩娄县,隶属庐江郡。隋开皇初期,更名殷城县。建隆元年(960)因避宋宣祖弘殷讳,改殷城县为商城县。民国二十一年(1932)中国工农红军第三次解放商城,更名为赤城县,为鄂豫皖苏区属县,1937 年复名为商城县。1949 年 6 月开始属潢川专区。1952 年至今隶属信阳市。

这里的人民素来具有革命精神和传统,商城是著名豫南革命老区之

---

① 此次田野调查地点六营村隶属于汪桥镇,距离天井村约 2 公里的路程。

一。自有历史记载以来,当地民众多次参与起义、革命与斗争。据县志记载,1132 年,张昂招募民众抗击金兵 20 余年;1137 年,岳飞受命节制光州,境内民众奋起协同作战,大破金齐联军;1237 年商城民众筑石城抗击蒙军;元末余思铭树旗反元,当地乡民从者万余人,连营数十里,元军"屡屡征剿,辄皆失利";咸丰四年(1854)太平军聚众 10 万余人与清军鏖战一年之久,威震四境;民国三年(1914)乡民群起响应白朗军,破县城、杀知县、焚县署,开仓济民,万众欢腾。中国共产党诞生之后,商城人民为争取解放前赴后继。1924 年,中共党团组织在商城建立,发动领导农民、学生运动。1929 年,河南省第一支工农红军队伍——中国工农红军第十一军三十二师在商城起义后建立。邓小平、李先念、刘伯承、徐向前、徐海东、陈赓、王树声等老一辈无产阶级革命家曾在此战斗过。此外,商城是中国工农红军第四军建军地;是红二十五军长征出发地;是著名革命史迹"金刚台三年红旗不倒"所在地。1947 年,刘邓大军挥师南下,千里挺进大别山,揭开了全国解放战争的序幕。部队前方指挥所和鄂豫皖区首府设立在商城。国内革命战争时期,商城有 10 余万英雄儿女投身革命,其中 8 万多人为革命事业献出了宝贵生命。从这里走出了洪学智、张祖谅等 52 位共和国将军,商城被誉为"将军县"。享誉全国的经典革命歌曲——《八月桂花遍地开》就诞生于商城。[①]

二、六营现状:静谧的留守村落

　　早饭后,走在村里的树影婆娑小路上,偶遇的人们高声地打着招呼,好像是要打破这乡村的寂寥,之后又回归平静。聚在阴凉下聊天的人们用目光迎送着我这个陌生人,我不认识他们,可他们早已熟知了我。路边常见到一些举家外出打工的人家门、窗户都用砖块封堵上,门口长满了齐膝的野草。

——摘自田野日记

---

①　根据《商城县志 1978—2005》整理。

初来六营村，便被路两旁一栋栋漂亮的楼房吸引。在绿色的稻田中或彩砖或白墙的小楼格外亮丽显眼。夏日，白天的乡间小路上很难见到几个人影。夜晚相对热闹些，路灯下散步的村民，村支部传来的"最炫民族风"夹杂着田里的虫鸣、蛙叫，但仍无法驱散白天的寂寥。青壮年务工、上学，整个村子就剩下老人和不多的妇女。

人口与习俗。目前六营村共有 13 个居民组，共 2000 余人，不足 500户。村里主要有苏姓、王姓、胡姓、徐姓、潘姓，并基本形成以姓氏为纽带的聚居特征，各种亲缘关系延绵纠葛，家族观念极强。村民们保存着乡村传统的交往礼节，如长幼礼仪、先后次序、座次等，也非常擅长邻里、亲戚等各种关系的相处艺术。乡邻之间"哥、嫂、老妹儿……"，严格依照辈分进行称呼，感觉十分亲近。

改革开放以前，六营保存着传统的节庆风俗。春节、元宵节、清明、端午、中元、腊八、小年都是当地重要的节日，并有不同的风俗讲究。但随着村里外出务工人员增多，中坚人口流失，很多节日不再被人提及，节庆风俗逐渐流失。只有春节仍然备受重视，因为一年只有这个时候，人们才能从四面八方回到村里，一家团聚。除夕要一家人吃年饭、贴春联、放鞭炮，在家中行敬天祭祖之礼。正月十五祭祖是村里最盛大的仪式。家中男丁即便离家再远都会想办法在这一天带着家人赶回来祭祖，甚为隆重。正月十五这一天，从天蒙蒙亮炮声便不绝于耳，傍晚各色礼炮就在村里四处开放，连成片的炮声让人们说话都变成了喊话。放炮、烧纸、祭拜、点长明灯、聚餐……，族人通过各种隆重的仪式感谢过去一年里祖先的荫庇带来的好运，并希望先人在新的一年能继续保佑后人平安、运气和财气。村民SYW 告诉我，仅正月十五下午开始祭祖的烟花，家族（10 个堂兄弟每人凑 600 元）花去了近 6000 块，这在当地非常普遍。烟花放得不热闹，别人会认为这个家族"混"得不好。个别有经济实力的家族，会放上万元的烟花。正月十五的祭祖仪式，既是祭奠先人，也是家族实力的彰显，无形中给家族间带来了炫耀、攀比的压力。

平日里，村里人们还存留着严格的待客座席礼仪、辈分称呼礼仪。而婚丧嫁娶动迁等礼仪在改革开放以后已经被简化了很多,流程也各不相同,但仍保持"择日"的习俗。在六营村的东西两端分别有凌集和铜山两个集市交替,满足村里人们主要的日常需求。每年农历三月三和九月九分别在这两个集市上举办庙会。庙会传统项目社戏、杂耍、玩龙灯等游艺活动逐渐消失,演变成更加商业化的"小商品交易会"。

经济结构及收入。六营村占地面积 2.2 平方公里,耕地 149 公顷,人均占有土地仅为 1.09 亩。改革开放以前,当地居民有"勤务桑农,少做商贾"的习惯,以务农为本,主要农作物是水稻,村中人均收入远低于全国平均水平,其所属的商城县被列为国家级贫困县。20 世纪 90 年代以后,大量的青壮年村民外出务工,以亲友互助的形式,主要从事建筑工程承包。借 21 世纪初以来房产经济快速发展之机,一些头脑灵活、入行较早的外出务工者陆续发家。在此基础上发展起以亲缘连带的务工模式,带动了村里整体经济水平的提升。据村支部行政统计,六营村年人均收入为 8235 元,其中七成来自外出务工收入,较县城其他行政村相对富裕。很多外出务工家庭将土地流转给亲朋乡邻,不再务农。老人们安土重迁,更多地选择留在村里生活。很多年轻家庭在经济条件允许的情况下,为了孩子上学和生活便利干脆搬到县城或是打工的城市居住生活。

农业生产经营模式。由于人均耕地面积有限,外出务工村民增多,加之近些年来国家大力推行农业机械化操作,更多的劳动力解放出来,加速了土地集中化耕种。因各种原因无法外出或不愿外出做工的村民,便通过租种更多的田地来保证家庭经济运转。目前,六营村有两家种粮大户,他们之前在外地打工,上了年纪之后回到六营,重拾农业生产。承包百亩以上稻田便可享受国家农用机械补贴政策,购买小型插秧机、收割机等农用机械。原本在北京打工的 SY 有了小孙女后,2009 年和老婆从北京回到村里带孩子,并承包起水田。平时总能看到他带着孙女闲逛,完全没有种田大户的压力。轻型简便农机具的推广让田间劳作不再像往年那么艰辛。村里农业劳作仍然存留着互助、协作式的生产模式,亲友邻里之间相互帮忙。不过这两年给种粮大户忙农是有一定报酬的,这也带动了村里帮农付费的趋势。一些留守妇女也乐于趁着农忙时节,做帮农临时工,赚钱贴补家用。

留守与外迁的现状。由于青壮年劳力常年在外务工,在六营留守家庭非常普遍,非留守家庭反倒极为稀奇。留守人口主要包括60岁以上老人,机动留守妇女①、留守儿童②。六营村户籍在册总人数2154人,共464户。据村支书口头粗略估计,村里外出务工青壮年至少在1000人以上,占据一半还要多的人口。如按最新户籍在册人口粗略估算,除去60岁以上老人246人,321名儿童(0~18岁),机动留守妇女近200人,36户外迁户,村中在册青壮年人口与外出务工人口基本趋同。这也就说明村中青壮年劳力基本处于外出务工状态。"除了上学的、老人村里都没啥人啦",村支书XC如此介绍。这与我在村里调研的直接感受相符,平日村里很少能看到青壮年男女的身影,若是学生们都上学去了就只剩下老年人和一些妇女。

与老弱病幼妇的留守人口形成鲜明对比的是这里一栋栋漂亮的楼房格外引人注目。越来越多的村民外出务工,脱离了农业生产,在外省吃俭用积攒下来了财富,回乡第一件事便是盖房,20万以内就可以盖出很漂亮的楼房,比起城里的单元楼物超所值,实现了在城里难以企及的居住条件。这是在外打拼的成果展示,混得越好,房子盖得越大、越漂亮。然而,很多人家是新房盖好后,常年空置。老人们更愿意住在自己的老屋里帮年轻人看房子。青壮年劳力常年在城市租住狭小、逼仄的出租房或工棚,一年只有过年回来住一次。房子即便空着,也是一种心理补偿与慰藉。还有一部分家庭,具有一定经济实力后,搬到县城或打工城市生活。全村已有36户人家举家前往县城或是打工城市。村支部北面的小王湾,一共

---

① 村里的妇女大部分常年在外务工,留守妇女也很少有全年留守,一般都会季节性外出务工。如农闲时或孩子学业不紧张时等。

② 根据《联合国权利公约》规定,儿童是指18岁以下的未成年人。我国学界对"留守儿童"界定不一,但总体倾向是父母单方或双方外出务工(一年内不低于3个月)后被留守农村,由父母单方监护、祖父母隔代监护、亲朋监护或自我监护的年龄在6~18岁之间正处于义务教育阶段的儿童。

11 户人家已经搬走了 6 户。生活在小王湾的初三学生 WHH 说:"俺们湾子都快搬完了,没啥人,冷清了好多呀,不过过年就热闹了,小伙伴们都回来了"。过年期间这些外迁户都会选择举家回村居住,完成探望老人、走亲访邻,问族祭祖的礼节与仪式。

20 世纪 90 年代以后,村里的硬件环境得到了翻天覆地的改善。硬件设施的改善主要来自两个途径:第一个途径是国家惠农政策带来的乡村环境变化。根据河南省人民政府《关于进一步加强农村公路建设意见》的指示,商城县于 2007 年实现全县 369 个行政村 100%通油路或水泥路。2006 年六营村得到国家以工代赈工程项目的资助,完成了六营到汪桥镇的油路铺设,总长 3.5 公里。这条宽 3.5 米的乡间小路东起 S338 省道,向西延伸途经铜山、古岗,横穿六营直抵村西尽头南北流向的白露河。电瓶车是这里村民的主要交通工具,赶集、上学、走人家,男女老少都会骑。村民骑电瓶车 20 分钟就可以到镇上(汪桥镇),30 分钟的骑行就可以到达与汪桥镇相反方向的双柳树镇。

1995 年在国家农网改造工程的资助下,商城地区实现村村通电,同年六营村结束了煤油灯的历史。现在村里各家电视、冰箱、洗衣机等家用电器已经非常普遍。与城市不同的是,这里的电视不放在厅堂,那里往往摆放的是更为神圣的中堂和供桌,电视放在卧室中。很多家庭都有两台电视,父母卧室一台、孩子房间一台。2005 起村子里很多人家陆陆续续在新房里安装了立式空调。在 2005 年至 2009 年田野调研期间,村里不定时有人回收旧家电,从满载的旧家电来看,生意应该是还不错的。

1996 年商城地区实现乡镇电话程控化,农村电话网络发展迅速,六营一些人家开始初装电话。2005 年左右,村里 80%的家庭安装了程控电话。1999 年至 2000 年商城移动通信和联通通信独立运营,不断扩大乡镇基站建设,发展农村代办点。2014 年初,联通和移动先后在六营村建立基站,手机信号明显改善,很多人家因手机便携而废弃了固定电话。1997 年 1 月商城县开通互联网业务,用户通过调制解调器进入因特网,可以用来浏览信息查阅资料。2006 年 6 月,全县教育网建成,实现了校校通宽带。2013 年六营村在国家乡村远程网络教育工程的资助下,村支部接入网络光纤。期间一些家庭出于便利接入网络,但数量十分有限。

村里硬件设施建设的另外一种途径是私人资本。村里大湾子的 LL 早年做建筑工程,如今发了家,2012 年建的独栋别墅大院引得村里老幼纷纷去参观,村里人疯传 LL 家有上亿资产。2010 年 LL 出资 20 万元,给村里的油路两边装上了路灯和线路,并每年为村里支付 3 万元用于电费缴纳和路灯管理维护费用。2012 年 LL 又斥资 100 万元治理面积约一公顷的大湾水塘,清淤泥、放鱼苗、硬化堤坝。并在靠近居民居住的沿岸,种植杨柳,设置路灯、健身器材,供附近村民休闲娱乐。休整之后的大塘水质清亮,环境宜人。附近的村民都愿意来此洗菜、漂衣。LL 为村里做的这些贡献,赢得了村里老弱妇孺的好口碑。①

第二节　六营传播形态变迁:
从传统仪式传播到现代媒介技术传播

为了更好地将研究对象置于特定的媒介时空场景中,梳理六营村媒介生活的变迁显得尤为必要。从某种程度来讲六营村的媒介变迁中浓缩着人类传播技术的发展,折射出整个中国农村的社会现代化变迁。在对六营村媒介技术发展历程进行考察时发现,电视的出现伴随着现代化给农村带来的巨大变化。六营村身处大别山区,在电视出现之前基本存留着传统的传播习俗,本研究将六营的传播形态分成以舞狮、社戏、打糍粑等社群传播为主的传统仪式传播;90 年代中期之后的大众媒介传播;2000 年之后的现代媒介技术传播。当然这个过程不是媒介依次取代的,而是一个不断叠加的过程。

---

① 2015 起每逢过年,LL 每年都会到湾子里的同姓长辈家中拜年,并分发红包。湾子里每位同姓长辈都收到过他的红包。年前他都组织人将塘里的鱼捞出(他出资放的鱼苗),按人头分给湾里的每户人家。

一、传统仪式传播:舞狮、社戏、打糍粑和露天电影

美国传播学者詹姆斯·凯瑞提出的传播的"仪式观"的视角(the ritual view of communication)被传播学界津津乐道。这也为我们剖析乡村传播"仪式"提供了很好的视角。凯瑞(1989:18-19)认为传播不仅是信息传递的,也是仪式的,是关于传播过程中的参与、协作、认同、共同的信仰与价值观等问题。是对特定秩序与价值的肯定与维持。传播最原初、最高级的表现不在于传递信息,而在于建构和维系一个有序、有意义的,作为人类行为控制器和容器的文化世界。那么"仪式"也是一种传播,它提供了族群内部的沟通与交往的"公共空间"和族群历史文化的记忆与传承。"仪式"(ritual)是一个内涵丰富的学术用语,格尔兹(1973:112)认为在仪式里,生活是活生生的,同时世界又是想象的,……然而,它展演的的确是同一个世界。仪式的种类很多,节日庆典、宗教程序、生活经验传承记事等。李春霞(2005)将"仪式"定义为:"一个具体时空里的具体族群,为标识、定位、解释某种现象、变化,进而调整族群以适应这种现象变化而作出的种种社会行为"。我们可以将"仪式"通俗理解为,社群成员在"公共空间"的表演,进而实现族群价值与秩序的强化,形成族群认同。在六营传统仪式传播活动既有自发的民间风俗打糍粑、舞狮、社戏,也有自上而下的行政仪式——露天电影。

六营村普及电视之前(20世纪90年代以前),是一个传统、落后的封闭村落。由于地处深山,人均耕地面积有限,耕种无法采用大型机械,生产力低下。在中国广大农村基本解决温饱的时候,村里很多家庭都在为生计发愁。据村里老人回忆,那时村里很多家一年辛辛苦苦干下来,交够国家的统筹,仅剩下一家人的口粮。年景不好时,连来年的种子都留不下。行政力量将人们牢牢地控制在土地上,很多人连县城都没有去过。但空间的稳固保证了地方知识与文化的有效传承。在物质生活贫瘠的年代,人们通过各种乡土仪式实现交往、娱乐、传统文化传递及乡土的认同。

打糍粑是年前必然要做的事。每年以互助协作形式展开的打糍粑已经变成了乡村小社区的聚会与仪式。打糍粑前一天晚上各家把糯米都集中放到一家,由这家的女主人提前把米泡好。第二天,湾子里的老老少少都会聚集在这家门前的空场地,女人们负责烧火,蒸米……不一会儿,伴随着四处飘逸的米香,第一屉米出锅,晾凉准备打米,四处玩耍打闹的孩子们围过来,趁大人不注意,顾不得烫,抓一把热米就嬉笑着跑开了,负责晾米的婶子,尖声叫骂着,佯装生气追打淘气的孩子们,几个回合下来,孩子们都吃饱了,婶子也累了。接下来开始打米了,这是个力气活,由湾子(居民组)里身体最强壮的几个男人轮流来完成,一人打、一人翻,配合必须相当默契。大人们围看打糍粑,高声谈笑,孩子们在外圈追打玩闹,不时穿挤进来看看。第一臼好了,女人们把它在蒲推(音)上铺展开来,这时小孩子们早已围在蒲推周围,等着品尝香软糯滑的糍粑……等糍粑晾干了之后,切成块,分给社员。打糍粑是一个湾子里男女老幼的欢乐聚会和重要的仪式,但随着机械化的到来,打糍粑由机器代替了,方便了很多,但也失去了仪式的味道。在六营类似于打糍粑这样的传统仪式活动还有社戏、过年舞狮等。社戏和舞狮都是民间自发组织的娱乐活动,在重大节日上演。过年的舞狮与社戏锣鼓声能迅速吸引、集结全村男女老少,虽是付费,但都是象征性的,观演者只是图个热闹和彩头,年节气氛十分浓厚。村民们在这些仪式性的活动中实现着情感互动、文化传递与认同。

露天电影。如果说民间的各类节庆仪式是村民自发的,那么露天电影和村广播则在国家权力主导下推广的媒介仪式。新中国成立初期,商城县派出了一支电影放映队,在商城地区流动放映,放映的片子如《地道战》《地雷战》《白毛女》等革命战争历史故事。1978 年以后,全县各类放映单位 100 多个,1978—1988 年,这十年是电影发展的鼎盛时期,每村每月都能看上 1~2 场电影,科教片随机放映。1990 年以后,电影放映数量逐年减少,放映市场逐渐萎缩,放映工作举步维艰。至 2000 年,农村放映队不足 10 个。① 村里老人回忆,那时放映队来放电影跟过年一样热闹,全村男女老少都来看。那时放映员是很有面子的差事。而近些年来,电视的普及让露天电影失去了当初的魅力,村里最近一次放露天电影已经是多年前的事了,很多人都记不得放的是什么了。看的人很少,能坚持看完的人也不多。

乡村社会的发展让人们不再将各类传统仪式上的表演视为是贴补家用方式,重大节日中人们更喜欢休闲与享受。乡村政治权力的式微已不再具有凝聚力与号召力。加上电视等大众传媒的普及,全国性的媒介仪式取代了乡土仪式,成为村民们休闲、娱乐的重要方式,各种传统仪式性活动逐渐消失。

二、大众媒介传播:电视、广播、报纸

进入到 90 年代,电视在六营日渐普及,各类节庆仪式活动和露天电影都不再具有吸引力。村民的交往与沟通活动从村中公共空间退回到私人领域——家庭。一台电视把家里老少都聚集在一起,观看,谈天说地。尤其是全年因生计奔忙的人们回到家里后,电视成为一家人热闹团聚的由头和背景。电视更加偏向于私人空间与家庭氛围,观看起来更加闲适、自在。电视成为六营村民在大众媒介时期最重要的娱乐休闲工具。

1984 年 10 月,中央广播电视部批准商城地区建立 300 瓦彩色电视转播台,并批准采用 12 频道发射。彩色电视转播台建设在县城东南方向忠烈祠后山,总投资 45 万元,铁塔高 114 米,最大的覆盖半径山区 15 公里、平原 20 公里,可完全覆盖 6 个乡、11 个镇的部分地区、173 个村,并能为南部山区提供信号源,覆盖区人口达 29 万。1993 年 1 月 1 日商城县有线电视正式开播,最初开通 12 个频道,完整转播中央一、二、四台,教育一、二台,河南台,商城县有线电视是继信阳有线电视开通后第一家开通的县

----

① 相关数据根据《商城县志》(1978—2005)整理。

级有线电视。1994 年 10 月,县电视台安装 1000 瓦大功率电视发射设备正式开播,电视节目覆盖全县 22 个乡镇及周边县。1998 年,汪桥广播电视站在汪桥架设光缆传输有线电视、广播信号,在铜山、古岗、六营设有光点。1999 年 10 月,商城县开始实施广播电视村村通工程,全县建成光纤网络 260 公里,实现县乡光纤联网,传输电视节目 32 套,77 个光节点陆续开通。①

自 1991 年村里有了第一台电视后,电视逐渐在六营村里普及开来。从那时的只能收到几个频道到现在的 73 个频道。进入到 2000 年之后,媒介的多样化让村民有了更多选择,但电视仍然被老年人、妇女所钟爱,形成了多元的媒介接触样态。这一点将在第三节详细论述。

广播:1982 年商城县提出"粮棉入库、喇叭入户"的口号,广泛发动群众集资办广播,建设乡至村的广播专线。1983 年底,全县建成的广播专线覆盖全县 21 个乡,乡至村专线覆盖全县 80% 的村落。1987 年,六营所属的汪桥镇集资 12.9 万元更新乡至村的广播线路,全乡 25 个村新架设 15 条主线、26.3 公里,获得地区行署和地区广电局的奖励。1994 年后,随着电视的发展,加上有线广播存在局限性,有线广播事业逐渐走向衰落。1989 年,商城县在发展有线广播的同时,建立 300 瓦调频广播台,使用发射频率为 95 兆,功率 110 瓦,经测试信号覆盖全县 22 个乡镇广播站,至此县乡广播信号实现了两种方式传播。②

六营村广播繁盛时期的见证就是悬挂在村支部门口那部斑驳不堪、备受冷落的大喇叭。由于早期村里多数家庭贫困,拥有广播是件奢侈的事情,村里很少有家庭购买广播。在 20 世纪 70、80 年代,村支部的大喇叭风光无限,村民们可以在大喇叭里听到党中央的声音。据村民们回忆,每天早晚大喇叭都会准时响起,早上播新闻,晚上播些农业知识。对于当时落后的六营村,大喇叭是村民们获取外界信息的重要渠道。同时大喇

---

① 根据《商城县志》(1978—2005)整理。
② 根据《商城县志》(1978—2005)整理。

叭也是权力的象征,在村民尤其是孩子心目中是神圣而又神秘的。那时只有村支书有钥匙可以打开大喇叭,用大喇叭喊话。如今,大喇叭随着乡村基层权力的弱化而退出了历史舞台。

报纸:在整个六营村只有村支部可以看到订阅的报纸。此外,没有村民主动订阅报纸。据现任村支书 XC 介绍,20 世纪 80 年代开始,村里就按照县里的规定订阅指定的党报党刊。报刊种类很多:《人民日报》《河南日报》《商城周报》《河南法制》《法制报》,杂志有《妇女生活》《农业科技》。"平时没人看,年轻人都不在屋里头,老年人也没几个识字的"XC说。因为这两年村支部不常开门,邮递不方便,方便起见干脆让报纸就送到隔壁小卖部,村民有需要就到小卖部去拿。[①] 2012 年国家和县里联合投资的"农家书屋"在六营村支部设立。但在调研中,除了村支书提及此事外,没有一个人知道村里有书屋,更没有人进去看过书。国家制定的惠农政策与农民的实际需求,惠农项目的初衷与具体实施情况都有很大差距。

三、现代媒介技术传播:移动通信网络

进入 2010 年以后,村里几乎人人拥有手机。青年人用手机上网也非常普遍。计算机网络发展相对缓慢,但也呈现出逐渐发展的态势。手机这个更加私人化的媒体,帮助新一代乡村居民实现传统与现代、乡村与城市时空切换体验的同时退至更加私密的空间。

1997 年 1 月,商城县开通互联网业务,用户通过调制解调器拨号163、169 接入因特网,可浏览信息查阅资料。2002 年商城县开通一线通业务,拨打电话和上网可以同时进行,上网速率为 2M。

六营村的网络通信主要有移动和联通两家。村里独立网络安装用户不到 30 家,全部选择联通网络。村里大部分青壮年劳力外出务工,留守

---

　　① 　报纸常被村民们用来包食品、糊墙、引火,却几乎无人阅读。

的老年人和妇女对网络的需求不大,村里安装网络的家庭不多。但随着村里生活水平不断提升,网络安装有逐年提升的趋势。以王小湾为例,2014 年 11 户人家没有一家安装网络,2015 年 7 月份就有 2 家独立安装网络。2015 年暑期调研期间遇见到村里进行网络线路改造的蔡师傅。据他介绍这个假期接入网络、改造网络的人家较多。通过路由器几家共用网络,平摊近千元的网费较合算。打个电话师傅便上门安装与调试,很方便。

　　1999 年前后中国移动和中国联通分别独立运营,在商城地区形成了移动、联通、电信三家移动通信网络分割市场的局面。这几家通信公司逐步建成覆盖全面、漫游畅通、功能完善的数字移动通信网络和各类增值业务平台。村里最早有手机的是在外承包工程的先富村民,是身份和财力的象征。随着手机价格日渐亲民,拥有手机的村民越来越多。手机成为村民在外打工业务往来,父母异地履行家长职责,帮助村民进行情感联络与人际沟通的必备通信工具。2013 年五六月份间联通公司和移动公司分别在六营村中心位置架设了通信基站,移动公司信号具有明显优势。六营村手机持有呈现出低龄化趋势,甚至一部分小学生都有手机。假期走访随处可见青少年"低头一族"。手机帮助村民实现了现代网络体验。城市的媒介发展规律是在计算机网络时代之后迎来手机网络的快速发展,而在六营村,媒介发展完全跨越了计算机网络阶段直接进入手机网络时代。

第三节　多元的媒介传播实践：
"聚议"、电视与手机

一、老人：作为仪式的"聚议"与《梨园春》

有学者认为"土地革命"和"包产到户"的土地政策加速了农村家庭结构由大家庭（联合家庭）向小家庭（核心家庭）的转变（阎海军，2015）。村中老年人多与子女分家，独自居住。轻简便农机具的推广，让部分身体尚可的老年人拥有了从事农业生产劳动的可能性。[①] 留在村里的老年人大部分都在 60 岁以上，多数不识字。在城里失去了就业市场后，不得不返回农村务农或养老。深刻的乡村烙印与记忆让他们保留了乡村传统的交往模式和生活习惯，基于"血缘""地缘"的熟人往来才是乡村生活的真正意义。他们不喜欢儿女们给他们配置的手机，不愿随身携带。"带个那，怪碍事，能有啥事？""弄不好……"是大多数老人不带手机的理由，在外务工的儿女们常抱怨联系不上父母，即便如此也没有任何改观。老人们不适应手机的人际交往与联络方式，而更愿意在日益冷清的乡村中寻求传统交往方式作为情感寄托与依靠。

"聚议"是乡土传统的仪式性延续。村里的老人们大多成长在热闹、繁盛，但清苦的"大集体"时代。近几十年来，生活水平提升，人气却日趋冷落的新乡村，让老人们多少有些不适应。他们借助"聚议"和电视主动寻找乡村生活的意义。詹姆斯·凯瑞（2005：10）把传播分为"传播的传递观"和"传播的仪式观"。他认为："仪式观并不排除信息传递和态度改

---

① 轻简便农机具推广后，插秧与收割分别只需一周的时间。期间只需撒除草剂、上化肥即可，务农的人们也拥有大把的闲暇时间。

变的过程,他主张除非人们从本质上对传播与社会秩序采取仪式性的观点,否则他们就无法正确理解这些过程"。在凯瑞看来人类的传播活动具有传递和仪式两种解读路径,缺少任何一种路径解读的传播活动都是不完整的。凯瑞(2005:13)认为仪式观的传播是"一种以团体或者共同身份把人们吸引在一起的神圣仪式"。作为仪式的传播强调通过信息的共享与交流实现对共同体的维系,对共同价值理念的强化。村中老人的"聚议"带给他们的不仅仅是信息的传播。他们更在意这种仪式性的所承载的乡村传统生活的惯性延续,及由此带给他们的安全、惬意与舒适。

三爹家在唯一通往镇上的乡间小路的路边,家门口有七八平方米的平整水泥地,这里成了附近老年人聚集闲聊的场地。早饭后和午睡后,三五个老人陆陆续续聚集在三爹家门口。每来一个,三爹都从屋里拿出椅子让人坐。三爹早年老伴去世,有老伙伴上门,他乐于招呼。小到家长里短,大到国家大事无不涉及。我公公便是里边的常客,每天他都乐此不疲,按时去"点卯"。村里还有几处规模不一的"聚议"地点。作为典型乡村人际传播的"聚议"在具有信息传递与沟通的"议"的同时,更重要的价值在于有一定仪式意义的"聚"。在日益空心化的乡村,老人们每天通过仪式化的"聚议"实现对乡村传统交往礼俗的强化、认同与延续,寻求情感释放与相互慰藉。

电视作为现代媒介技术,是帮助老人驱散家中寂静与孤独的重要"家庭成员"。老人们更多地用它来完成传统仪式的超越时空体验。晚饭过后,夜幕降临,6点整《信阳新闻》开启了晚间老人们的电视仪式之旅。他们喜欢的节目非常有限,河南卫视的《华豫之门》《梨园春》几乎是他们的共同选择,一些男性老年观众还经常观看《武林风》。此外,央视的《吉尼斯之夜》《星光大道》都是他们热衷的电视节目,这些节目大都是通过电视荧屏展现的欢聚一堂,且贴近生活的舞台表演。老年人家中的电视声音都开得很大,在门口都清晰可闻。屋内电视中投射出光影的交错、戏曲的喧嚣热闹、比武赛事中的欢呼呐喊,让老人们产生身临其境的时空错觉,在视听冲击中,不自觉地寻求传统"庙会"和"社戏"仪式功能的比照与代偿。我的公公经常指着屏幕中豫剧表演对我说："这可比早些年,站在河坝上听社戏强多啦"。这种观看是与电视精神交流的过程,实现了对传统文化仪式超越时空的体验和对传统文化的守候。近些年,人们都忙着外出务工挣钱,乡村传统文化活动的表演后继无人,庙会也变成了小商品交易会。电视满足了老人们对传统仪式的感官需求,完成了传统文化仪式的媒介体验。

二、妇女:情感守望的电话与连续剧

现代化进程使乡土传统代际关系发生了深刻变化。族权、夫权主导的社会结构在妇女权力膨胀下发生了裂变,核心家庭关系让妇女地位提升。村里的妇女们不再是足不出户,承担务农司育的传统角色。年轻妇女生完孩子后就将孩子交给老人照看,随丈夫外出打工。少部分中年妇女会因身体原因或家庭原因选择留守。村中妇女将家中的田地交给老人料理,或转租给种田大户耕种。有空闲时间时,女人们会骑电瓶车去镇上制模贴补家用,时间灵活、收入尚可。① 这些留守妇女平日在家独自居住,丈夫年底回家能带回一年的收入,维持家用的基础上留有积蓄是她们最大的愿望。贫穷的经历让人们将家庭经济条件的改善放在首位,而家庭成员的情感需求的满足往往被忽视,好在手机在一定程度上满足了家庭成员间情感联络的需求。

村里的留守妇女,得益于现代通信技术实现了家庭成员及乡邻情感的维系和联络。多年前六营在"村村通"工程的惠及下就普及了固定电话。妇女们利用电话实现与家庭成员间的情感维系。"我要是闲了,就给他爸打个电话,问问在外面咋样,啥的。……他爸有时间也打电话回来问问家里的情况",二嫂如是说。她的大儿子在郑州上大学,定期和儿子

---

① 在镇上有家庭工厂专门制作建筑所用的模具,有浇灌、定型环节。散工一天可以挣 100 元。

通电话，"高中三年俺都陪读，俺大小子走头一年俺欠(想)他，害怕他在外面吃不好、穿不暖、钱不够花，一个星期给他打个电话。后来慢慢好点，他也闲烦，打的就少了。"村里的妇女们借助电话帮助她们打破了城乡时空的局限，实现了亲情的联络与维系，异地履行"妻职"和"母职"。

村里越来越多的妇女拥有了手机，多是孩子或丈夫淘汰下来的。她们对手机的款式与功能并无追求，文化程度不高的她们将手机仅看作为一部移动电话，几乎没有人用手机来发文字信息、上网或其他。近两年来一些年轻的妇女开始热衷于微信语音群聊、抖音刷视频、拍视频等打发时间。妇女们习惯带手机，一来，方便被随时联络，二来，也可以主动联络他人。有了手机再不用大嗓门喊，也不用跑路去找，一个电话就解决了。麦克卢汉(1967:17)说"媒介是人的延伸"，在六营，手机是村里女人的声音的延伸和腿脚的延伸。没有繁重的田间劳动，女人们也很少有午睡的习惯，电话一打，麻将馆、树荫下，牌局很快就凑了起来。

电视剧是留守妇女重要的媒介消费形式，实现了情感的守望和寄托。晚上，忙碌了一天的女人们都会纷纷坐到电视机前。傍晚，我陪同外甥女去她家拿衣物，院子里的灯是亮的，在院中叫，也无人应答。便朝着光影闪动的那间卧室走去。只见大姐正在专注地看湖南卫视的热播都市情感剧《克拉恋人》，忽然见我们站到卧室门口，吓一跳。外甥女抱怨道："俺妈成天迷这个，一到点儿就往家撵，有啥子好看的呢"。大姐看到我们，慌忙起身招呼，倍感局促却又不时地瞅两眼电视，好像生怕会错过情节。不想打扰，我们便拿了衣物匆匆离开了。

六营家庭中电视机不会放在堂屋上位，那是天地君亲师的神圣位置。村里大部分家庭的电视放在卧室，面对床，方便坐或躺，舒适地观看。一些富裕家庭有两台电视，父母和孩子卧室各一台，平时各自看各自的，具有极强的私密性。晚上妇女们会尽早洗刷完毕，准时坐到电视机跟前。《咱们结婚吧》《当婆婆遇上妈》《克拉恋人》等都市情感剧和家庭伦理剧成为她们热追对象，也会成为麻将桌上的重要话题。电视原本是乡村妇女了解外面世界的渠道，但随着外出务工妇女的逐渐增多，关于城市的美丽幻想也逐渐还原本真。乡村妇女对情感和伦理连续剧乐此不疲,"就是喜欢看里面的故事,俺们那时候都是包办的,父母说谁就是谁了,俺嫁到王家的时候才19岁,懂个啥……。羡慕?那……咋能过上那样的日子",大姐如是说。长久以来乡村传统伦理秩序对农村女性情感表达具有极强的控制与束缚。长期留守妇女很难实现眼界与思想的开拓与解放。村里女人们通过电视传递的现代社会的价值和伦理观念,完成对现代城市生活的想象、感受与认知。都市情感剧和家庭伦理剧成为留守妇女表达及获取内心的情感需求的渠道。女人们通过对剧中对女主角的换位假想,暂时满足自己的情感需求,但在电视剧结束的那一刹那,迅速回到孤独的现实。

WF是村中小卖部的老板娘,50岁的她比村里同龄妇女看起来年轻许多。夫妻二人在村里经营小卖部连带打米业务[1]。她2014年牵用了村支部的宽带,是村里最早使用网络的人家。去小买卖部买东西时,常见她正津津有味地在电脑上看连续剧,见有人来就赶忙起身,热情招呼。老板娘只会利用有限的拼音知识搜索电视剧和广场舞视频。在她的带动下村里留守妇女自发组成了一支广场舞队伍。她们通过网络学习广场舞,网络让广场舞不再有城乡区别。

三、青少年:"一网打尽"移动通信网络

农村中学生的未来人生轨迹无外乎两条:外出务工和求学。与中国其他农村地区在"上学无用"论的影响下,大量中学生辍学打工不同,六营青少年辍学情况较为罕见。尤其是2009年以来的高校扩招政策将这里考生几乎"一网打尽",让学生和家长们暂时看到了上学的希望与出路。家长们不希望孩子再重复自己在外打工的命运,而应通过上学摆脱乡村命运。据多方证实,近两年来全六营村中学辍学青少年仅两人。村

---

① 大米为当地主食。"打米"是将稻谷用机器去壳,打出成米,供食用。

里的青少年基本选择求学来完成家庭寄予的希望和个人梦想。大部分青少年的父母都在城市打工,因户籍限制,青少年学生无法跟随务工父母,只能留在村里求学,由老人照看,或者独自居住。家长们将孩子上学作为家庭希望,是孩子正当出路。家长们普遍认为,孩子上的初中和高中是寄宿制,守在家里不如外出改善家庭生活水平,而基于"血缘"与"地缘"的乡亲互助机制可以及时处理突发事件,最关键的是手机可以让他们随时掌握家中情况,随时联络到家庭成员。手机帮助家长完成情感抚慰、学业监督等家长职责。常年在外务工的父母虽能满足孩子在物质上的需求,但无法实现对孩子的切实关怀与情感照护。

媒介技术的发展让电视逐渐成为被冷落的背景影像。被调查者家庭中电视的拥有率为100%,很多家庭有两台电视。走访入户时,人们开着电视做别的事情非常普遍。WDL是村里为数不多的没有手机的女生。她性格内向,不善言谈。第三次到她家时,她开着电视,坐在小方桌上练字。假期里,弟弟妹妹都到北京父母那里去了,家里显得很冷清。电视里放着《案与法》,"就是没事的时候瞥两眼,反正也没啥好看的"当问到是否爱看电视时,她如是说。访谈中大部分人表示课余时间只是偶尔看或者根本不看电视。因为"电视节目没意思"。手机普及之前,电视是村里青少年打发时间、获取信息、休闲娱乐的重要媒介。他们喜欢看湖南卫视、江苏卫视、浙江卫视等以娱乐定位的频道。喜欢看的电视节目类型依次是:各类综艺节目(如快乐大本营、爸爸去哪儿、奔跑吧,兄弟等)、影视剧。"搞笑、娱乐"是他们选择电视节目的重要标准。这与林江新等人(2010)对上海少年儿童电视使用满足研究结果并无太大区别。随着城乡一体化进程的推进,多元化信息传播模式的普及,电视在六营也逐渐沦为传统大众媒体。

通过手机观看电视节目成为村里青少年们主要选择,电视不再成为其首选的媒介。他们在对自己的电视观看行为进行描述时,"顺道""瞄两眼""不咋看"是高频词汇。很多受访者表示常常边看电视边玩手机。这种多场域同时进行的媒介接受行为,使电视内容接收被干扰,多种媒体营造的多场域争夺着青少年的注意力。手机为代表的新媒体以其互动式的传播特征吸引着受众的全方位参与，导致农村青少年电视接触率走低。电视节目是他们主动的媒介消费行为下的挑剔选择，以满足其特定需求，并非"无意识收看"，有限的电视使用也呈现出特定的偏好与目的。

六营村的青少年使用手机很普遍，大部分为国产智能机。价格相对便宜又可以满足随身娱乐的需求。很多学生告诉我，学校明令禁止携带手机入校，但很多人悄悄地将手机带到学校，藏到皮箱里，晚上下了晚自习，悄悄拿出来看电子书、上网等。假期里手机便 QQ 随时保持在线状态。中学生的手机是接打电话、上网、游戏、交友、购物、娱乐多种功能的复合载体。手机是六营青少年接触和使用率最高的媒体。我的两个上高中的外甥，只要没事就会拿出手机，各种掌中冲关游戏让他们乐此不疲、忘我投入。后湾有一家的无线 Wi-Fi 经常不关，他家门口的阶梯上总是能看到三两个"低头一族"围坐在一起打游戏。青少年对手机各类娱乐功能的痴迷可见一斑。

城乡融通、媒介技术多样与资讯的发达使六营青少年不再依赖某一媒介满足对世界的认知与想象，手机因其轻巧、便利、易得的优势，跨越了传统电脑网络的发展阶段，直接进入手机移动互联网时代。手机作为基本的通信工具，满足了青少年学生的社会交往与娱乐的需求，是与父母、同学和朋友的沟通联系的重要工具。尤其村里的留守儿童，手机更是与父母情感维系的重要纽带。手机的强大功能，让农村中学生体验到网络媒介技术带来的快乐。很多学生能够熟练掌握下载、缓存、离线游戏、离线观看等网络操作行为，用手机上网很普遍。家里没有网络可以到镇上有免费网络的地方下载或缓存需要的内容，然后回到家里使用。手机的线上交流成为线下人际的延伸与补充，为青少年现实人际交往提供了丰富话题和无限可能。

六营青少年的计算机网络的使用是有限的。当地光纤已通入各村，但入户率较低，464 户家庭中只有 36 户家庭通了网络。镇上的网吧是当地青少年上网、游戏的重要场所，但较网吧兴起之初，去网吧的学生也逐渐减少。一方面是因为网吧较兴起之初,已不再新鲜,最重要的原因是手机满足了青少年的网络需求。村里家庭网络入户与家庭经济水平和留守状况密切相关。走访中发现,家庭经济不宽裕,父母或一方常年在外打工,父母教育理念较为保守的家庭基本拒绝接入网络。而父母在家"做事业"(做生意),或有成年兄长常年在家的家庭更愿意接入网络,其中家庭经济条件是接入与否的重要因素。同时,村里青少年学生掌握电脑基本技能有限,很多人仅会上网浏览网页等简单操作,甚至一小部分人完全不会电脑操作。虽然中学教学大纲中有计算机课程,但在应试教育主导及升学压力的影响下,孩子们从未上过该类课程。电脑在村里普及率不高,手机以其强大的智能体现迅速补足,在"您是否希望在家里能够随时用计算机上网"问题中,很多学生表示无所谓。可见,媒介发展历程并不是严格的线性推进式发展,而是依据媒介的易得性和人的媒介需求为发展逻辑。

本章小结

六营的媒介发展变迁,是乡村社会交往样态与经济发展的折射。90年代以来,六营村开始出现青壮年劳动力进城务工。农业机械化和轻型简便农机具的推广将更多的农村劳动力从土地中解放出来,土地流转,日趋集中化生产。今天的六营村中已很难看到青壮年,而老人、妇女、青少年儿童成为乡村日常生活的主要人口。与之相对应的是经济条件改善带来的乡村家庭和公共硬件设施的改善,但却乏人享用。像大湾子LL那样得益于特殊经济环境发家的人毕竟少之又少,村里大部分青壮年在城市只能通过初级的体力劳动谋生,省吃俭用,辛苦积累财富。因无法在城市落脚,财富回流至乡村,用于居家硬件条件的改善。楼房、空调、平板液晶彩电……,而自己却常年居住在逼仄的工棚。村里老弱幼的留守村民和鲜亮而乏人居住独栋小楼好似是对六营日趋空心的尴尬处境的最大戏谑。

大量村民进城务工,极大程度改变了乡村居民初级生活水平,但对文化价值型层面尚未构成实质性冲击。每年外出务工的村民回到六营,村民都会自觉地遵从乡村文化礼俗和交往准则。经济条件的好转让村民在乡村礼节、风俗上投入的成本更大。而对从小就接受现代媒介影响的乡村青少年一代是否会遵从乡村传统与秩序,有待进一步考察。

在六营村不同年龄段的村民保持着不同的媒介实践形态。老人们努力借助大众媒介寻找传统乡土仪式的记忆与情感慰藉。无论是"聚议"还是各类具有舞台现场效应的综艺节目。老人们从电视中寻找着曾经"社戏""舞狮"等乡土聚众仪式体验。村中的留守妇女,通过各类家庭情感电视连续剧实现个人的情感的满足与守望。深受电视媒介熏陶的青少年一代,更愿意选择手机满足现代生活体验。在六营,不同人群通过不同的媒介选择满足各自的情感追寻与需求。

纵观六营媒介生活变迁的历程,媒介技术的发展孕育于更为宏观的政治、经济文化背景当中。新中国成立后大集体时代下的乡村居民群体仪式化传播;20 世纪 80 年代,家庭联产承包责任制下,乡村经济复苏,基于公共空间的仪式化传播退缩至家庭,即电视时代的到来;进入 2000 年城市化进程推进下,乡村居民呈现出"原子化"状态,这便是基于个体、移动、便携的手机产生的社会文化环境。从仪式化的节庆活动,到电视带来的家庭聚集观看,再到更加注重个人体验的手机时代,在虚拟时空的延伸与扩展的同时,人际交往的时空却逐渐缩小并个人化。任何一种媒介、一种传播方式都产生于特定的社会文化环境。或者说,媒介环境的发展变化也预示着宏观社会环境的变迁,媒介技术的更迭与发展折射出乡村社会变迁。

第三章　乡村语境中的手机实践：
乡村・手机・青少年

　　智能手机的发展和普及让人们的手机使用伴随着网络使用行为。根据《中国互联网发展状况统计报告》(中国互联网信息中心,2015 年 7 月 23 日)显示,截至 2015 年 6 月,我国网民数量达到 6.88 亿,互联网普及率为 48.8%。手机网民规模稳步增长,手机网民数量为 5.94 亿,其中手机上网人群提升至 88.9%,手机逐渐成为网民上网的主要终端。同时报告也显示,农村互联网普及率低,仅为 30.1%与城镇相差 34.1 个百分点,农村网民规模为 1.86 亿。农村青少年网民规模 7736 万人,而手机以其价格优势,降低了农村地区青少年网民上网的门槛,一直是农村青少年上网的重要设备。其中 82.9%的农村青少年网民的主要上网设备为手机。上述一列数据显示:在城乡网络普及具有较大差异,农村互联网普及率较低的情况下,手机成为农村青少年重要上网路径。

　　2015 至 2022 年间,中国互联网事业飞速发展。手机依然是网络接入的重要载体,新的内容与体验方式不断涌现,并深刻影响着网民的手机使用。进入 2020 年,我国开始大力推广 5G 网络,我国 5G 网络规模持续扩大,截至 2022 年 6 月。已经累计建成开通 5G 基站 185.4 万个,实现"县县通 5G,村村通宽带"。我国网民规模达 10.51 亿,互联网普及率达 74.4%,其中,我国农村网民规模达 2.93 亿,农村地区互联网普及率为 58.8%,较 2015 年均有大幅增长。截至 2022 年,我国农村互联网基础设施建设全面覆盖,数字技术在农村生产领域广泛使用。在此情形下,手机依然是农村青少年重要上网路径,相对于 2015 年前后的使用特征,部分六营青少年在原有电子书、游戏、影视剧等传统内容消费的基础上增加了短视频与直播尝试,在内容选择、媒介参与、内容生产等方面都更加具有主动性。

手机在六营村已非常普遍并呈现出差异化的使用。由于媒介使用能力有限,村中老年人与大部分妇女仅仅将手机作为通信工具使用。习惯了面对面交往的老年人们甚至将手机视为"累赘"。有的妇女即便手持彰显家庭经济实力的大屏智能手机,也仅限于移动电话功能,较少发挥其网络功能。而村中青少年们真正挖掘了手机的"智能"功用。QQ、游戏、电影、电子书成为其手机消费的重要内容。手机似乎消解了城乡区隔,让乡村青少年可以通过手机实现无差别的现代体验。

2022 年 11 月共青团中央维护青少年权益部和中国互联网信息中心(CNNIC)联合发布的《2021 年全国未成年人互联网使用情况研究报告》显示,我国未成年人互联网普及率持续提升,2021 年达到 96.8%,较 2020年提升 1.9 个百分点。城乡未成年人在互联网普及率方面差距已经基本弥合,但在网络使用方面差异明显,主要表现为农村未成年网民上网设备相对单一,长时间上网情况突出,使用休闲娱乐类应用比例较高,使用学习资讯类应用比例较低。总体来说,未成年人网络使用仍存在城乡差异,农村未成年网民教育管理相对不足。以上数据与六营村青少年网络使用情况基本相符。报告中提到农村未成年网民上网设备相对单一,六营村未成年人上网呈现出单一依靠手机的特征。在六营村 6~11 岁主要处于小学年龄段使用手机较为少见,但仍挡不住游戏对他们的诱惑。他们只能插空玩家中其他成员的手机,即便如此也常常受到限制。① 假期里经常能见到三两个小男孩在稍大些的兄长周围,艳羡地盯着手机上的游戏,还常常遭到兄长的嫌弃。农业机械化推广加之城市现代工业对劳动力的

---

① 村里小学生手机持有鲜见有多种原因:低龄段孩子由相对年轻的爷爷奶奶照顾,父母可随时通过联系爷爷奶奶掌握孩子情况。附近片区中心小学设在六营,村里孩子上学很近,当地小学生不寄宿,没有用手机沟通联络的需求。

大量需求，自 20 世纪 90 年代起，村中青壮年劳动力纷纷外出务工，平日里村中很难见到年轻人。18 岁以上的青年要么在外地上大学，要么早已外出打工，手机使用情况无从考察。与东部沿海农村不同，当地工商业不发达，人均耕地面积小，人们多通过外出讨生活的方式来贴补家用。因此，家长们大多希望子女通过上学来完成身份的正式转变，加上当地尊师重教的传统，留在村中的 12～18 岁青少年均在求学中，因此本研究的研究对象为六营村初一到高二的中学生。

第一节　时代背景下的乡村、手机和青少年

从宏观层面来看，六营村青少年手机的风靡使用是特定的社会环境与背景下的产物，离不开国家宏观政策的推动和移动通信产业的发展。"村村通"工程和"手机下乡"促进了乡村移动网络硬件设施建设。国内手机行业的快速发展必然辐射农村市场，同时手机日渐亲民的价格让更多的农民有能力购买。中观层面，乡村家庭劳力外出务工带来家庭经济状况的改善，具备了手机消费能力。乡村的留守语境也促成父母给孩子购买手机的主动意愿。就微观层面来说，与电视媒介一同成长的乡村青少年，更易受到电视中各种消费讯息的诱惑和周围人消费行为的影响。多重因素作用让手机在六营青少年群体中普及开来。

一、政策与市场共同作用下的"手机下乡"

为了拉动国内消费市场，2007 年 12 月河南作为"家电下乡"的试点省份，率先实施购买下乡家电产品的补贴政策。2008 年财政部、商务部、工信部联合印发了《关于全国推广家电下乡的工作通知》，并于 2009 年起向全国推广。作为"家电下乡"工程的一部分，中国联通、中国电信等电信运营商为农村市场定制了数十款适合农民使用的手机。指定手机享

受国家购机补贴 13%,有些还享受赠送话费等增值业务。① 惠农政策的实施总有"最后一公里"的遗憾。调研中发现村中知道"家电下乡"的村民很少更不要说"手机下乡"。在镇上移动直营店看不到补贴手机的踪迹,很多人不知道有这样的政策。此外,农民消费能力提升,而享受优惠政策的手机品牌、款式、质量等均无法满足购买者的需求。② 村里的青少年学生更是没人知道"家电下乡"政策,但这并不影响他们持有手机的强烈愿望,有的人趁假期到父母打工的城市做暑期工挣钱,购买心仪的手机。基于经济发展的市场优惠远大于自上而下的公共政策的吸引力。

"村村通"是"十一五"期间提出的国家农村建设的长期、系统工程,包括电力、公路、电话、有线电视、互联网、移动通信网络,是建设社会主义新农村的重要任务。当地两大移动通信公司在完成"村村通电话、乡乡有网络"任务的基础上,2000 年起,陆续开展了农村信息网络三期工程建设。当然,以公共管理为导向的政策的动力远不及潜在利润的吸引力。现代媒介技术的进步将乡村居民的生活深度纳入到移动传播网络当中来,乡村成为极富潜力的消费市场。2014 年 7 月间,当地移动公司和联通公司在六营村支部以东设立各自搭建了 4G 移动通信基站,极大提升了村民移动通信质量,2021 年通 5G 之后,手机上网速度更是大幅提升。

从全球经济范围来看,手机作为全球化商品成为众多移动通信厂商的必争之地。苹果、三星等国际品牌基本瓜分了全球市场,并快速占领了中国的城市市场。近年来,以华为为代表的有实力的国产手机品牌极具竞争力。国内众多通信厂商的迅猛发展必须开拓新的市场,中国农村为国内手机生产厂商提供了巨大市场空间。国家推行的"手机下乡"政策

---

① 财政部、商务部、工业和信息化部(2008).《关于全国推广家电下乡工作的通知》.财建[2008]862 号. 来源:中华人民共和国财政部官方网站,http://www.mof.gov.cn。

② 2009 年 1 月中国联通公司正式启动,手机下乡签约品牌多为国产手机金立、天语、中兴、海尔、长虹、夏新、波导等 19 个品牌,"家电下乡"的手机基本在 1000 元以内。2009 年将手机的家电下乡产品提升至 2000 元。(来源:《"家电下乡"惠农民》中国政府网,2009 年 12 月 25 日)

也是在推动国内移动通信产业发展的初衷下实施与推进的。

近几年来，在国家政策推动和国内移动通信厂商对农村市场的开拓下，我国农村地区的手机普及率快速提升。移动通信工具普及已经成为农村信息化的重要体现。手机成为乡村居民通信、娱乐、接触讯息的重要渠道，在极大程度上改变了人们原本的生活和社会交往方式。当然不可否认手机在农村的普及除了上述两个宏观作用外，乡村家庭经济条件的好转，消费能力提升也是手机普及不可忽视的因素。

二、第一部手机："象征性资本"

六营的中学生中几乎没有谁能记得村里谁拥有了第一部手机，大家唯一的共同记忆就是某一年春节，父亲带回来的一个可以听歌的游戏机。大约在2005年左右的春节，村里一下很多男人都带了手机这个新奇的东西回来。据FQF的父亲回忆，2008年他在山东承揽工程，为了务工联络方便，花680元，买了一部"金立"和弦手机。这部手机让FQF兴奋不已，和妹妹在里屋抢着玩这部手机，走哪带哪。那时的手机功能单一，刚开始不会玩游戏，听各种铃声都让他和妹妹很开心。其实同湾子大头的爸爸去年过年就带回来一部手机，他总是好奇地围在大头周围，希望大头能让他摸摸看看，可能是大头自己还没有稀罕够，总是拒绝。FQF听大人们议论，大头他爸妈当年在外面包工程混上钱了。那年大头家很热闹，拜年的人络绎不绝，有很多都是想来年跟着他爸出去打工的乡亲。当年的村支书XC略有酸涩地说："俺不是村里最早买手机的，最早买手机的那些人都是在外混上钱的老板儿，像俺们这些在家里蹲着的，都是没出息的人啊。"

郭建斌（2013）在对独龙江少数民族地区电视使用情况进行民族志考察后认为，电视媒介是一种"象征性资本"。在现实语境下的六营，手机在一定程度上消解了村里原本的政治精英和文化精英权威地位，较早拥有手机的这部分群体是获取了一定经济资本的新富群体，手机赋予了他们象征性权力资本。他们有了更多的话语权和决定权,并可以随时联络到他人,有沟通与变更计划的权利和自由,让乡亲们刮目相看。在市场经济浪潮冲击下的六营,乡村行政力量的日渐退场,经济资本逐渐成为权力资本的重要组成部分。

随着乡村家庭经济水平的提升和手机产业日渐成熟,在六营,手机由原来的稀罕物、"混上钱"了的表征,逐渐走向平常村民家。家长淘汰下来的手机逐渐成为孩子们的玩物。在第一批使用手机的青少年群体中,手机成为炫耀的工具、同伴交往的资本。手机瞬间由作为通信工具的"物"被赋予了更多的深层的文化意涵。较早拥有手机或拥有较好的手机是家庭经济条件优越的象征,意味着父母在外务工收入尚可。手机也增加了青少年同侪间的微观权力资本。手机普及初期,拥有手机的同学可能在同伴间拥有更多的发言权、决定权,更加受到同伴的拥护与青睐。但这种微观权力会随着手机的普及而逐渐消解,进而转嫁在新的表征上如:手机价格、使用方式等。就手机给乡村青少年带来的个人体验上看,无论其体验程度如何,手机被赋予了现代性表征。早期乡村青少年使用手机自然被看作是一种现代、时髦的行为。随着手机的普及与体验的深入,手机也将逐渐成为乡村青少年亚文化表征的渠道。

三、六营青少年与手机

在六营所属的 GG 中学和 GM 高中调研显示,该地区初、高中学生手机拥有率为 84.2%,几乎一个班级里人人都有手机,而且年级越高,手机拥有率越高。这一统计结果也印证了在六营的田野调研的状况,六营青少年上了初中后,拥有手机非常普遍。在走访的 21 名青少年当中,有 4 名学生因多种原因暂无手机,其中 2 名学生不久也拥有了自己的手机。

村里很多青少年第一部手机是从长辈或哥哥姐姐那里流转过来的。父母或兄长的手机因为性能、款式等原因被淘汰,家庭小成员便接手使用。拥有第一部手机的兴奋很快被旧手机的卡、慢、落后带来的沮丧取代，他们渴望拥有一部真正属于自己的新手机。WDZ 刚上初一，他现在用的手机就是在外打工的哥哥换手机了留给他的。手机屏幕已经摔裂了，还没来得及修，但看得出来他还是很爱惜。懂事的他考虑到家境原因近两年不打算向父母要手机。

关于购买或更换一部新手机，几乎每个孩子和父母都有一段斗争小故事。一些孩子用赌气、绝食、不上学等办法迫使父母给自己购买手机。YXW 初一的时候想要一部手机，那时因妈妈没有外出务工，不同意给他买，他便把过年悄悄留下的压岁钱攒起来，在学校对面的手机维修店里，花 500 元买了一部二手诺基亚手机，可没多久就坏了，最后妈妈出去打工前给他换了一部新手机。WHH 的手机是 2014 年夏天在父亲工地上做暑期工，自己挣钱买的。WHH 觉得爸妈原本要给自己买个 1000 元左右的手机不合心意，就自己赚钱买自己想要的那一款，父母干涉不了。

村里青少年关于手机的基本技能都是由哥哥、姐姐或同龄小伙伴传授与分享的。WDL 这个暑假一个人和爷爷奶奶在家，弟弟和妹妹都到北京和爸妈团聚了。除了在家帮忙干活、做作业，她最愿意做的事情就是到另一个湾子的表姐家一起玩手机，玩 QQ、看电影。虽然自己还没有手机，但表姐帮助她申请了 QQ 号，学着设置了头像和个性签名，试着和人聊天，这让她觉得很新奇，也很渴望能拥有一部手机。SCX 是村里不多的玩微博、微信，用淘宝的中学生，这都是在郑州上大学的哥哥教给她的。虽然乡村青少年完全没有机会接受任何网络培训，学校的计算机机房形同虚设，但在好奇心的催使下，同伴间的相互传授和自己摸索，让他们上手非常快。

乡村青少年学生对手机费用精打细算，大部分青少年的手机月消费控制在 50 元以内。他们基本选择当地移动 38 元的学生包月套餐，在保证自身网络需求的基础上，尽量不超过套餐标准。如：减少通话费、用 QQ 免费流量、利用缓存观看视频等。当地两家移动通信公司也都推出了相对成熟的学生套餐优惠产品吸引青少年加入手机网络体验。

马克·波斯特（1990/2005：23）认为："技术革新中最为关键的不仅

仅是效率的增加,而是身份构建方式以及文化中更广泛而全面的变化。"手机作为现代文化的表征深刻地改变着人类的生产、生活及交往方式,全球网络连接、海量信息冲击、频繁的时空交叠转换让人们应接不暇。而这一切对曾经相对封闭、传统而又落后的乡村的冲击是巨大的。尤其是乡村青少年,他们对新事物充满新奇,对城市和现代化生活方式充满向往。手机带来瞬间的时空转换与挪移,随时感受与把握外部世界,让生活在相对闭塞时空的乡村青少年无法拒绝,并迅速沦为"信息劳工"并乐此不疲。在现代化"魅力"的冲击下,六营村青少年的手机使用呈现出更多现代文化特征。当手机跳出现代工厂,将人们武装起来,成为随身携带的现代表征,它就不仅仅只是通信工具、媒体、游戏机那么简单,而是一个复合文化载体。

第二节　手机与乡土语境的时间与空间

尼克·史蒂文森(1995/2001:127)认为传播媒介的发展在当代社会里已经重塑了人们对时间和空间的感知,传播技术将我们的中枢神经系统扩展到共享的全球性融合之中,时间和空间之间的区别变得多余。手机成为现代人类的基本装备,全面影响着人们认识世界、感知世界的方式,最现实的技术体验就是实现了跨越时空的信息沟通与共享,改变了人类社会生活的时间和空间的基本向度,人们的时空观念随着技术的进步而不断改变。在六营,如果说大人们还仍然眷恋并保存着传统的时空观念与交往体验,那么村里的青少年的时空体验正在被手机割裂,随时穿梭在的网络时空中而不受时间与身体在场的限制。手机让村里的青少年拥有前所未有的时空体验,城乡的差距显得不再那么遥远。在手机的冲击下,村里青少年的生活体验、思维方式发生着前所未有的变化,并让他们乐在其中。

吉登斯(1990/2011:15)认为,前现代社会,人们的社会生产与生活是受到地域性活动支配,时间总是对应特定的空间。然而进入现代社会以来,各种"脱域"要素的孕育,时间与空间逐渐具有了分离的可能性。场所完全被远离它们的社会因素所穿透并据其建构而成。建构场所的不单是在场发生的东西,场所的"可见形式"掩藏着那些远距离关系,而正是这些关系决定了场所的性质。作为极具现代表征的手机,加剧了时空建构地点的复杂性和不确定性。尤其是在我国城乡二元体制下,手机对乡村传统时空体系带来冲击,并使之具有多样的文化意义。乡村社会有其特有的时空传统与规范,千年流传的乡土传统让后辈约定俗成。现代技术的发展成为打破乡土传统时空体系的重要因素,而现代媒介技术因其大众文化的亲民、娱乐的特质,全面改造并深刻建构着乡村居民的时空观念。如果说电视卫星技术规划着乡村居民的作息、具象了对"城市的想象"、深刻而又全面地影响了人们的社会生活和乡村社会结构,手机则更为细致地、无微不至地塑造着每个人的现代生活的体验,深层次地建构着乡村生活的时空结构。

一、乡土时间与精确时间

在农业时代,农作物的耕种是配合着自然时间,春耕、夏耘、秋收、冬藏是农业社会的四大生活组曲,农业社会时间配合着自然环境的变化,由此而产生我国古代文明的历法,即农历。农业时间是不需要精确计算的时间。精确时间是工业化生产精确计算与提高生产效率的产物。在中国大部分农村社会还沿用着农历历法。六营同中国绝大部分的乡村一样,对时间具有一套独特的计算与规划方式。村里的老年人和中年人严格遵照按农作物成长规律的节气来制定的阴历记日,与人们日常生活息息相关的两个集市都是按照阴历的单双号运行的。户口统计的出生年月无论老少都采用阴历。村里大人们很多仍然保持"鸡叫三遍就起床,日头落山就歇息"作息习惯。初来六营时,这里人们早起习惯让我格外不适应。农业生产劳作让长辈们养成了早睡早起的习惯,鸡叫三遍,便起床是很多大人们的习惯,此时的村里和晨集上看不到青少年的身影,假期里他们也习惯了过"夜生活"。手机让他们的作息与远方的城市连接在一起。玩手机到十一二点是非常平常的事情。村里的大人们大部分已经远离农业生产,但还都习惯于传统的农业作息。从小接受现代教育的青少年的生活则被各种现代的时间无意识地规划着。手机作为当下流行的媒介技术也充当着青少年的时间"规划者"。和他们约访谈时间时,很多孩子把时间定在午休的时候。因为晚上熬夜玩手机,早上睡懒觉的他们,午后才刚刚开始一天的生活。第三次来到 WDS 家走访时,恰巧碰见他妈妈正在院子里撸花生,见到我客套寒暄几句后,得知我的来意便放下花生向我抱怨道:"现在的孩子太懒了,我们那么大的时候都给家里插稻、喂猪,啥都干,现在可好他们啥都不干,晚上不睡早上不起,叫他干个啥,都说没时间,就玩手机有时间……"WDS 告诉我手机是睡前催眠,早晨起床第一件事就是先拿出手机看看。即便在学校,晚上临睡前也会悄悄躲在被窝里玩手机。他们习惯早上用手机定闹钟起床,以适应现代规范化教学的日程安排。手机改变乡村青少年的作息时间及其设定方式,改变乡村早睡早起的作息传统。

手机的"快速""即时""移动"的特性让人们的日常生活具有了更多的灵活性和应变能力。亚特瑞(2002,163-169)认为手机这种随时随地可以沟通的"微观协调"能力让人们可以随时修改和调整提前设定好的时间和地点,把人们从提前设定好的时间、地点的互动环境中解放出来,并随着手机传播的流动性不断重建他们的时空架构。在乡土中国手机灵活的微观协调能力让经年留存的乡俗约定的时间规范不再必要,甚至被年轻一代遗忘。六营人口居住较为密集,基于"血缘""地缘"的人际交往传统让村里的人很熟络。偏远的地理位置让六营在城市化浪潮下仍费力坚守着它的乡土传统。例如当地过年走亲戚的习俗是"初一走邻里、初二走丈母娘、初三走舅舅、初四……正月十五不看妈家灯"。这是孕育于沟通不便的传统乡村社会中相对便捷时间约定,也智慧地避免了人情先后亲疏带来的不必要麻烦。村里的长辈们尤其是老年人都严格遵照传统时间安排过年期间的活动。近几年，多年沿袭的风俗在手机的参与下变得更加随意、机动灵活。他们习惯了在出门前打电话约定时间，也习惯了通过手机随时改变行程，习惯于用手机来安排日常作息，老一辈恪守的风俗已无足轻重。放假期间很多学生相约外出玩耍，都会用手机事先约定时间和地点。父辈们随时上门的乡土人际交往模式已不再被年轻一代接受和认可。乡村原本开放式的交往传统被手机分割，村里的青少年习惯了出门之前用手机提前约定，在他们看来手机事先约定是一种现代、时尚的礼仪。乡村中原本随意、闲散的时间被手机严格规划、约定。原本依据自然判断的，或约定俗成的时间被技术精确时间代替。

二、村落中的"在场"与"缺场"

现代工业化与城市化的发展加速了城乡人口流动。庞大的"村村通"工程让六营里的人们去集市不用"地走"、肩挑背扛，去镇上也不再是难事。乡村道路和交通工具的发达实现了人们身体、物质移动的便利，手机则带来了人们精神与意识的空间流动与"脱域"体验。吉登斯（1990：18-26）基于资本主义现代性语境，精准地指出资本主义进入现代化阶段，生产力的高速发展使现代人能够在其活动中将时间与空间区隔开来。每个人都可以通过各种象征性载体成为在场的离席者和不在场的出席者。"脱域"成为吉登斯现代性论述中重要特征。手机让村落空间中的"脱域"具有了实践的可能性。媒介技术的迅猛发展让每个人都能深切感受到日常现实中时间和空间的基础维度，日益被引入远程通信世界中。空间和时间的差异正在瓦解，传统时空基础逐渐边缘化，形成了一个无所不包的多维现实结构。现代媒介技术帮助人们实现了多空间的穿梭与互动。

吉登斯认为（转引自季念，2008）所谓的在场与缺场是与个人身体所在的时间与空间密切相关的，两者不是绝对分化的，而是互相渗透、互相融合的。新兴媒介通信技术的发展使人们的"在场可得性"（presence-availability)的形式和方式逐步转变,并且更加易得。自20世纪80年代以来的现代经济建设并未让城乡二元机制瓦解的原因是多元的,可媒介通信技术的发展为城乡的融通打开了技术通道。尤其是对新一代乡村居民,手机普及让他们在城市与乡村、在场与不在场之间迅速切换,关于城市和世界的认知不再受制于身体所在的场域。现代交通工具的发展实现了身体快速移动,开阔了人们的视野。暑假六营的很多学生都会选择到父母打工的城市过暑假,对于他们来说这不光是一次家庭团聚的机会,更吸引他们的是走进城市,感受城市的各种新奇与现代,但毕竟时间有限。日常生活中手机使用带来的城乡时空穿越和差异化的线上线下体验深刻塑造着他们的认知与行为方式。YXW是个迷恋手机游戏的男生,他无意间告诉我,去年在玩酷跑(一种游戏)的时候认识一个城市网友,"后来知道他在广州,竟然和我同年同月同日生,我们很聊得来,留了手机号,说去广州可以找他"。手机网络帮助青少年实现交际范围的空间突破。青少年们主动寻求远距离的城乡互动,当然也增加了时空建构的不确定性和复杂性。

福尔图纳(2002:513-528)将人的"脱域"状态称之为"半在场"(half-present),他认为人的在场包含作为身体的物理意义的在场和精神层面的在场。很多情况下,一个人通过维持在某个地点的身体在场,而相对于身体的精神已经缺场。当然这种缺场的在场状态也存在于阅读、看电视、电脑等传统媒体体验中,只是在手机这一移动通信媒介上体现得更为淋漓尽致。村里一位老人告诉我,"以前喜欢过年,都回来了,热闹……,现在过年都淡了,大人打麻将、小孩摆弄手机……"可以想象喧闹中,近80岁的老人,被麻将和人手一部的手机"隔离",是多么孤独与无所适从。乡村基于礼俗的人情交往传统,最在意面对面的交往与感受,人情往来要给足面子。而现代生活中手机带来"人"与"情"(精神离场)的分离,手机传播中在场的不在场将那些与身体最为接近的人忽略掉,将他们从社交在场中抹去,赋予不在场的手机另一端重要性,这有悖于乡村交往传统。虽然其他媒体也有"在场的缺场"状态,只是手机带来的快速时空切换让乡村传统人际交往被更为粗暴地打断。没收手机是村里家长教训孩子是常用手段，在父母看来手机是其赋予孩子技术使用、精神云游的权力。一旦发生代际冲突，父母第一反应便是没收手机。这是权力宣誓，也是警告，保证各种训话不被"在场的缺场"区隔，能够有效到达。

第一次下乡调研正值过年。大年初一，按照当地的习俗邻里互相拜年。早些年，孩子们最热衷于邻里互拜，瓜子、花生连吃带装，主人也不会生气。现在各家生活水平都提高了，这种事情现在一般都不讨青少年的喜欢，多年的求学生活让他们已经不习惯乡土传统的各种客套，一些礼俗也让他们极不自在。但顾及到成人世界人情往来的逻辑，又不得不随父母同行。于是就常出现如下场景：大人们寒暄客套，孩子们则躲在一旁痴迷地玩手机，引得更小的孩子在一旁伸长脖子围观。长辈们短暂的寒暄、礼数结束后，便被长辈招呼着一同离开，去另一家。手机协助下的离场是乡村青少年对于在场事物——乡土礼俗的反感、抵抗与逃避的表现，只是手机提供了随时离场与返回的途径。手机帮助乡村青少年更加疯狂地逃离乡村，远离乡俗传统。

无论是"缺场的在场"对亲情关系的维系和城乡的通融，还是"在场的缺场"对乡村传统人际交往的区隔与破坏，都从本质上体现了手机实现人们随时随地时空切换的可能性。帮助乡村居民尤其是青少年，不再受身体不在场的局限，实现对现代与城市的想象与体验，让不久之前还远离"现代生活"的他们如饮甘霖。手机让乡村青少年如此痴迷，并真实地嗅到了现代的气息，五彩斑斓的现代信息与体验极富吸引力并无法抗拒，手机带来的时空的流转自然成为他们逃离乡土的重要渠道。

第三节 手机：乡村语境中多媒体融合与补足

城乡融通、媒介技术多样与资讯的发达使农村的青少年不再依赖某一媒介满足对世界的认知与想象。手机因其轻巧、便利、易得的优势，使乡村跨越了 PC 机(个人计算机)的网络发展阶段,直接进入手机移动互联网时代。手机作为基本的通信工具,成为与父母、同学和朋友的沟通联系的重要工具,为小伙伴们的交往提供重要话题,满足了青少年的社会交往的需求。手机的线上交流是线下人际往来的延伸与补充,为现实人际交往提供了丰富话题和无限可能。手机帮助更多的六营青少年实现了多样化的媒介实践,满足了之前因物资匮乏而无法满足的媒介需求。乡村青少年通过手机实现了电视、电影、网络、MP3、小说等多种媒介的使用,从手机复合的媒介功能中寻找自己所需要的部分,满足个体的媒介需求,也是对现代媒介文化的接触与体验,同时将传统村落空间的人际传播拉至"线上"。

一、属于自己的"掌上电视"

很多学者的实证调研结果显示电视是乡村受众接触的最主要的媒体。(方晓红,2004;张轶楠,2007;胡翼青,2011),这种状况正随着手机的普及而逐渐改变,电视的主体地位开始让位于手机。有学者已认识到手机作为当今传播范围最广,介入人们日常生活最深刻的传播媒介,对传统乡村的人们带来深远影响(孙信茹,2013)。但深入研究尚待拓展,尤其是在乡村新生代的手机使用方面。手机多媒体的融合的形式,满足了乡村青少年多样化的媒介需求。手机出现后,村里很多中学生表示不看电视,手机为代表的新媒体以其出色的传播方式与特征吸引着受众的全方位参与。手机时代,打开电视只是一种惯性行为,内容变得无关紧要,电视只是充当他们全身心投入于手机时的背景影音。当然,他们也很喜欢湖南卫视、江苏卫视、浙江卫视等以娱乐定位的频道。快乐大本营、爸爸去哪、奔跑吧,兄弟等都是他们所关注的节目,只是收看方式发生了变化。找个有无线网络的地方,通过爱奇艺、腾讯视频等软件只需几分钟把想要的节目在手机上做离线缓存,然后在私人空间里独自享受。WHH 说"平时在学校哪能看上电视啊,下好了,想什么时候看就什么时候看……不用辛苦追剧啊……一个人看在自己房间看,没人和我争……",他们如是解释放弃电视投奔手机的原因。手机赋予乡村青少年更多主动选择的权利和机会,让他们可以依照自己的喜好进行取舍。

　　除了通过手机看各类电视娱乐节目,电影也是他们热衷的视频选择。行政主导的露天电影在电视的冲击下早已不讨乡村居民的喜欢,电视同样无法满足村里青少年文化产品消费的需求。离村子最近的电影院在潢川县城,高价位的市场运营让他们无法承受。手机电影的"物美价廉"极大程度上满足了乡村青少年的电影消费需求。学生们通常根据自己喜欢的明星选择影片离线缓存,并相互推荐。相对城市学生,乡村学生可自由支配的财力有限,大部分学生一个月的生活费在 500 元左右,刚好维持基本生活。① 但这并不阻碍青少年学生追寻现代生活体验的脚步。个别学生会通过几个要好同学凑钱、节省饭钱等方式购买爱奇艺或腾讯的会员,保证能看到最新电影的同时,也让他们在同学间赚足了面子,赢得了新的交往资本。

　　麦克卢汉(1995/2000:220-221)曾预言无论下一种媒介是什么媒介,都将会将电视纳入它的内容。手机视频是一种新型文化消费模式,是对乡村电视主导的媒介文化生活的重要延伸与补充。作为家庭文化组成部分的电视建构了其家庭聚众收看的模式和家庭公共活动空间。这种家庭空间在外出务工普遍化的现实语境下已被无情割裂。手机媒介让乡村青少年们心安理得退至更为私密的私人空间。手机在乡村青少年中的广泛使用重塑乡村传统中基于"血缘""地缘"的人际及群体交往模式,彻底粉碎了大集体时代留存下来的公共生活与集体价值观念。

二、曾经想要的小说、相机、MP3

　　在六营,曾经谁能有一部 MP3、随时看喜欢看的课外书籍、谁家有一

---

　　① 经历了穷苦日子的农村家长们,保留了节俭的习惯,普遍认为孩子只要吃饱穿暖就好,很少在意孩子的精神文化追求。吃穿够用后不会给过多零花钱。

部相机、去县城看部电影都是奢侈而不可想象的。落后的家庭经济条件、父母消费观念、乡村文化设施建设都成为限制青少年媒介体拥有与文化体验的因素。手机帮助乡村青少年实现了曾经渴望的多样媒介体验，是小说、相机、MP3 等媒体的集合。原本偏向私人感知与体验的各类媒介在手机的多媒体功能的推动下，更加注重个人体验和私人空间的营造与互动。手机成为村里中学生曾经无法实现的各类媒介的补偿。

小说是传统的文学形式，以印刷媒介形式出现。一直以来村里报刊、书籍刊等文化资源极其贫乏，即便是手机出现后也是这样。一把大锁让基于行政任务的"乡村书屋"流于形式。中学生除了学校规定读物之外，几乎没有课外书籍。如果购买报刊书籍只能去需 45 分钟车程的县城，增加了时间和经济成本。按年度订阅更是不可想象，不小的花费让刚刚富裕起来的家庭拒绝将其纳入必要支出。村里的家长们务实地认为，成绩好，考出农村是关键，至于课外知识、业余爱好都不重要。这一切随着手机的到来得到了改观，但最终也未能摆脱大众媒介的娱乐本质。在手机阅读方面，村里很多中学生迷恋电子书。电子书是传统媒体与新兴媒体结合的产物，帮助村里学生突破了地域购买的限制。通过网络在手机上可以随时随地阅读。SLL 是电子书迷恋者，闲暇时间都花在了阅读电子书上。各种修真、玄幻类的小说都是他喜爱的，当下最流行的都没落下，《大剑神》《花千骨》《剑道仙尊》等。他说："俺喜欢里面人物被赋予的超能力，跟着魔幻的情节，感觉什么都忘记了……"。以手机为载体的电子书满足了乡村青少年对报刊书籍的文化需求，让他们享受到了阅读的乐趣，还为他们营造了一个魔幻的暂时逃离现实的时空。

照相机虽然在城市家庭已稀松平常，并呈现出专业化趋势。但在农村照相机仍是脱离乡土实际的奢侈品，目前六营没有一部专门的相机。这也许是因为乡土社会的人们已经习惯通过言语传承记忆而不是图片。手机的照相、录像功能给乡村青少年带来了新奇体验，像素质量成为村里青少年选择手机的重要标准。没有冲印成本的电子存储让他们乐于尝试用图片展示个人、记录生活、存储记忆、表达心情。2015 年 6 月 29 日，晚

11 点河南省商城县关庙乡状元街一店铺失火。① 当晚 12 点在关庙高中上学的 HHF 晚归，恰好遇见消防队员善后，便以照片的形式上传到 QQ 群里，并配发的文字："生命是如此脆弱"。引发众多好友关切、询问。手机的照相功能开启了村里青少年视觉传播与记录模式。

2005 年左右，电视广告让人们知道了可以听歌的 MP3。村里很多高年级学生还记得曾经把拥有一部 MP3 作为梦想，可当时更多的家长以 MP3 "不当吃、不当喝"，没有实际用处，影响学习而拒绝购买。现在，智能化手机帮助他们完成了这一愿望。听歌是村里青少年较常使用的手机功能。WH 在 QQ 空间里写道："回家的班车上，戴上耳机听手机上最爱的张杰，真是惬意啊……"。WH 因为喜欢张杰，经常去一些关于张杰的论坛，"在那里才发现有那么多和我一样喜欢张杰的人……"。戴维·莫利（2007/2010：221-224）将戴耳机听音乐解读为对社会现实的抵触与反叛。那么乡村青少年通过手机听现代流行歌曲，也可以理解为对乡土社会的背叛与逃离。

小说、相机、MP3 一旦与手机相结合后，呈现出与城市青少年更加无差别的媒介消费体验。乡村青少年是依照百度搜索玄幻小说排行榜确定自己的阅读书目；学会了用手机相机记录生活点滴；和城市青少年一样追逐媒体打造的新星，迷恋并消费关于他们的一切文化产品。与那些单向度的私人媒体的个性化、封闭性不同，手机在提供原初媒体的小说、照相、听歌等基本功能的同时，还为乡村青少年提供了网络交流的平台，让他们脱离乡土空间同时，拉他们进入另外一个突破城乡区隔的亚文化活动交流空间。各种参与、互动、评价、讨论甚至是谩骂让他们找到自己网络小群体文化的归属。在网络空间中判断他们身份不再是城乡的地理差别，而在于文化的认同。

---

① 详情见：《河南商城县居民楼现火灾致 6 死 1 伤》来源：中新网，2015 年 6 月 30 日，8 点 40 分；此外大豫网、腾讯网均有相关报道。http://www. fj. xinhuanet. com/2015-06/30/c_1115762224. htm。

三、随时联络的通信工具

手机的首要功能就是移动通信。它让乡村青少年随时可以联络到他人或被他人联络到。但对于青少年来说手机的网络吸引力远远大于其通讯功能。QQ 是村里青少年最常使用的通信平台。假期里村里学生的 QQ 总是处于实时在线状态。与他们访谈时,经常被"嘀嘀嘀"声打断。据说,上课时很多人的 QQ 也是实时在线,只不过为了防止被老师发现,常处于隐身状态。小伙伴们相约玩耍、老师们通知事情都会通过 QQ,经济、方便、快捷。QQ 是当地青少年学生的重要通信工具。QQ 是 PC 机时代的产物,其主要目标消费群体是青少年。手机 QQ 作为村里青少年重要的通信工具,很多人将它设置为实时显示模式,如同短信一样可以随时接收信息。

第四节　村落中的现代消费

当手机成为全球重要的消费用品时,对其消费层面的理解显得尤为重要。关于消费层面的文化解读,法国哲学家鲍德里亚关于消费社会的解读是绕不开的。本节借鉴鲍德里亚关于消费社会的论述,提出"象征性消费"对乡村青少年手机消费文化行为进行剖析与解读。鲍德里亚(1970/2008:11-17)认为消费包括:基于功用价值的"物的消费"和基于象征意涵的"符号消费"。[①] 在鲍德里亚的消费世界中,日常生活中人们易于关注的物的功能性与实用性却不是他的兴趣点。作为西方著名的批判哲学斗士,他更关注通俗的物背后的蜕变及异化,它是如何逐渐隐去其

---

① 鲍德里亚将消费社会定义为"一种操纵符号的系统性行为"即消费不仅是物质层面的时间活动,同时还是出于各种需要和目的的符号物的象征性行为。

功能性成分,而显现出非功能性成分,直到被符号所取代。鲍德里亚(1968/2001:222-223)认为:"就物品而言,正式拥有超越它功能的可能,以迈向第二个次度的功能,并且也代表有可能在一个普遍记号的体系中,成为游戏、排列组合、计算中的一个元素。"也就是说物的消费除了有功能性消费的一面,也有符号性消费的一面,而且符号性的文化消费是关键性的一面。"消费是一个虚拟的全体,其中所有的物品和信息都是由这时开始……如果消费这个字眼要有意义,那么他便是一种符号的系统化操作活动。"(鲍德里亚,1968/2001:222-223)

任何物包括手机在销售、购买、使用的过程中无不有各种符号的参与,甚至是这种符号消费带来的精神满足远大于物的使用功能。手机出售时的符号化包装与宣传,人们对品牌的追逐,手机外在所见的表征均是符号消费。在手机这种普遍的符号消费中,乡村青少年的手机使用具有特殊的象征意义。基于手机符号的象征性消费远大于基于功用的物的消费。本节将对手机的消费分为一次消费和二次消费。一次消费,即购买手机时的消费。二次消费,即手机使用时的内容消费,以及乡村青少年中刚刚兴起的通过手机进行的消费行为——网络消费。本节借用鲍德里亚符号消费理论对六营青少年手机消费的象征意义展开文化诠释。

一、购买手机:乡村现代性"标签"

六营身处大别山腹地,一直以来偏安一隅的地理位置让她顽强地捍卫着乡土传统,20世纪90年代以来的进城务工潮让这种顽强略显力不从心。大量与乡土略显违和的新鲜事物陆续被带入六营,手机便是其中之一。村里最早有手机的是那些在外承包建筑工程发家的包工头们。手机带给他们的不光是实用功能,更是一种身份的象征。谁家大人有手机,孩子便被赋予了更多的话语权和决定权,成为小伙伴中的"孩子王",不过这种状况很快被手机的快速普及所取代。2010年左右,村里的手机逐渐武装到了孩子,尤其是村里的青少年。

很多村里孩子的第一部手机是家中长辈转让的,独立拥有的欣喜很快被这个"二手货"陈旧的款式、落伍的性能带来的懊恼所取代。于是便与父母展开了一场关于购买手机的拉锯战,时间的长短取决于家庭经济水平和父母的消费观念。在阐述自己手机购买动机时,很多学生认为如果别人都有手机,而自己没有,很没面子。看来乡村中学生手机消费更多的在于炫耀、攀比等心理作祟。村里青少年佩戴着具有现代性标签的"饰品",区别于乡村传统,将手机视作自我观念和行为现代化的宣言。在调研中发现,村里一些玩得较好的小伙伴和同学间会相互影响,选择相同的品牌和机型,作为小群体的标识。无论是手机购买行为本身还是手机品牌选择,六营青少年的手机消费超越了物本身的使用功能消费,形成了和现代城市无差别的符号消费,更多地体现在关与自我现代性宣言与群体身份归属与认同的隐喻中。

手机产业的全球化发展已席卷了全球的每一个角落,包括六营这个曾经闭塞的小山村。SFH 将拥有一部 iPhone 手机作为自己的梦想。2015 年 5 月,他在 QQ 空间里发了一组四张手拿"iPhone6"打电话的摆拍照片。[①] 引来众好友们的评论,其中很多人用"帅""酷""威武"等形容词,当然也有不少酸意十足的贬损。当问及最想要的手机品牌或你认为功能最强大的手机时,村里青少年几乎无一例外的都认为是"苹果",并将拥有一部苹果手机作为梦想。在千里之外的代加工厂,他们的兄长在代工厂流水线上超负荷组装的"苹果"系列产品,销往世界各地,却也无力购买。全球化语境中,作为"时尚"符码的苹果手机,尚无法对接乡村青少年相对初级消费层次,城乡手机消费水平还有鲜明差距。青少年作为乡村手机的主要消费群体拥有手机不再罕见、更换手机成为常态,他们的手机价格多在 1000~2000 元之间。智能手机国产品牌日渐成熟,让人们有了更多选择,与城市的"果粉""米粉"们不同,大部分的乡村青少年较为理智地选择性价比相对较高的国产品牌。使用 vivo、oppo、魅族等品

---

① SFH 在假期去哥哥打工的城市玩,拿哥哥朋友的手机玩时,让朋友帮忙照的。

牌较为普遍,在他们看来更为高端的"苹果"、三星是家庭财力与时尚的象征,虽渴望拥有,但因脱离了乡村的消费能力而被青少年们理性回避。

二、使用手机:"消费社会"下的乡村逻辑

手机是村里青少年学生信息获取、娱乐休闲、人际沟通交往、打发时间的主要工具。假期中的孩子们除了玩手机便无事可做。好像在大人眼里现在村里的青少年懂事晚了,但又不能否认他们懂得更多了。轻简便农业技术的推广解放了乡村大量的劳动力,即使是留守在村中的大人们很多时候都以麻将来打发空闲时间。村里的青少年平日里课业负担较重,假日里没有什么劳作非要他们来完成,加之乡村文化活动设施缺失,手机便成为他们生活中的一部分。

手机在乡村青少年中的普及,让乡村青少年拥有无差别的消费体验,但事实上这种体验是基于乡村语境的。首先,上一节中提及的手机的购买中,乡村学生更贴近现实地选择了中低端的国产手机。此外,他们手机使用过程中产生的消费是极其克制和有限的。在手机使用上,虽然和城市青少年一样包括手机游戏、QQ、电子书、在线听歌,体验到了现代娱乐休闲消费,但这种消费仅限于基础功能的使用,孩子们会主动屏蔽付费的功能消费。PMH 是潘湾小有名气的游戏高手,在 FQH 的介绍下,有机会访谈并加了他的 QQ。浏览他的空间后发现,里面大多围绕一项内容:各种游戏闯关经验介绍,游戏高分截图,和好友互动多是围绕着游戏话题展开。他告诉我,和周围同学一样他只玩免费游戏,有网络的时候才玩玩网络游戏,平时主要玩单机游戏。大部分学生不购买手机网络应用的付费项目,如付费小说、付费电影等。乡村青少年的手机消费基本止于手机购买阶段。乡村的节俭传统让孩子们认为手机中的付费项目完全是一种奢侈行为,虽然这些项目比手机的价格来得便宜得多。他们更在意的是一种自我现代化的外在的表征与宣言,至于内容产品消费可有可无。

村里很多青少年喜欢随身携带手机,即便没什么重要的事需要手机

联络。WDZ 的手机是哥哥淘汰下来的,当我提出想看看他的手机时,他小心地从上衣内袋里拿出了一部白色的 vivo 手机,用手擦了擦屏幕,递过来让我看。屏幕已经磨花了,而且有长长的一道裂痕,但能看出他很珍惜。村里孩子们一般将手机放在安全的上衣内袋里或书包里而不是随手拿着,如果是在家里则把它放在自己的房间。没有 PC,没有 iPad,手机是村里孩子最贵重的物品,使用时多了几分慎重与小心翼翼。

三、网络生活初体验:手机淘宝

在六营青少年的手机消费过程中,传统和现代得以融合,产生出一种特有的手机文化。乡村青少年成长于乡村特有的社会文化体系。具有后现代特征的网络文化通过手机介入了他们的生活,网络文化作为一种外来文化,体现的是与青少年记忆中乡村生活完全不同的全新生活方式和价值理念。在六营真正能够体现出手机给乡村带来的现代生活体验的,是在村里青少年群体中方兴未艾的手机网络购物。

六营村日常传统购物场所是小学旁边小卖部和每天早上的集市。而若买衣物或大件物品,需到一个多小时车程的县城,县城商品的价格加之路上的花费往往让村民却步。因此,很多人家都养成了每年过年回家从打工城市带价廉物美必需品的习惯。

今年开始,村里一些青少年开始尝试使用网络购物,虽然物流只能到镇上的代收点,取件很不方便,但这仍无法阻挡他们对新鲜事物的好奇与热情。第一次见到 SCX,便眼前一亮,高挑的身段,精巧的打扮,当下流行的黑框眼镜让她显得很可爱,开朗健谈的她在访谈时不时抖一下手腕上的手链。她的装扮与村落空间形成了鲜明的反差。SCX 今年跟同学学会了在淘宝上买东西,身上的穿戴都是在淘宝上买的。村里的中学生大都知道网络购物,尝试的人逐渐增多。在访谈中经常可以发现一些显眼的时尚特色的物件:个性笔袋、情侣水杯、时尚眼镜等。村里学生们对网络购物呈现出一边倒的好评。但由于没有自主经济来源,只能从每个月的生活费中节省出一小部分，在网络平台购买一些日常小物件，以体验现代网络消费带来的新奇之处。

手机网络购物打破了城乡消费的空间界限。全新的购物体验和丰足的货品种类让他们欢欣雀跃。网络购物的契约式买卖关系让他们展开了现代契约经济的大胆演练与尝试，消费过程让他们体验到现代商品经济带来的无差别待遇。在这个平台上的消费行为不再有城乡身份的标签带给他们的尴尬，他们不再是那个闯入城市商场的"刘姥姥"。手机给他们带来了现代网络生活最真实的体验。网络购物是他们对现代生活方式的追求、向往和决心，也是对乡土身份与现状的不甘。

第五节　手机使用的性别、年龄差异

六营青少年的手机使用呈现出性别和年龄的差异。这些差异是乡村社会文化对性别、年龄的文化建构，并由手机呈现出新的向面。现代观念影响下的六营村家庭结构与生育观念虽已发生明显变化，女孩已不再是早先的弱势群体地位，女孩子也能分配到一定的家庭资源与情感关注，受教育的权利基本能得到保障。但也必须看到传统的、根深蒂固的"重男轻女"思想并不容易发生彻底改变。在家庭资源有限的情况下，资源分配自然会倾向男孩子。本节对乡村语境下六营青少年手机使用过程中呈现性别和年龄差异进行梳理与诠释。

一、男女有别的手机：手机社会性别建构

WDL是村里为数不多的还没有手机的中学生，2018年以年级第二的优异的成绩考进了县城高中。暑期再次来到她家里时，她独自坐在堂屋的方桌上练字。当给稻田抽水的奶奶回到家中，我起身向她恭贺大孙女考上县城高中时，她却立刻敛起笑容，大倒苦水。"家里娃娃多，用钱

的地方多,女娃娃上那学干啥? 俺都不想让她上,她不愿意,她爸就随了她。学习好,学习好有啥用,能当饭吃? ……"在六营村老一辈观念中还留存着严重的"重男轻女"思想。① 但随着家庭经济条件的逐渐好转,每个家庭孩子数量的减少,②家长们都尽力满足孩子求学、生活的基本需求,女孩也同样受到家长的宠爱。但性别偏见难以彻底抹除。在手机这一乡村轻奢侈品的拥有与使用上,呈现出不易察觉的性别差异。

首先体现在性别差异化使用。在六营村男生和女生手机使用呈现出明显的性别差异。不仅仅体现在上文提到过的手机使用频次上,男生明显高于女生。在手机功能的使用上也有鲜明的不同。对六营所属片区GG 中学的调研结果很能说明乡村青少年手机使用性别差异。此次调研共发放问卷 200 份,有效问卷 169 份,回收率 84.5%。问卷分析后发现60% 的女生的手机主要用于接打电话或收发短信,男生仅占 20.9%。与此对应,74.4% 的男生使用手机主要用来上网浏览网页、打游戏、使用社交软件,而女生仅占 30%。女生倾向于手机基础功能的使用,使用行为相对保守,即便是娱乐功能的使用也是以观看为主的传统媒体补足的使用行为。而男生更喜欢手机延伸功能,愿意主动开发、探索,喜欢刺激性的娱乐功能。

在对手机的依赖程度方面,男生对手机的依赖感更强烈,12.9% 的男生认为手机是重要的生活平台,每天都要用,离不了。女生则更倾向于将手机看作是方便联系的通讯工具。在手机使用的空间倾向上,父母都默许的情况下,女生们愿意待在自己的房间里用手机戴上耳机看影视剧或听歌。而男生使用手机相对自由,不愿受到时间与空间的限制,喜欢跟朋友们一起玩手机游戏。

---

① 在六营重男轻女的思想体现在日常生活的方方面面,如在家庭财产继承上,女儿与家庭财产无缘,所有家产由儿子继承;祭祖仪式只能儿子参与,如女儿参加则说明这家后继无人等。

② 现在六营村一般中青年的家庭中大多都是一男一女两个孩子,甚至有些年轻家庭就一个孩子。村里人在人丁繁衍上逐渐培养起"孩子数量少,生活水平高"的经济理性。

任何技术都不是孤立的、中性的,只是社会生活中的权利与斗争展现的新向面,媒介的社会性别的建构便是其中之一。20 世纪 70 年代以来,媒介与社会性别研究既是女性主义学术的重要研究内容,也是媒介文化研究中的一部分,它以批判的视角检讨媒介维护并参与了社会不平等的再生产。20 世纪 90 年代起中国学者研究西方媒介与社会性别研究的生成语境,拓展中国传播理论研究的视野,为中国媒介与社会性别研究提供了一种途径。在乡土中国,近些年来随着女性外出务工人员的增多,妇女经济地位的提升直接带来妇女家庭地位的提升,但对后代的养育上仍呈现出明显的性别化差异。

在六营,家中一般是男人最先拥有手机,手机被赋予了男性优先的技术权利。WDL 一家三姐弟,弟弟最早有手机,是父亲 2000 年在北京打工拾到的一个破手机,弟弟总吵着要,就把手机给了弟弟。弟弟上小学,不用寄宿,手机没有装卡,对他来讲完全就是一个"游戏机",而两个中学寄宿的姐姐却没有得到这部手机。一次外甥女向我抱怨:"俺和俺弟俩一起买的手机,我的还用着嘞,他的都玩得不像个样子了,看平时好好学习了没?俺爸还又给他买个新的。"在手机普及之初,村里男女生手机使用呈现出鲜明的差异,一般男孩子较早拥有手机,而女生相对较晚。手机普及之后,男生更换手机的频次远大于女生。父母更易对男孩子的手机消费需求作出"屈服"。与此相应的是男生的手机使用频次和使用能力远超过女生。

长辈对男生和女生手机使用的态度完全不同,被赋予了更具乡村文化特征的解读,很大程度上体现了乡村社会对性别的建构。在六营常见的低头一族,基本都是男孩,没有女孩子当着长辈的面全然不顾地玩手机。大姐提起儿子,时常向我夸耀:"小亮对这东西可在行了,俺手机啥时候不好使了,都先让他给摆置,能着嘞。"大人们普遍认为女孩应帮家里烧烧火、做做饭,没事成天玩手机不像样子。女孩玩手机是无所事事、懒惰的表现,而男孩子玩手机则更倾向认为是接触新事物、学习新技术、掌握新能力。贺雪峰(2007)的研究表明改革开放之后,我国农村妇女家庭地位显著提升。但通过长辈对青少年子女手机使用的态度方面来看，性别平等仅仅停留在基于物质生活提升带来的男女基本需求共同满足与实现，而乡村内核的性别差异观念与秩序并未发生动摇。

手机强化性别边界。在六营女孩子帮助母亲做家务，被认为是理所应当，男孩不必要拘泥于这些婆婆妈妈的家务琐事。人们赋予男孩子和女孩子使用手机不同的评价与解读，也被孩子们调整为默认、内化，并不断强化自己行为。当男孩子玩手机的行为被赋予正面的意义时，会强化他们玩手机的行为，同时也会影响到周围孩子的行为，形成同辈效仿与认同。当大姐在众人面前对自己儿子使用手机的行为进行了正面肯定后，刚开始不好意思当着大人面玩手机的串门小伙伴们，后来也不毫无顾忌地玩起手机游戏。相反，当一个女孩玩手机的行为不断受到负面评价后，会让女孩在使用手机时产生巨大文化压力。即便对手机再感兴趣，因担心手机会给自己带来负面评价，在公众场合她们会压制玩手机的欲望。于是便呈现出在村里男孩子使用手机不受场合限制，而女生使用手机更多情况下选择私密的私人空间。

当文化附加在手机上的性别差异内化为青少年的行为和意识后。男生更加肯定了自己的行为，对手机的各种性能、软件了然于心。女生们会自然而然地认为疯狂玩手机、打游戏是男孩子才做的事，逐渐疏远手机。差异化的手机使用行为造成了男女生手机技术使用的性别鸿沟。国内学者曹晋(2009:71-77)在对上海钟点女工手机使用考察后认为，虽然手机给农村女性带来了即时性与互动性，但她们并不能跨越自己的社会地位和社会性别身份，无论她们如何使用手机都不能超越他们的性别身份。而这种性别身份在乡村语境中被界定为乡村特定的性别偏好、生产分工界定、职责划分等。手机在乡村青少年中的普及让男生与女生共同拥有了手机，无差别体验了手机带来的跨越时空的信息分享与娱乐，但女生们仍无法摆脱乡村语境下的性别身份。

二、手机:成人礼

我国汉族自古代社会就有成人礼一说。在民间社会,家庭抚养孩童成长、成人是重要的过程。[①] 现代社会,传统成人礼仪式感逐渐淡化,但每个家庭都会以特定的方式来划定或纪念孩子成人。特纳(转引自平章起,2010:17-23)认为成人礼就是从一种社会地位向另一种社会地位转移时举行的仪式,以保证获得身份的变化和新的权利义务。成人礼的意义在于既保护受礼者顺利地从一种状态调整到另外一种状态,也要保证受礼者所在集团稳定和持续的发展。与一些少数民族地区不同,六营当地没有特定的成人礼俗。在人们的下意识里,孩子上了初中之后,第一次独立地过寄宿生活即开始走向成人。当最小的孩子上初中,过寄宿生活后,大部分父母会选择双双外出务工,并主动给孩子配备手机。手机成为乡村青少年第一次独立生活的情感依托,家长则将配置手机的行为视为孩子独立的标志,是特殊成人礼,承载着对全新学习、生活的希望。

对于城市孩子来讲,18 岁才是成人阶段,但六营青少年,父母外出打工,自己留守的现实让他们必须独立。不仅要打点好自己的学习与生活,甚至参与家庭决策和基本事务处理。手机是村里青少年第一次独立拥有的最为贵重的物品,也是他们独立的标志。村里父母给孩子购买手机的行为更多地被赋予了成人礼物的意涵。父母们一般会选择在中考、高考结束后或在某方面达到家长要求后答应孩子购买或更换手机的要求。在镇上办理手机业务时遇到一对母子购买手机,母亲的仔细、慎重与孩子难以掩饰的兴奋、迫不及待形成鲜明对比。购买之前父母提希望、做嘱咐,买到之后父母会提出警示:“有了手机之后,要……,不能……。如果……就……”。手机赋予青少年更多的选择权和主动权,购买行为更

---

①　在六营,孩子 12 岁生日被作为重要的“12 周礼”,被隆重庆贺,宴请乡邻。标志孩子成长走过了 12 年的一个周期,告别童年步入少年。

像是一个成人仪式。乡村留守的现实要求青少年必须尽快成熟起来,而专属的手机帮助他们实现与家庭成员联络、社会交往、参与家庭决策与执行或独立决断。而对于利用假期打工挣钱购买手机的青少年来讲,打工是提前适应经济交换规则,换位思考,经历磨炼的难得成长经历。

手机独特的人际交往方式吸引了乡村青少年,同时手机给予了他们充足的私密空间。这种独立私密的专属空间也符合他们成长的心理需要。对于孩子来讲,拿着手机和另一端讲话的过程是神秘而神圣的行为,随时可以找到自己需要联系的朋友给他们带来前所未有的权利体验,任何一个属于自己的"来电"都让人兴奋。他们学习、模仿成人那样的通话、交往方式。

尼尔·波兹曼(1982/2015:272-273)认为电视打破了近四百年来成人与儿童之间的信息金字塔,让儿童更多地窥视到了成人的秘密。延此思路,如果基于家庭公共空间的电视收看打破了成人与儿童的界限,那么手机跨越时空、海量信息、无限互动的特性让青少年毫无障碍地接触各类信息、参与互动,成人与儿童之间的界限彻底消解。甚至在技术反哺时代,青少年掌握的信息量和使用技术的能力远超过长辈。在六营,手机普及之前,电视是青少年接触信息的主要来源,但电视提供的更多是无法选择的信息。手机则不同,手机的使用过程赋予了六营青少年更加自主、自由选择的权利。同时手机网络所提供海量、即时、互动的信息极大开阔了他们的视野,丰富了各类知识储备,已不存在所谓的"成人的秘密"。遇到任何问题问"百度"比请教大人来得方便。他们不光全面接触到了"成人的秘密",甚至比成人接受、掌握得更多,思维观念变化更快。当地中学老师向我抱怨:"现在的孩子比我们懂得还多,思想太超前,我们都赶不上、理解不了"。手机在海量信息的基础上培养起乡村青少年日趋现代风尚、脱离乡土的思维观念,可能也会让他们更加理性成熟,比自己的父辈更能接受、理解各种社会现实。

本章小结

与城市由计算机网络到手机网络的媒介技术发展脉络不同。六营村和中国其他农村一样，逾越了计算机网络阶段，直接进入手机网络阶段。父母外出务工带来的家庭经济状况的好转，家庭成员情感维系的需求让手机日趋普及。青少年通过手机完成情感联络，网络体验满足了青少年对现代生活的好奇与需求。因乡村经济条件与消费观念等因素的限制，PC机、平板等新兴电子产品还未普及，手机便以其鲜明优势取代了已有的传统媒体，帮助青少年完成了多媒体使用和现代生活方式的体验。

如果说电视媒体让习惯于"聚议"的人群回归家庭，那么手机的普及让更多的村民尤其是青少年沉浸于个人世界。长辈们虽然还不能完全摆脱大集体和联产承包生产模式中的交往习俗和生活习惯，但手机迅速迎合了乡村青少年的消费需求。乡土社会日渐断裂与落寞的文化生态环境无法给乡村青少年提供富足的精神文化产品与体验。伴随着这一代青少年成长的电视媒介在手机普及之前营造了现代社会的消费氛围。而基于乡村文化硬件设施、家庭经济条件、乡村传统消费观念等原因的共同作用，一些在城市家庭里稀松平常的电子产品在乡村社会被看作是奢侈品。手机的普及给乡村青少年在技术的层面提供了平等、无误差的消费与体验，让乡村青少年实现了曾经无法接触到的多媒介使用与满足。青少年学生随时通过手机寻求属于自己的舒适空间，影视剧、游戏、电子书、手机音乐等。手机理所当然地成为青少年休闲娱乐、人际交往的重要渠道。相较其父辈，手机更深刻地深入到其日常生活中。每天他们在这个专属的个人空间里实现着时空挪移与快速切换带来的城乡的空间游移。让使用者对城市和现代生活有了更丰满的认识与体验，并通过手机表现出种种对乡土传统的背离及与对现代城市生活的趋合。

任何媒介技术都存在于特定的社会文化语境中。在乡村特有的语境下,乡村青少年的手机消费和使用还是有城乡差距的,并具特有的文化表征。从这个角度来看手机并不是一个中性的媒介技术,而是在乡村社会文化价值中多了一个媒介技术向面。如:乡村"重男轻女"的传统思想虽然在物质生活提升后得到了很大的改观,但在手机具体使用中仍有体现。乡村社会留守的特殊背景,让乡村青少年更快、更早地成熟起来,手机在此承担了青少年成熟、成人的表征角色。乡村青少年在电视时期培养起来的消费欲望,在手机时代彻底迸发。手机将现代城市的消费主义楔入乡村社会。父辈虽然背井离乡身居城市打工谋生,但在思想观念与交往模式上仍是乡土秩序的延伸。而乡村青少年则更轻易地被现代消费观念征服。他们具有强烈的消费欲望,面对现代性的魅力无力抵抗。走出乡村走向城市成为村里每个孩子的梦想,在梦想追寻的过程中,手机为孩子们提供了一个精神上逃离乡土,远离世俗,体验现代的途径。现代社会,农民的传统文化被认为是落后、愚昧、封建的文化,而现代的消费主义在农村不费吹灰之力便有了一席之地。手机作为现代消费社会的产物在农村的迅速普及,尤其是在乡村新一代——青少年中的广泛使用与流行,重塑了乡村传统文化秩序和交往格局。之后的章节,将把青少年手机使用置于家庭、学校和网络三重交往空间中,考察手机对乡村青少年不同空间中社会交往模式的重塑及其文化意义。

第四章　手机与留守家庭:连线中的家园

　　家庭是人类日常生活传播实践的重要空间,也是人社会化最早接触的空间。家庭作为社会生活中最基本的组成单位,它不仅为个体提供作为物理空间的"家"的安定场所,更重要的是为家庭成员提供"想象共同体"的情感凝结。随着城市化、工业化进程的推进,乡村大批青壮年劳力进城务工,迫于城乡二元体制的限制,不能举家外出,只能个体的流动和迁移。这些个体虽然离开了物理空间意义上的家,但家的精神、情感意涵与慰藉价值却牵动着每个人。在六营,虽有大量人员外出务工,但每年过年再忙、再赚钱的活计都会放下,提前赶回家团聚。虽然身体离开了家庭空间,但无法摆脱"家"的引力。就个体而言,家庭的意义远远超过一般意义的社会共同体,也是走向社会,建立其他社会关系的起点。对青少年来说,家庭是其身心发展的重要场所,提供重要的物质资源、情感安全,家庭空间中产生的各种交往和意义生产是个体社会化的预演。

　　六营的偏远的地理位置和单一的农业收入让村里的人们仅靠传统农业劳作无法维持体面的生活,加之生产力的解放让村民们自 20 世纪 80 年代起就陆续外出务工。面对城市高额的教育成本和教育考试权利的壁垒,更多的父母不得不"割舍"亲情,把孩子从小就放在村里委托祖辈抚养,父母在城市积累的有限财富是以牺牲家庭亲情维系和后代未来前景为代价的。"除了上学的、老人村里都没啥人啦"村支书 XC 如此介绍。六营村留守家庭现象非常普遍,非留守家庭倒是极为稀奇,村里大部分中学生都是留守儿童,跟爷爷奶奶居住。[①] 这与我寒暑假在村中调研的切身体验基本吻合。为了照应便利,很多家庭自动组合成留守联合家庭。[②] 一部分年龄稍大,具有生活自理能力的孩子会选择独自生活。六营所属片区 GG 中学团委书记 LYX 老师告诉我,大部分班里将近 3/4 的学生都是留守儿童。[③] 手机成为这些留守家庭亲子随时联络,实现家庭意义的重要渠道。

第一节　手机亲子连线:无奈的亲情

Fortunati(转引自:王佳煌,2002:139)认为手机促成空间的水平延伸与垂直拓展,改变我们对地方的认知与感觉,人的身体与生活理论上可以分为两个部分:一部分是具体的有限的空间,另一部分是手机通信构筑的无线空间,分别互动,甚至无线空间里的互动还会和具体空间中原本正在进行的互动交错。在六营,外出务工的父母们只有等到快过年的时候才会回家,在家待不到一个月,过完年就返城务工。这不到一个月的时间是一家人难得的团聚时光。平日里亲子间主要依靠手机联络。手机以跨越时空的特性满足了天各一方的家庭成员情感维系的现实需求,并与基于

---

① 根据《联合国权利公约》规定,儿童是指 18 岁以下的未成年人。我国学界对"留守儿童"界定不一,但总体倾向是父母单方或双方外出务工(一年内不低于 3 个月)后被留守农村,由父母单方监护、祖父母隔代监护、亲朋监护或自我监护的年龄在 6～18 岁之间的少年儿童。六营村的留守家庭中,男人外出务工,一年为一周期。少部分妇女由于家庭事务,如农作物收割、孩子高考、老人生病等会返乡短暂居住,一切料理完毕之后,再次返回城市。

② 一对老人或一个老人和若干孙辈共同生活而组成的临时家庭。

③ 针对留守儿童较为普遍的情况,学校的家长会只能统一选择在每年的正月十六这一天召开,这也是农村中学一年中唯一的一次家长会。因为刚过完年,父母还未及时返城,能召集更多的父母参加家长会。即便如此有一些返城较早的父母也无法参加,只能祖辈家长代替。但祖辈年龄与精力的限制,与隔代抚养重养轻教的思维模式不利于家校沟通。

物理空间的有限亲子沟通共同组成了乡村特色的家庭亲子关系互动模式。

一、异地履行父母职责

手机在技术上帮助远在外地的父母履行家长职责,在网络接通的一刹那,手机打破了现实空间距离,帮助家庭成员营造了一个虚拟的想象家园。保罗·莱文森认为(2004:89):"家庭的一些重要功能可以在任何地方得到,可在任何地方执行,只要用手指头按一下手机就行了。"在乡土中国的日常生活中,每个人的生活主要是以"家"为空间开展的。家是通过婚姻和血缘关系构成,分享共同生活场域的初级社会群体。在"家"这个较为稳固的天然共同体内,家庭内部成员之间的和谐关系至关重要,其中父母角色的确定与职责的履行是关键。手机在一定程度上帮助留守家庭的父母们异地履行家长职责,维系家庭和谐关系。

(一)手机中的督促与关爱

考虑到城市上学成本和高考问题,六营村外出务工的父母们不会把孩子接到身边念书。受访的一些中学生从小学就开始了他们的留守经历。2006 年左右村里开始陆续有人家装固定电话,主要是外出务工的父母们方便与家人和孩子联系。"俺那时候在杭州厂子里做工,一到厂子里放假休息了,晚上就给家里打电话,想孩子,想听听她的声音。可能是那时候还小,长时间没见到,就是不愿意接的电话,她爷让她接电话,她就不接,俺这边的眼泪就往下淌。"WHX 用手拭去眼泪,给我讲述孩子小的时候,自己外出打工的日子。长期的空间疏远,让孩子们没有接父母电话的主动意识。后来村里手机普及逐渐取代固定电话,家里几乎每人一部手机。手机与固定电话不同,其专属性、私人性,让父母的电话直接连接到孩子的手机上,实现了亲子定向沟通的技术可能性。

留守青少年和父母被时间和空间阻隔在不同的世界里。父母无法与他们直接互动,只能通过手机履行父母职责,维系情感。MFY 和丈夫在山东从事建筑工程,MFY 除了重要事情给子女打电话外,平时每隔一个月就给家里老人打电话,询问家里的情况,嘱咐老人按时给孩子生活费,月休回来给孩子做些好吃的,等等。她觉得在外面,最操心的就是孩子们的学习和安全,为了孩子们生活好一点,不得不出去打工,只能靠打电话委托爷爷奶奶帮着操持。刚上初一的 WDZ 的爸爸、妈妈在北京超市做清洁工作,每年只能回家一次。因为过年期间能发 3 倍工资,今年过年 WDZ 的妈妈没有回家,妈妈说给他挣够学费就回来了。大年三十妈妈给家里打电话,嘱咐他在家听奶奶和爸爸话,过年放炮注意安全,并答应他过完年回家给他带礼物。大年初六,我与 WDZ 围坐在炭盆边,转述这些时他泪光闪闪。手机帮助外出务工父母实现了异地履行父母职责的技术可能,但无法有效实现亲子间的情感需求与情感抚慰。

（二）联络方式及内容

智能手机在六营已经普及,青少年用手机打电话、聊 QQ、玩游戏、拍照片、听歌,而绝大多数家长使用智能手机,仅作为通话工具。因此亲子远程沟通仅限于打电话这一单一形式。有的孩子给父母申请了 QQ 号,教他们视频通话,相互传照片,有的父母嫌麻烦不愿意学,有些父母当时学会了,之后要么忘了 QQ 号、要么忘记了如何操作。由于文化程度的限制,以及在外艰苦的务工环境的不便利,父母宁愿选择方便、快捷、直接的电话联络。手机对他们来讲仅是通话工具,有限的文化资本和打工所处的艰苦生存环境限制了媒介技术使用的程度。

在 WDS 家访谈时,正好父亲打电话过来,兄妹两人互相推脱都不愿意接电话。铃声一直不断,最后 WDS 极不情愿地滑开电话接通,"刚才没听到……嗯……嗯……知道……好……好……,那你和俺爷说吧",迅速冲出屋,把手机交给了爷爷。当问及为什么不愿意接电话时,他说:"不就是那些事儿嘞,好好学习,多帮你爷和你妈干点活……"。有限的学历和教育理念,加上空间区隔造成的共同话题的缺失让他们的关爱更多地表现为物质化、程式化的嘱咐与关照,无意识或无能力顾及孩子情绪和精神层面的需求。

时空的差异给留守家庭的亲子交流沟通带来了屏障和阻碍,手机为他们提供了亲情维系的技术可能,使留守家庭能够通过手机实现短暂的虚拟的家庭团聚,在一定程度上帮助亲子满足各自的情感需求,通话的主要内容包括:学习情况、日常生活、强调注意身体、听老师及监护人的话、注意安全等。

(三)联络频次

年龄相对较小或刚刚进入留守状态的儿童,需要一段时间适应父母不在身边的留守生活状态。父母放心不下,会定期给孩子通电话。而对进入相对稳定的留守状态的青少年家庭,亲子双方日渐适应了留守的分离状态。亲子间工作、学习作息时间的不同,让亲子通话频次日渐减少,外出务工家长两三个月才给孩子打一次电话的情况很普遍。

家长们理所当然地认为,"不是买手机了吗,有啥事他就给俺们打电话啦"或者"他爷爷奶奶和老师都有我的电话,有啥事即便他不说,老师都会告诉俺们"。(MFY,常年外出务工)在家长看来孩子有状况总会有人打电话告诉他,而没人打电话就代表"一切都好"。手机更重要的功能在于其随时联通、传递信息的象征意义,以及其带来的心理安定与现状的确认,通话频次逐渐减少也就不足为奇了。

二、对父母的情感表达

常年在外务工的家长们认为电话可以随时实现亲子联络。绝大部分青少年对家长外出务工的行为表示理解和支持。手机仅作为家庭必要事务的联络工具,很少用于亲子间情感表达。

（一）功能性的电话

虽然手机为留守青少年提供了亲子连线的技术可能,但常年分离的事实让他们不再依赖电话来维系与父母的情感连线。他们一般只在有具体事情需要和父母商议的情况下,才会主动和父母联络。"我从来不和我爸妈打电话,他们也很少和我联系,以前刚出来上学的时候联系得多些,后来学校的时间和他们工地上的时间不一样,慢慢就打得少了。"在郑州上中专的 WHH,对关于和父母通话频次的回答,让我大吃一惊。之后的调研发现村里留守青少年尤其是进入高中阶段青少年,两三个月只给父母打一次电话很普遍。走访时一位家长戏谑地说:"俺家儿就要钱的时候才给我打电话,平时没个电话。"

长途电话贵、没什么话可说,是村里很多青少年解释自己很少给父母打电话的原因。现代消费逻辑让他们将打电话更多的看作是功能性沟通而非必要的亲情联络。费尔德曼(2009/2011:279—280)认为进入青春期后青少年越来越多地寻求独立性和对生活的控制感,同时青少年开始更多地依靠自己,更多地感觉到自己是一个独立的个体。日渐渴望自主、独立的青少年将父母程式化的通话视为令人不舒服的控制和约束。无论是亲子双方对留守境况的适应,还是青少年心理发展需求,六营青少年与父母的联络更多的是来自于父母的单向主动沟通,而青少年则相对被动。

（二）含蓄的情感诉说

中国人向来情感表达含蓄,即便有手机这一中介物,家庭成员间仍羞于直白的情感表达。留守儿童与父母长期分离的生活,让亲子间除了程式化的日常问候外少有直接的情感表达。今年 5 月间,在我的"田野调研"QQ 账号中,发现很多学生转发母亲节的祝福,并更改"签名",纷纷对母亲表达祝福之意。从其中几个学生中了解到。他们是从手机推送上知道了哪天是母亲节,觉得妈妈在外面打工挺辛苦,就在 QQ 空间里祝福一下,而他们当中只有一人选择在母亲节当天给母亲打电话。其中一位学生说"俺妈不懂这个……以前给她打过，说啥，她都说好好学习，讨个没趣，后来干脆不打了……"（ZBF，初一）。乡村父母木讷的情感回应态度也影响到孩子情感表达，他们宁愿和同伴倾诉对父母的想念，或者选择"QQ说说"来释放和表达情感，而不愿直接和父母讲。

进入青少年阶段的留守儿童，理解力、认知力、感知力提升让他们对父母外出务工表示理解，少有抱怨。有时与父母的通话中也会提醒父母注意身体、注意安全之类。在长期脱离正常家庭生活情况下成长起来的留守儿童学会体谅父母。"孩子慢慢长大了，也知道俺们在外面不容易，心疼俺们了，听到孩子嘱咐注意身体、注意安全，那心里……觉得亏欠她的太多（流泪）"WHX提起女儿母亲节的那一通电话时，动情地说。手机虽不能弥补留守带来的亲情缺失，但成为空间距离下相互表达理解、关爱，亲情沟通的重要渠道。

三、手机，心理安全感的来源

安全感是人对事物可靠性的感受。吉登斯（1990/2006：79-79）用本体性安全定义广义安全形式，认为本体性安全来自人们对自我认同的连续性，以及对他们自己行动的社会和物质环境的恒常性的信心。人们熟悉的惯例、交往模式都可以维持安全感。这些惯例包括习惯、连续性、框架和媒介。对亲子分离的留守家庭来说，安全感是保证家庭正常运行的心理基石。手机的普及及其随身便携、即时的特性，让身处不同空间的家庭成员能够确认各自安全存在。手机犹如家庭成员随身携带的监测仪，出现特殊情况能够快速反馈。手机待机状态，也让家庭成员心里安定踏实。

WDL今年以优异的成绩考上了县城高中，9月1日到学校报到，这两天WDL就开始准备开学的物品。由于家庭经济不宽裕，WDL很少去县城。对远在县城的陌生高中的学习生活，充满向往又略有担心。最让她开心的是爸爸回来送她上学时会给她带一部手机。由于父亲要先送上初中的弟妹,她只能和表姐结伴先去县城高中报到。父亲把弟妹安置妥当后,再坐车去县城高中找她。"俺到时候就有手机了,俺爸来了给俺打电话,就能找到。要是有啥事,俺也可以给俺爸打电话……要是没手机,俺可不愿一个人上县城。"手机成为 WDL 在面对完全陌生环境下的安全感的来源。面对留守的家庭生活,原以为他们会渴望正常完整的家庭生活。可事实上对父母回来或自己去父母打工城市和他们一起生活,更多孩子的态度是"无所谓啊,有事可以打电话嘛"。(YXW,初三)手机让孩子更独立的同时,也给孩子提供了可随时连线的安全感、依靠感。

孩子上了初中后,父母双方会选择共同外出务工。大人们感慨手机的存在让他们疏解了对孩子的惦念。手机帮助留守家庭成员逐渐适应了这种留守状态,并让父母有随时了解掌握孩子近况的掌控感,一位外出务工母亲在表述了对孩子的愧疚之意后,解释道:"俺们湾大家都熟悉,有啥事可以照应着点,而且孩子有手机,有什么事,打个电话俺和他爸当天坐火车就赶回来了。"(MFY,在外务工)对青少年来说,家庭是给予其充足安全感的重要来源,但在六营,手机与乡土熟人社会的传统共同组成了村里少年儿童和父母安全感的来源,成为亲子双方彼此可以随时联通的心理慰藉。

四、手机与父母角色

"乡土社会是一个男女有别的社会,也是一个安稳的社会。"(费孝通,2015:75-76)在中国传统的性别角色规范体系下"男主外,女主内"是主要的家庭经营模式。男人负责生产、家庭外部往来,女人则负责生育、照料家庭。改革开放以来,随着外出务工的潮流,很多乡村妇女也跟随丈夫外出务工。获得经济独立的女性在家庭中的地位逐渐提升,但"男女有别"的乡土文化传统难以改变。手机在实现家庭亲子联络时增加了男女有别的新向面。

在六营的家庭当中都是父亲最先拥有手机。他们购买手机的初衷是便于沟通与联络。如务工时的劳务联络、家庭事务的沟通处理等。男性们认为手机最大的好处就是一旦有什么事情方便他们随时找到人,沟通、协商处理。村里男性的手机基本随身携带,放在上衣内袋里,经常不会挑选场合直接拨打或接听。母亲的手机一般都是丈夫或者孩子淘汰下来的,"能打电话就行"是她们的基本态度。不追求手机的款式和性能。主要是打给亲人和孩子。在没有特殊需要的情况下,母亲们很少随身携带手机。理由是害怕手机丢失或务工时摔坏,她们的手机都是放在住处。返乡到家,便更不会随身携带手机了。在六营,手机的拥有和使用被打上了鲜明的性别烙印,而这种表象又强化了乡村居民关于性别的认知。

手机加强了留守家庭的情感联络。手机成为留守家庭不可或缺的重要工具,不仅克服了时空障碍,还能带给家庭成员亲密的存在感,拉近家庭成员的距离。在利用手机实现亲子联络上,父母的手机使用呈现出鲜明的传统家庭性别分工的特征。手机对身处外地的母亲来讲是重要的联络家庭、维系亲情的工具。而父亲更多地将手机看作是工作联络的需要。

在六营一般都是男性先出去务工,等男人踏实落定后,女性才一起跟着外出。如果家里有特殊事情需要照料。如孩子升学、老人生病,女性则无条件地返乡处理。WL的爷爷去世后母亲曾跟随父亲到山东打工。每次都是母亲打电话过来嘱咐他注意身体、照顾好自己、在家听话等。他觉得虽然当面和母亲交流并不多,但每次母亲打电话过来让他觉得很温暖。而父亲则很少打电话。今年最近一次和父亲通话,是因为学校通知要交补习资料费,打电话给母亲没人接,就打到父亲那里。说完要说的事情之后,父亲就说了句:"好好学啊,要对得起这些资料费,那就这样吧。"匆匆挂掉了电话。村里的留守青少年情况大致相同,一般是母亲给自己打电话较多,而很少给父亲打。在通话内容上母亲倾向于对孩子日常生活的关心、情感的维系,通话时间也相应较长。而父亲主要是对具体事情的解决及对学习成绩的关心,通话时间较短。城市化与现代化的发展让乡村母亲走出家庭,实现独立与解放,但传统的性别分工和母亲职责依然留存,她们借助手机异地履行对孩子关心、照料的职责。

　　亲子关系是相互建构与呼应的,当一方做出了表达,另一方产生相应回应才能形成良性沟通的延续。一个高中男生如是说:"俺有啥事就和俺妈说,俺爸老凶我,要钱啥的俺都和俺妈说,她再跟俺爸商量。"(HHF,高一)母亲在这里充当了父亲与孩子交流的中间角色。在传统的父母性别角色分配上,母亲负责孩子的日常生活的照料和情感陪伴,而父亲充当严厉的管教者的角色。这一性别角色的划分并不因为时空的分离而发生改变,反而通过手机表现得更加突显。乡土传统的性别角色分工通过亲子电话连线的差异体现出来,同时手机使用的性别差异又再次强化了乡土性别秩序,呈现出媒介技术与传统性别秩序的相互建构。

第二节　手机与乡村代际关系

　　如前所述,在乡村留守现实语境下,手机强化并延伸了亲子之间的情感沟通,与隔空照料。手机已成为乡村家庭生活中不可或缺的重要组成部分,实现着父母"远程照料"的职能,也满足了孩子对家庭的想象的心理抚慰。辛普森(1990:227-228)认为新的媒介技术为社会新形式的互动提供了可能,改变或消解了传统的互动模式,为行为和互动创造了全新的焦点和位置,重构了其中一部分现存的社会关系、体制和机构。手机对乡村生活的影响不仅仅停留在家庭情感表象上,也深刻地参与到了现代家庭代际关系的重构中。代际关系是家庭中的主要关系形式。六营村大量的青壮年劳动力外出务工,改变了家庭成员的职业结构和收入格局。家庭成员经济地位的提升,促进了其独立性生成,经济权力促使家庭代际权力结构的调整,传统的基于父权制度的"当家人"权力被削弱。而现代科技,尤其是媒介技术的广泛运用,赋予年轻人更多的权利与能力同时也削弱了长辈们的话语权,呈现出代际关系形式上的扁平化甚至是反转。

一、手机使用的代际差异

首先,必须肯定的是代际差异的产生不能简单归因于年轻一代青春期的反叛特质和老一辈守旧与落后。代际差异是社会剧烈发展变化的产物,是一代人文化对另一代人文化的扬弃。正如高振平(2002:14-16)认为每一代人都有自己生存年代和历史环境,其社会化过程和社会经历完全不同,必然产生心理状态、行为表现、道德伦理和价值观念的差异。代际差异是时代发展的产物,同时也是全球化进程过程中与世界沟通联系增强的必然结果。在六营,手机作为新生事物与年轻人有无限的亲和力,而中老年群体由于文化水平、认知与学习能力有限,仅限于手机初级功能使用,甚至视其为累赘。代际间手机使用呈现出明显差异。

(一)姥爷的手机:枕边的时钟

2014年冬天,WL姥爷家的固定电话坏了,舅舅要给姥爷换部手机,姥爷不愿意要,但考虑到姥爷独自一人生活,舅舅执意给姥爷换了一部按键的老年机,声音大、数字大。买回来放在床头却很少碰,唯一的作用就是看看时间,偶尔接个电话。姥爷年龄大了,不爱去远处,只是在附近和其他老人聊聊天。即便出门也不愿意带手机。村里像WL姥爷这样的老人情况大致相同,基本不识字,平时偶尔接个电话,很少打电话,都是儿女打过来,与乡邻之间的接触与往来从不愿意通过手机。习惯了面对面交往模式的老人们从心理上不大接受手机的隔空交往模式,神秘的高科技让他们不愿尝试。老人们都是儿女给配备手机,不会主动购买,也不愿随身携带,充当家里的"固定电话"和"时钟",使用方式主要是被动地接听电话,排斥利用手机展开人际往来。

(二)父母的手机:打电话

六营青少年的父母是村里最早使用手机的人群,其中以男性居多。

97

主要用来信息的交流与沟通,当然也不排除炫耀的成分。中年父母们更倾向手机的随时联络与通话的功能性使用。一位和丈夫在外做建筑小工的母亲告诉我:"俺们在外头打工,没有手机根本不行。俺们做的都是良心活,主家见做得好,以后就可以直接打电话,要没有手机就会丢掉很多生意。"(MFY,常年外出务工)手机为在外务工的父母们提供了更多的工作机会。此外人情关系维系、与家乡子女联络都需要手机。

WL暑假去了父亲打工的工地。父亲手机摔坏了,正好遇到当地搞活动,他劝爸爸换了个智能手机,然后就把自己的旧手机换给了父亲。"这个手机用了2年了,上网啥的,实在卡得不行。反正俺爸又不上网,平时就手机打电话,那个老手机打电话没事。"基于现实生活的需求,父母们购买手机,主要是基于接打电话的通信联络功能的使用。而对手机的价格、性能、外观要求不高。对手机的娱乐、休闲功能需求较弱。

(三)我的手机:不离手的玩具

六营青少年上了初中后,持有手机非常普遍。孩子们拿到手机后极尽其娱乐之功能。QQ、游戏、影视剧、电子书各种娱乐方式复合使用。QQ空间中转发、自拍、心情表达,你来我往地留言"互踩",男孩子们各种手机闯关游戏让他们早已忘记与伙伴们相约外出玩耍,女孩子们热衷于到有无线网络的地方下电影和视频,然后相互传看。

手机已经成为乡村青少年重要的娱乐工具,并改变了乡土传统的游戏模式。WHH是个开朗阳光的男孩,相较于玩手机,他更喜欢和朋友们一起玩耍,可当我问都玩什么是,他的回答却时:"玩得多啊,在一起玩手机联网游戏……嗯……骑电瓶车去镇上网吧玩……找个有网络的地方下点电影看看……(没有手机的时候,玩什么)没手机的时候?那就偷瓜偷菜,嘿嘿,下水玩,钓鱼啥的……现在天热,谁没事出门啊,都在家里玩手机。"手机网络深刻影响了乡村青少年同伴交往模式和玩耍方式,手机的线上的娱乐极大程度上挤占了线下玩耍的时间。

青少年们挡不住对现代新生事物的喜好,海量的信息及多样的娱乐方式及现代化体验让他们执着于一部心仪的手机，然后沉迷不能自拔。但事实上他们自己也往往陷入矛盾与纠结中。"……在家写作业的时候，总想把手机掏出来看看，玩一会，总也忍不住，呵呵……"（HHF，高一）；"其实游戏玩时间长了，自己也觉得特空虚……"（YXW，初三）。在玩与不玩之间的纠结选择中，他们还是不自觉地选择了手机。是因为在农村没有其他能让青少年游戏的设施和途径，学校应试教育的压力让学生们只能就近选择手机来排遣。

由此可以看出，六营村不同年龄段手机使用存在鲜明的代际差异。老年人手机使用是被动的使用状态，在使用过程中对手机较为排斥，视其为神秘的高科技产品，尽量与手机保持距离，以免打搅其传统的生活交往模式。中年人的手机购买和使用完全出于务工联络和家庭联络的现实需求，注重基础通信功能的使用，而对手机的外观、性能、娱乐功能都不在意。相较于长辈们的手机使用，青少年的手机功能使用更充分、全面。不仅借助手机展开人际交往，同时充分发挥手机的娱乐功能。手机有如此大的代际差异与个人成长的历史背景、文化层次、个人学习能力等密切相关。

二、手机引发的亲子冲突与策略性抵抗

代际冲突是两代人因思维方式、行为方式、价值观念等差异而结成的矛盾冲突关系。在人类社会发展中，代际冲突不可避免。当下社会剧烈转型带来的社会巨大变迁必将加剧代际冲突。极具现代与后现代双重表征的手机在席卷农村社区的过程中，挑战着乡土传统文化秩序。手机网络的现代、自由、开放、民主的特性与乡土传统、礼治、封闭、无讼形成巨大张力。家庭空间中的代际冲突便是最直接显见的体现。

手机价格虽日渐亲民，但对农村家庭来说仍然是贵重物品。当青少年产生手机消费欲求时，常与父母引发不必要的争论与冲突。村里几乎每个青少年在向父母要手机时，都有遭到拒绝的经历。千元左右的手机

对一个农村家庭来讲不是一笔小开销。绝食、不上学、冷战等是他们惯用伎俩，直到父母给他们购买或更换手机为止。村中长辈们对给孩子买手机是一个极其矛盾的心态。手机方便与子女间联络，且别人孩子都有，但也有对于手机影响孩子学习的担忧。村里的父母与孩子间围绕手机的冲突从未停歇过。

即便购买或更换了手机，达成了孩子的心愿之后，冲突并不会就此停止。家长们发现孩子们总是无法克制手机对他们的吸引，占据学习的时间。村里很多家长都表达过对孩子过度玩手机影响学习的担心。但是由于父母长期在外打工，电话中的嘱咐和督促无法形成直接、有效的监督。便将这一矛盾转向监护人与青少年之间的冲突。村里很多老人向我抱怨现在学生不好好学习，实在看不惯他们整天抱着手机玩。一位照料 4 个孙子孙女的奶奶无奈地说："只要一月休这几个孩儿就凑一块儿摆置（玩）手机，好一晚（一晚上），吃饭也拿着个手机看，这能学好？还不能说，不高兴了就拿着东西回自己家住去了，他爸妈还觉得俺咋没照顾好……管不了……"（WFH，留守老人）。

手机作为现代消费社会的产物，其现代性出现在乡土空间本身就充满矛盾与冲突。在家庭空间中，青少年没有独立经济来源，其购买手机的愿望和过度使用手机的行为，必然引发长辈的忧虑，在长辈们看来青少年的主要任务就是学习，家长常会以没收手机作为孩子各种错误的惩戒手段。青少年手机的购买和使用无形当中增加代际冲突的话题。

Smetannaetal（转引自雷雳，2013：198－199）认为随着青少年社会认知能力的发展，代际冲突便开始逐渐增加。目前我国正处于剧烈的社会转型期，传统的社会认知和价值观念不断面临挑战，激烈的代际冲突不可避免。在现代化、城市化席卷下的村落尤为如此。手机既可能是乡村代际冲突的导火索，也为代际冲突提供了策略性抵抗的途径。LMC 提到手机给他带来好处，兴奋地说："俺妈脾气不好，她不高兴，俺自己就躲在自己屋里，（用耳机）听歌，聊天不理她，她看俺没和她犟嘴，慢慢也就消气了，俺听歌、玩游戏发泄一下心情也没那么坏了……"当发生代际冲突时，手机的"脱域"体验让他们暂时脱离了令人不愉快的家庭氛围，为当事人负面情绪提供了缓冲。青少年借助手机实现了负面情绪的排解，也是对代际权威的策略性抵抗。

三、代际的平衡与融通

代际冲突能折射出不同的时代背景下的文化差异，代际关系的研究向来以冲突为主要语境。而事实上，代际关系既可能是冲突的、隔阂的，也有可能是平衡的、融洽的。手机作为重要的媒介通信工具，在乡土语境中的阐释既可能是代际冲突的文化表征，也可能发挥其联络、沟通的功能，促进代际间的沟通、交流与融通。

有学者研究指出近十年来乡村社会的急剧变迁，使乡村代际关系呈现出前所未有的变化，乡村伦理失守、传统代际失衡（张婷婷，2011）。但现实语境中的六营，民间文化和礼俗仍支撑着代际关系的价值内核。多维代际关系中孝道和尊长的传统并未发生本质改变，村里人们仍较好地保持着传统的家庭代际亲缘往来。[①]　六营人际交往非常注重长幼秩序，待客与做客之道。大年初二去 FQF 家拜年加走访，不巧他正在和母亲赌气，原来母亲备好礼品让 FQF 去叔叔家拜年，但 FQF 嫌远，只想打电话而不乐意去。母亲气愤地说"整个年，成天在家憋着玩手机，哪都不去。他从小在他婶儿家长大，又不是别人家，就不去……"无奈之下母亲独自去，留下他们兄妹在家。FQF 觉得去长辈家讲究多、礼数多，不自在，打个电话拜个年没什么不好。近些年来，村里的青少年更愿意用手机给长辈拜年，不再愿意像小时候随着父母去亲戚家。他们嫌面对面的人际交流礼仪烦琐、冗长，不如电话来得直接、方便、快捷。

从小接受现代教育的青少年对乡土礼仪了解不多，甚至觉得传统礼

①　例如村民之间仍严格地遵循着辈分的称呼、长幼之道、礼尚往来。在乡土社会口碑和面子是十分重要的，大湾子 LL 正月十五在自己出资修建的大塘里捕鱼，并将这些鱼分送给湾里每一位同姓的长辈。

节过于繁复,不够直截了当,而打电话表达礼节让他们更轻松。通过语言、语气的手机交流屏蔽了代际交往过程中需要文化意涵表达的眼神、肢体动作、在场的交往礼仪秩序,让原本长幼之分的代际沟通与往来相对简单、轻松。在手机的参与下,传统的乡村礼序也发生了形态上的变化,让原本畏惧烦琐礼节的青少年有了新的人际往来与表达方式,方便和亲缘代际的融通。

手机为亲子间培育了共同话题,提供了平等的交流空间。在六营有些年轻的父母在城市打工,接受了现代生活方式,闲暇之余也养成了用手机看新闻、打游戏打发时间的习惯。游戏玩家 SXW 的父亲没事也爱玩游戏。过年父子难得相聚,一家人放松休闲时,手机游戏会成为他们之间重要的话题和娱乐项目。有时 SXW 会给父亲推荐最近自己觉得好玩游戏,父亲也会毫无保留地与他分享游戏经验。而在乡村传统的父子关系中,父亲是家中绝对权威,其地位不可撼动,家庭所有成员尤其是晚辈必须对其格外尊重。手机为传统的家庭亲子关系,向更加民主、平等的现代家庭代际关系过渡提供了契机。

手机促进了信息时空共享下的代际权威的式微。在传统的乡村家庭环境下,家庭权威角色往往由男性长辈扮演。权威地位的维持是依靠对信息大量的持有及垄断。而当手机在乡村全面普及尤其是在青少年中普及后,海量信息铺天盖地袭来。原本靠知识和讯息垄断获得的权威地位被网络信息环境彻底瓦解。长辈不再能够给青少年提供更多的信息和知识。当手机进入家庭,传统家庭的代际权威基础便会瓦解。青少年和长辈共同置于同等信息资源的场域中,获取各自的信息,甚至子女凭借网络媒体自学能力获取更多的信息资源,挑战父母的权威地位。出现"父母知道的还没有孩子知道得多"的局面。手机带来的无差别的海量信息共享为代际关系的平衡与融通提供了基础。

四、技术"反哺"："反哺"与提升

周晓虹(2000)认为自古以来人类文化传承是自上而下展开的，父辈作为教化者将知识体系、生产技能、生活方式传递给子代，然后一代一代传承下去。米德(1987:85—86)将这种上一代向下一代传承文化，长者教化年轻人的模式称为"前喻文化"。这种文化传承模式赋予了长辈不容置疑的权威。但在社会急剧变迁与转型的背景下，家庭两代人之间自上而下单向的文化传承方式受到挑战。出现了晚辈向长辈传递文化的反向文化传承方式，米德将其定义为"后喻文化"。她认为在社会变迁的巨大推动下，原先处于被教化者地位的晚辈，充当教化者的角色，建立了新的权威。文化传承与技术进步革新成为推动人类社会进步的重要力量，自信息技术革命以来，媒介技术不断挑战"父为子纲"的传统文化传递模式。由于对媒介技术吸收和掌握的效果不同，亲代丧失教化的绝对权威的同时，子代获得了前所未有的"反哺"能力。

家庭权威是家庭权力体现，具有无形的震慑力和影响力。传统乡土社会中，长辈即是权威。生产技能、地方知识等基于时间线索的代际传播帮助年长者获得了权力与权威。但在新媒体环境下，新型的现代知识取代了传统地方知识。手机网络让青少年比长辈们知道得早、全、多。孩子们遇到问题求教"百度"，而放弃了求教长辈，因为长辈不如"百度"来得权威与便捷。甚至有些时候，长辈们反而会向孩子求教手机使用，让孩子帮助查询信息。手机作为新兴的媒介技术在青少年中的普及，改变了乡村文化传承模式。WDS 的妈妈是村里的广场舞爱好者，在妈妈的请求下，WDS 在淘宝上找到了价格便宜，妈妈中意的广场舞舞蹈服，妈妈十分开心。手机的操作性非常强，青少年往往能更快、更好地掌握新的媒介技术。WDW 每次手机出问题，都是向弟弟寻求帮助，弟弟大多能很好地解决。平日里弟弟畏惧已做教师的姐姐的权威，愿意听从姐姐的建议与指导，但在手机使用上恰好相反。长辈们的手机出现了问题经常反过来求教孩子们的情况很普遍,孩子们也乐于"施教",以展现自己的能力。媒介技术带来的文化反哺修改了代际传播的单向路径。手机网络让祖辈们不再是地方知识的唯一来源和绝对知识权威,同时赋予了乡村青少年更多的表达权利与空间,使代际之间具备了更多双向互动的可能性。

在乡村青少年的技术"反哺"下,长辈们也开始逐渐学会手机多种功能的使用。WHX 告诉我,她以前出门的时候都是看天,即按照祖辈流传的经验如"朝霞不出门,晚霞行千里""燕子低飞要下雨"通过观看自然现象来判断天气,有些时候遇到临时的天气变化会让出行变得很被动,而电视上的天气预报又不能准确地覆盖到偏远的六营。上高中的女儿给她的手机安装了一个天气预报软件,可以查询当天及未来一周的天气情况。她现在已经养成了每天看手机天气预报的习惯,还将天气预报用在农业生产上。今年 8 月份收花生时雨水特别多,看到预报要下雨,她和湾子里的人在下雨之前抢着把花生拔完了。有些没来得及拔的,花生都烂在了地里,湾子里的邻居也很感谢她的提醒。在子代的"反哺"与帮助下,亲代的媒介技术能力和素养也逐渐提升。

第三节　家庭空间的"区隔":
私人空间和精神出逃

作为空间文化理论的具化阐释,戈夫曼借助"场景"来审视人类社会行为的"场景理论"认为,每个有不同参与者的场景有着"基本框架"。在此框架之下,人们的行为是社会文化规范的体现,个体发挥的行为是对总体规范的细微调适(戈夫曼,2002:55-56)。梅罗维茨(1985/2001:31-47)在此基础上提出,电子媒介会影响社会场景的形成,并影响场景中人们的社会行为。电视让活跃的村落公共空间日趋衰落,而退至更具私密性的家庭空间。手机的普及让家庭空间被再次分割、区隔为原子化的个人空间。青少年借助手机与外部时空相连,轻易地将自己从家庭空间中分离出去,成为构建私人场域的绝佳工具。乡村家庭空间成为被电视、手机等媒体切割成无数琐碎的空间,家庭的边界不再局限于物理空间的限定。

六营村青少年的家庭生活早已经被外出务工和留守的现实彻底搅乱。家庭成员的空间距离让乡村家庭不再是一个单纯的物理空间范围的概念。很多家庭只有在过年的十几天里才能真正团聚,完成空间意义上家庭的聚合。但手机犹如不速之客,区隔着每一个短暂团聚的家庭。晚间一家人团聚常见场景是:在热闹的家庭空间中,电视声音大开着,热闹的晚会前坐着老人,成人围坐在炭火盆边烤火、聊天,孩子则在一旁低头玩手机,形成各自的空间。费孝通(2015:61-67)认为家庭是包括父母及未成年子女形成的共同体。在这个共同体中,家庭成员相互交往、影响,创造共同的文化。家庭是社会最基本的组成单位,在特定的物理空间基础上形成精神纽带。这种精神纽带体现为家庭成员之间相互依附的交往关系。本节将基于家庭的物理空间意义,探讨乡村青少年手机使用对完整意义家庭空间的影响。[1]

一、流动的家庭空间

家庭是人们生产生活的重要空间,而媒介技术可以解放家庭于物理空间,跨越时空,在虚拟空间建构家庭的意义。正如前文提到手机帮助六营留守家庭实现异质空间的亲子连线,让留守青少年构建了关于家庭的空间想象。家庭的意义不因空间距离而割裂,媒介技术实现了家庭时空的凝结,无限拓展了家庭的边界。此外,更重要的是在完整意义的家庭物理空间内,手机的介入让家庭不再是一个具有明确边界的空间。

手机帮助留守家庭建立家庭成员间的时空联系,让家庭突破了原本的物理空间概念。村里越来越多的青少年喜欢"宅"在家中,他们将手机

---

[1]　此处完整意义家庭空间包括非留守家庭空间和留守家庭短暂团聚时的家庭空间。

网络引入的家庭空间中,拓展了家庭的意涵与功能。家庭空间成为他们重要的交往、游戏、娱乐的场所。父母都外出务工,LMC 同奶奶一起生活。每次月休回家,便和同住在奶奶家的堂兄,关在屋子里一起玩游戏、听歌,有时连奶奶叫他们,都听不见。虽置身于家的物理空间中,但他们已经完全沉浸在网络空间中。假期里很多孩子足不出户,仍可以实现交往、玩耍、获得资讯的需求。

大年初二晚上,WL 一家人和亲戚们围着火盆烤火、聊天,他坐在离火盆稍远的桌边,倚着桌子,安静而又紧张地打游戏,遇到感兴趣的话题,不时地插上两句。常年的家庭分离生活让亲子缺少共同话题,他对大人的话题不感兴趣,共同的话题就是学习,又给他带来无形压力,所以他宁愿"离开",选择手机游戏或与远方的同学们聊天。因为亲戚几家人都来家里做客,出于礼节,WL 只能在旁边"陪着",如是平时就待在自己的房间里看视频。今年,WL 的姐姐到婆婆家过年,这是她第一次不在家过年,妈妈很担心她在外面过年会想家。年三十中午吃年饭的时候,姐姐就打电话来拜年。姐姐给每个人都说了祝福语。轮到 WL 了,姐姐让他好好学习,过年替她多帮父母干点活。现代媒介技术置于家庭空间之后,无限拓展了家庭物理空间、家庭作用及功能、突破家庭成员的空间距离,同时家庭随时可以连接到网络空间中,无限延展了家庭的边界,形成了流动的家庭空间。

手机带来家庭边界的拓展与流动,"网缘""趣缘"纳入了乡村依"亲缘""血缘"建立起的亲密关系。家庭是在婚姻关系和血缘关系基础上构成的社会生活单位。基于血缘、亲缘的信息分享形成了家庭成员对"家"的概念认同。在家庭空间中,家庭成员共同享有,且不与家庭以外的人分享的、统一的信息对家庭成员身份观念、角色行为起到重要作用。雷雳(2013:196–198)认为青少年在情绪情感上是逐渐独立于父母的过程,但仍渴望能从父母那里得到关怀与帮助,关注和陪伴。但乡村的父母们传统的教养观念让他们很大程度上忽视了孩子们心理的变化和需求。正如一位母亲告诉我:"让他吃饱穿暖,我们在外面挣钱让他有学上……比我们小时候幸福多了。"乡村父母对青少年心理发展的忽视，以及青春期渴望自主、独立的心理发展特征让他们更加依赖手机带来的心理愉悦与满足。

在田野调研中发现，在六营无论是否留守家庭，当下亲子团聚还是分离，亲子间均疏于沟通。青少年更愿意通过手机实现自己交往、表达、娱乐等需求。因此，便会出现本节开头出现的场景，一家人聚在一起，青少年边玩手机边聊天，或索性躲在一边玩手机。手机将青少年从家庭空间中隔离出来，组成另一个线上交流空间和平台，他们可以在线上线下随意穿梭。手机跟随乡村青少年的进入家庭空间，使得家庭场域中手机持有者的信息交流不再依赖物理空间和血缘的亲近，而是倾向基于"趣缘"的网络群体的交流。传统的家庭亲子交流模式与信息分享功能随着家庭公共空间割裂而弱化。

二、家庭空间中的私人领域

媒介技术的出现让村民的交往空间逐渐退缩至私人空间。电视的出现让村民从公共空间退至相对私密的家庭空间，电视为每一位家庭成员提供了家庭相聚、分享、交流的契机，电视是家庭公共空间的重要组成部分。而手机在家庭成员中的普及，剧烈地冲击着家庭空间，使手机使用者成为一个个独立的原子个体。

村里很多家长向我表达过对孩子过度使用手机的担忧与无奈。一些青少年在日记中反思自己的手机使用行为时也认为手机让自己过度沉浸在线上的世界里而忽视了和家人的交流与互动。[1] SCQ 给我描述假期的一天时如此说："我除了睡觉不玩手机，剩下的时间手机不离手。"手机成为青少年日常生活中休闲娱乐、人际交往的重要平台，也将他们在家庭空间中区隔为孤立的个体。手机网络为他们营造的新的交流、娱乐、生活、

---

[1]　来自田野调研中，搜集的学生日记《我和手机的故事》(2015)。

学习空间具有极强的个人专属性。SCX 告诉我,她喜欢用手机看电影,在自己的房间里躺在床上戴上耳机,自己看。那种安静不被打扰的感觉特别好,而电视则不一样,很多时候还要考虑到家里人的喜好。手机为她提供更具自主性、更私密的个人空间的享受。

从空间上来看,家庭作为私密空间在乡村是不"加密"的。乡土社会是一个基于"血缘""地缘"的熟人社会。祖祖辈辈繁衍生息,人与人之间形成盘根错节的血缘、姻缘、地缘的关联,大家相互知根知底,让每个人或家庭几乎没有隐私。白天每家家门大敞,就近串门也不锁门。无论来到谁家,无须敲门,来到院中喊一声,主人便慌忙笑迎出来,家庭空间完全暴露在外。因此,生活在乡土传统社会的人是没有隐私的。父母们也不认为孩子在自己跟前应该有隐私。以前村里一家人睡在一间房,或兄弟姐妹挤在一起生活很普遍,居住条件改善后才有专属房间出现,但也毫无私密感,家庭成员可以出入任意空间。

手机在村落中的出现冲破了乡村传统"无私密"的空间特性。村里青少年都会主动给手机设置密码,并很少会告诉周围人,除非特别要好的朋友。很多孩子都表示其实手机并没有什么秘密,但就习惯性地设了密码。他们只是希望通过设置密码这个行为赋予手机"专属于我"的意义和权力。即任何人想使用我的手机必须通过我,以此来保证对手机的所有权和私密性。村里的青少年间没有交换使用手机的习惯。访谈中在提出"想看看你的手机"的要求时,大多数情况都是他们自己手持手机让我看,并未有主动交到我手上的意思。与父辈们随便放置手机的习惯不同,他们一般将手机放入口袋随身携带,或者放置在自己房间的抽屉里、枕头下面。在学校则是将手机锁在箱子里,尽量保持手机的安全与私密性。手机里并没有太多秘密,更多的是属于自己的娱乐、休闲、交往的空间。"加密"行为只是不想被打扰,被入侵。青少年将更多的个人信息放置于手机上,加密后,犹如家里自己的房间被锁起来,其他家庭成员无法进入。

三、精神解放与出逃

乡村青少年通过手机在家庭中营造了更加私密的个人空间,并脱离了家庭场域,建立起许多兴趣、话题、情绪宣泄的小圈子。他们游走在 QQ 空间、论坛、游戏、电子书的世界中。在家庭空间中,六营青少年没更多的表达和展现的空间,而在网络公共空间中,可以自由和同伴进行 QQ 互动、在论坛中发表观点、和同伴打游戏。在网络空间中,他们可以自主地选择感兴趣的公共空间并参与其中,与同伴平等地交流、互动。在这里他们乡村的身份、青少年的特征统统被隐去,共同的兴趣才是交流的前提。

寂寥的乡村生活貌似对青少年们没有太多的吸引力,父辈们纷纷外出务工的现实让六营日渐"空心化"。手机给青少年带来的现代信息及网络生活体验,让他们深深地迷恋这小小的手机给他们带来的现代城市空间体验和城乡同步的娱乐。放假回家的青年学生,更愿意沉浸在手机中。他们不参与家中迎来送往的活动,不愿意参加父母安排的礼尚往来活动。平日里父母在外打工,他们和祖辈监护人生活或独自生活,常年的疏离和代际观念差异,让乡村青少年更愿意同龄人间的交流。手机已经成为现实家庭空间的"插足者"。他们通过手机使用行为展现出拒绝与家庭成员交流的态度,用手机将自己隔离于现实家庭环境之外,实现精神解放与逃离。

青少年处于的特殊心理发展特征,在留守语境的催化下,青少年与父母的亲密关系逐渐发生疏离。青少年手机的使用加剧了疏离的程度。他们在家中更愿意通过手机与朋友们互动、交流、分享,在网络上形成属于自己的兴趣、话题、情绪宣泄、情感表达的部落,并自由地在网络空间和现实空间游走。他们将网络空间纳入到家庭空间让家庭的边界不再确定。基于"趣缘""网缘"的关系链接帮助乡村青少年跳出家庭空间,摆脱"烦琐"的乡村礼俗,实现精神的畅游与"解放"。

本章小结

　　家庭是乡青少年生活的基本空间,本章将六营青少年手机使用的意义置于家庭空间视域下进行考察。手机介入乡村家庭空间,在影响家庭亲子互动的同时具有非常重要的社会意义。手机帮助六营众多的留守家庭完成亲子情感连线与沟通的同时,也成为代际冲突的导火索。青少年在手机的使用过程中,更在意的是跨越时空的现代化体验,私密空间的建立与专享的感受。手机以其强大的技术魅力吸引着青少年全身心投入。手机作为现代化的表征,嵌入传统村落,本身就是一种冲突与矛盾。

　　手机在六营家庭空间中呈现出连接与区隔、冲突与融通的矛盾特征。对于乡村留守家庭来说,手机带来的亲情联络与沟通的作用至关重要,帮助亲子双方完成了对家庭共同体的想象。父母借助手机实现了对孩子的督促与关爱,青少年借助手机实现了对父母情感的含蓄表达,手机成为彼此安全感的维系。手机能够帮助亲子实现远距离的沟通。但当家庭成员难得团聚在家庭空间中时,手机却又带来了家庭成员间的区隔。社会的巨大变迁必然带来代际的冲突与矛盾。乡村青少年购买与使用手机为代际冲突增加了新的话题。当然,媒介技术也为代际的平衡与融通带来的新的可能。

　　手机为家庭成员间的交往与沟通提供了无限的技术可能,但在现实中这种技术是依附于特定社会文化背景和现实语境的。手机帮助留守家庭实现了亲子连线,但无法弥补因长期时空差异带来的亲情缺失问题;手机为乡村家庭成员提供了无差别的海量信息与丰富的技术服务,青少年乐此不疲,但老一辈人仍习惯传统的信息传播与人际交往模式。人生长于特定文化体系中,具有特定文化惯性,并因其"生平情境"而存在。手机作为现代表征植入乡土,让乡村青少年充分感受到了现代消费社会运行逻辑,有机会接收到现代城市的价值观念,并趋之若鹜,但又无法完全摆脱乡土文化的影响。在传统与现代交织的村落空间中，村落文化呈现出冲突、复杂的样貌，不可能用某一种单纯的样态去概括。手机的介入，让传统村落文化空间呈现出新的向面与层次。

第五章 手机与乡村学校:监控与僭越

学校是青少年学生踏入社会之前的重要空间,如果说家庭空间是具有一定私密性的个人空间,那么学校是青少年第一个正式进入的社会化空间。尤其是对乡村寄宿制学校的学生来说,学校更是其学习、生活、交往、完成社会化的重要空间。列斐伏尔(2008,转引自刘涛,2013)将空间视为社会理论研究的重要视角,认为空间不是自然性的而是人为制造的,是各种权利的集合,是政治性的,是各种历史与现实元素共同作用而成的,是社会的产物。他将空间生产视为产品的生产,是被策划并政治化生产出来的,在此基础上可以充分发挥社会学的解释力和想象力。学校在中国近现代文化的自我改造中,经历了传统到现代的巨大转变,塑造了现代学校空间的基本形态,形成社会化再生产的空间。王铭铭(1999)认为乡村学校通过明确的组织与规训来促使乡村学生分离于传统乡土社会的"地方性知识"系统之外,与现代社会的"抽象体系"整体结合,在主体的生命历程中造就知识权威和个体安全感。也就是说现代学校与教育机制是远离乡土传统的。

学校空间在建构自己的过程中既是客观的,又是主观的;既是控制人的又是解放人的;既是权利的结合物,又是自由的亲和体;既是实在的,又是隐喻的;因此学校空间是矛盾的、复杂的社会存在。社会关系、社会行动、社会主体都将自身特质投射到学校空间中,并留下自己的烙印。迫于河南省严峻的升学压力,六营村周边的学校都将手机视为影响学习的"大敌",明令禁止携带手机进入学校,并有严厉的惩罚措施。师生之间围绕手机开展着"猫和老鼠"的游戏。家长因大部分在外打工，无暇顾及，力不从心地隔空督促根本不能配合校方完成各种监管与督促。手机的普及逐渐成为维持校园管理秩序的矛盾焦点。关于手机，不同主体身份呈现出不同的态度。校方行政压力下的苛令与绝对限制、教师基于管理便利的利用、学生们"抵抗式"的使用，形成了乡村校园空间中，手机使用的有趣生态图。手机让学校空间中的行动者有了"脱域"情境体验，成为学生们对规训与管控的抵抗，及对自我的解放。

2000 年以前六营村有一所小学、一所初级中学和一所高级中学。2002 年起，为了响应国家关于基础教育改革与发展的相关规定①，优化乡村教育资源配置，县教育局对全县的教学点进行撤并，并对教师和学生学籍进行统一管理。在此背景下，六营附近的 LY 小学、GG 中学因其办学规模优势保留了下来，面向周边 11 个行政村落的适龄学生。高中被撤并到邻近的关庙镇上的 GM 高中。村里孩子初中升高中只有两个选择，升入县城高中或 GM 高中。2004 年起中央和河南省人民政府共同组织实施了"农村寄宿制学校建设工程"。② 2005 年，商城县的乡镇中学统一建设标准化寄宿制学校，实施准军事化封闭管理。在商城县，除小学之外，所有初级和高级中学均完成了标准化寄宿制学校的建设，学生实行统一寄宿制管理。除了少数学生在邻近的潢川县城或商城县城上中学之外，村里大部分学生选择 GG 初中和 GM 高中，就近入学。因此本次学校空间考察的重点是 GG 初级中学和 GM 高中。

第一节　时空中的乡村中学："高考梦工厂"

与中国其他农村地区流行上学无用论不同，这里父母与孩子的基本

---

① 国务院（2001）国务院关于基础教育改革与发展的决定，国发 2001［21］号。

② 国务院（2005）关于进一步做好农村寄宿制学校建设和工程实施工作的若干意见，国办发［2005］44 号。

观念是,上学是摆脱农村命运,获取城市合法身份的唯一出路。六营村身处大别山腹地,农业耕种是当地主要经济模式,没有旅游、矿产资源及地理优势给村民带来的福利,其所处的县在 20 世纪 90 年代被列为国家级贫困县。2000 年之后乡村劳动力向城市大规模流动,带来家庭经济水平的改善。父辈们在城市从事艰苦的体力劳动,却无法获得在城市安身立命之本。他们不希望自己的子女重复自己的道路,能走出大山,实现个人身份和家庭命运的改变,过上体面的生活。村里一些通过上学获得在城市合法身份的孩子常被家长们作为教育孩子的典范,学生学习成绩和升学率成为教师晋级、奖金评定的重要依据。家庭、学校和村落舆论场为青少年营造了浓厚的求学氛围。村里很少有学生中途辍学外出务工,基本都能坚持完成学业。村里中学生在学校寄宿,接受严格的军事化管理,实行月休。学校是乡村青少年生活、学习和社会化的重要空间。

一、时间维度下的乡村学校:"大别山下的状元县"

六营所处的商城县拥有悠久的尊师重教的传统。据县志记载:历史上,商城处吴楚之地,贯通南北思想,融汇中原和吴楚文化。明清两代,学馆遍地,学风淳厚,人文蔚起。义学、私塾星布四乡,文峰、温泉等书院荟萃。在历次会、乡试中,考中进士和举人总数均居河南县级之冠。据县志记载,明万历年间,全国 13 次会试,河南考取进士 335 名,其中商城 25 名,盖贯全省。全省 14 次乡试,商城考取 40 人,亦居全省之首。清嘉庆年间,河南考取进士 102 名,其中商城 14 名,位居全省第一。中举者 28 名,占全省中举人数 3/10。清光绪年间,河南考取进士 181 名,其中商城 15 名,居全省第二。考取举人 67 名,居全省第一。清代周祖培官至体仁阁大学士,参与清廷决策机要。程国仁为进士二甲第一名,先后为山东、浙江等五省巡抚。杨式谷历任兵部、礼部、史部、刑部侍郎,国史馆副总裁。蒋艮曾为翰林院编修上书房行走。①

近代,新型教育兴起,新思想、新文化在这里迅速传播。特别是抗战期间,中原及吴、楚地区,许多教师、诗人、画家、作家等文人雅士来大别山避乱,省立开封中学迁至商城,许多教师在这里开科授课,南北思想在这里汇合、交融。这里成为鄂、豫、皖三省边界的文化中心,许多青年来此求学为商城以后的教育、文化发展奠定了良好基础。1977—2015年当地高考成绩位居信阳地区前列,赢得了"大别山下状元县"的美誉。

在现有的教育体制下,高考成绩成为检验当地教育水平和发展状况的重要指标。每年高考揭榜时便是这个国家级贫困县扬眉吐气之日。2015年商城县高考再创辉煌,全县普通类实际参考考生7665人,其中,本科一批进线944人,本科二批以上进线3051人,本科三批以上进线5286人。本科进线率达70.12%,高于全省21个百分点。全县有5人被清华大学、北京大学录取,115人被"985"重点大学录取,高考成绩第十一次位居全市第一。② 成绩公布时,孩子考学成绩和录取情况也成为村民们见面闲聊的重要话题。家里孩子考上重点大学就是一家人的骄傲,也是家长攀比、炫耀的资本。家长们普遍认为家里再穷也要供孩子念书,这样才有出路。考大学几乎是每位学生及其家庭的最大愿望,但鉴于河南当地严峻的升学压力,考不上大学或未考上理想大学的学生大部分都会选择复读,通过上学改变命运是这里的青少年个人及家庭的共同信念。

六营所属的乡镇初高中分别为GG中学和GM高中。GG中学建成于1984年,2002年撤点并校中,因其突出的教学质量和相对完备的硬件设施,兼并了临近3个中学后一直留存至今。据教体局官员介绍,由于农村出生人口下降、人员外迁等原因造成农村地区生源急剧下降。在未来两到三年GG中学可能会并入更具地理优势的镇上的WQ中学。③

---

① 根据《商城县志》(1991年版)整理。

② 据以下整理:商城县教体局《商城县2015年高考成绩第十一次位居全市第一》(2015年7月22日)http://www.scxx.ha.cn/scxjtj/gzdt/201507/96719.html。

③ 2019年GG中学已并入WQ中学。

　　GM 高中创办于 1975 年,具有较长的历史并保持着卓越的成绩。据县志记载,1980 年 100 名考生参加高考,以共录取 25 人,其中本科 13 人,中专 12 人的好成绩而声名鹊起。自建校以来,高考成绩连续 30 余年位居全市农村高中前列,被市教体局誉为"农村高中三杰""农村高中教育的一面旗帜"。在交通不便、贫穷落后的山区,这可以说是农村教育的奇迹。《人民日报》、中央教育电视台、新华网"新华纵横"、河南卫视、《河南日报》《教育时报》《信阳日报》等众多媒体宣传报道过 GM 高中。[1]

　　2002 年 10 月上旬至 11 月上旬,新华社采制的《大别山里的状元乡》《大别山里的学子们》两个专题片在中央电视台四、七、十、教育 4 个频道和河南卫视以及"亚洲 2 号星"播出。2015 年 GM 高中高考成绩多项位列全县农村高中第一。高考一本进线 97 人,二本以上 434 人,三本以上810 人。一本进线率居全县农村高中第一,600 分以上全县农村高中第一,全县农村高中文理科应届前十名 GM 高中占 6 人,包揽文科应届前三名。[2]

　　由于当地没有资源、地理、经济优势,山区自然灾害频发,经济发展落后。人们便形成通过求学、考试实现个人及家庭命运的改变和阶层流动的传统,一直延续至今日。改革开放前,农民被牢牢地束缚在土地上,经济贫困,根本供不起孩子上学。近些年,人员外出务工带来家庭经济的好转,求学是当地青少年首要的选择。一位母亲说:"以前我们想上学,可爸妈供不起,现在经济条件好了,咋地也要把孩子供出来。"这是村里父母的普遍心愿。重教的历史传统,现实中的家庭、学校、乡村氛围让六营青少年不得不将求学走出山区作为其重要人生轨迹。

---

　　[1]　孙志祥(2010).《大别山下的状元县》.河南:河南人民出版社.1-8;305-309。

　　[2]　然而,近些年来的城镇化推进让更多的优秀教师资源和生源流向城市,县城高中成绩难再辉煌。可查数据显示,商城县高考成绩自 2016 年起也经历了严重的持续下滑,至 2019 年商城县实际参考人数为 7614 人,本科进线人数为 4870 人,进线率降至63.96%。此外中招成绩也大幅下滑,2019 商城县中考成绩跌至全市第八名。曾经状元县的教育优势在逐渐消失,农村学生高考落榜意味着命运被彻底改写,家长、教师、学生压力倍增。

二、空间维度下的乡村中学

GM 高中位于大别山驼峰山脚下,万象河畔。因为 GM 高中历年高考的骄人成绩,学校门口的那条街被誉为状元街,到 GM 高中必须通过状元街,这也是镇上响应新农村建设的亮点工程。驱车来到状元街路口,两旁粗大的红柱和金色的"状元街"牌匾格外醒目,和一路走来的农家村落景致显得不那么一致。街道两旁是镇上统一新建的 3 层居民楼,一楼底商都是面向学生的饭馆、超市、文具店。街道总长约 100 米,这端便是 GM 高中的大门,新修建的大门显得格外气派,蓝色的拱形大门下,约摸 10 米长的伸缩门只留下一人进出的宽度。正值暑假结束返校第一天,学生们进进出出。有的怀抱行李、有的刚从外面超市买了生活必需品、有的在门外和父母、朋友聊天告别。到了晚自习,大门关闭,学生们要出校园,只有等到 21 天后的月休。近些年来,国家对农村教育投入力度大,给 GM 高中硬件设施带来了极大提升。走进校园,宽敞的篮球场、一栋栋整齐的教学楼、宿舍楼,完全打破了我对农村高中的惯有印象。在从大门通往教学楼的路边,是一排整齐、鲜艳的宣传栏,金属宣传栏在阳光的照耀下熠熠生辉,红色的背景色下,贴着上一年高考成绩优异学生的照片,照片中一个个孩子的笑容背后不知凝结着多少汗水和辛劳,成为在校生的楷模。宣传栏上方随风漾动的横幅,"贺:我校今年高考再创佳绩"向人们展示着当年高考的辉煌成绩。开学的第一个晚自习,每栋教学楼里都灯火通明,站在校园中央,恍惚是站在现代化的加工厂,楼里"工人们"正在挑灯赶工。预备铃打响的时候,校园里已经没有了学生的身影,虽然是本学期的第一个晚自习,学生们好像很快调整了角色。

穿过昏暗的走廊,与班主任沟通过后,来到高一年级某班。80 多个学生密密麻麻地挤在一间普通教室里,第一排桌子顶到讲桌,最后一排的学生已经靠着后墙。虽是开学第一天,课桌的前方就已经摞满了各种书籍和习题。座位上的学生深埋在高高低低的参考书中。陌生人的到来让他们感到无比好奇与兴奋。离开校园时,正值学生下晚自习。校园广播里低沉的男声在校园每个角落响亮回荡,是校长在通知第二天早操事宜。大喇叭里校长毋庸置疑的严厉,引起路过操场几个学生的抱怨声。封闭式的寄宿军事化管理,目的在于保证学生充足的学习时间,而不留空余。辛苦也换来了 GM 高中历年显著的高考成绩。但 LYX 老师也向我抱怨近些年来容易接触到现代化媒体让学生更难管理,以手机为代表的现代媒介技术让校园这一封闭时空不再凝固。

三、福柯眼中的学校与六营中学

六营的农村中学在考试的指挥棒下将学生圈定在封闭的校园环境中,学生犹如工厂里待加工的一件件商品,除了不停歇地学习,机械化的训练,没有其他的业余生活。为了保证学生有充裕的学习时间,学校里类似美术、体育等与考试无关的副科,常常被主课占据或干脆被取消。两所学校虽建有电脑机房,但从没有给学生开设过相关课程,一切以考试为导向。

学生升入初中之后,一律实行寄宿制,三周休息两天。学生在校期间实行封闭的准军事化管理,所有的教学安排、秩序维持和活动组织以最终目标——高考为导向。GG 中学的初三政治老师兼团委书记 LYX 老师,如倒豆子般地一气说完了学校给学生安排的一天作息,熟悉程度让我不得不佩服其敬业。① 作息时间安排的严苛程度令人吃惊:从早上 6:00 至晚上 9:00,学生学习、生活的时间与空间被学校严格规划、限定。虽然三餐吃饭时间有 30 分钟,但算上打饭排队的等待时间,孩子们几乎只剩下 10 分钟的吃饭时间。剩余的空隙时间一律是自习填充;期间 10 个小时

① 学生从早上 5:40 起床到晚上 9:30 熄灯被学习安排得满满当当。所有的课外零碎时间也被安排成为自习,由班主任监督。教师的作息与学生作息都被紧密地规划着。

不允许回寝室,包括午休时间。① 除了正常上课和晚自习有任课老师跟班辅导,其余零散时间也要求或鼓励老师到班里督促学生。为了便于管理,校园 2014 年起陆陆续续布设了近 30 个监控,实现了校园监控无死角。学校的校纪校规异常严苛,惩罚规定具体到细枝末节,严格规范学生的校园行为。如校园里打闹、吃零食、玩手机、无故外出、顶撞老师、打饭插队、打饭敲饭缸等都有相应的扣分和惩罚措施。由于面临严峻的高考形势与压力,GM 高中对学生管理更加严格,具体作息和管理规定与 GG 中学相比,有过之而无不及。

福柯(1975/2012:156)认为,学校是社会现代化进程中发展起来的规训机构,它同军队、医院、工厂、监狱一样,在行使国家宏观权力的基础上,落实为微观的规训权力。通过一系列手段、技术、程序、考核、应用目标等作用于人的肉体。这既是控制性力量,也是一种生产性力量。学校通过纪律权力分割时间和空间,将学校演变成"敞景式监狱"。

第二节　校园"禁令"中的手机

学校是乡村青少年生活和学习的重要空间。一直以来河南省是全国考生数量最多的省份,竞争压力大,尤其对硬件和师资相对薄弱的农村中学,升学压力更大。在此情况下学校只有通过持久战,并充分拉长学生的学习时间,无限挤压业余时间来获取竞争力。因此,一切有可能干扰学习、浪费时间的行为都会被严格限制。面对学校和教师的规训,青少年往往会表现出抵触的心理和被迫服从。而校园中的手机使用无疑丰富了学生抵触的表现形式。

---

① 为了便于学生管理,学校规定学生午休时间一律不能回宿舍,午饭后所有人都在教室,趴在桌子上午休,但很多学生都利用午休时间自习。

一、校园手机使用：家庭经济资本的投射与阶层分化

现代学校空间不仅仅是单纯的知识生产与再生产的空间，更是社会空间关系运作方式的投射。布尔迪厄（1977：187-188，转引自张似韵，2002：14-17）认为出身不同场域的青少年被划分至不同的学校，而依照学生的社会资本进入的学校与社会等级具有严密的对应性，因此学校实现了社会阶层再生产。布尔迪厄关于学校阶层再生产在六营青少年的身上也有所体现。在外打工获得了相应资本的富裕家庭，为了孩子能接受更好的教育举家搬迁或花钱托人将孩子安顿在县城或市里的中学上学，便能获取更好的教育资源，这是一个自发而又隐蔽的过程。在相对微观同质的农村中学中，同样存在隐蔽的阶层转嫁与划分。

布尔迪厄（1997：190-197）认为，社会成员拥有资本的类型和数量是阶层划分的重要依据，经济资本、文化资本和社会资本是最基本的资本类型。其中经济资本是最为基础的，其他的资本最终都有可能转化为经济资本。在村落空间中，随着乡村基层行政权力的式微，以家庭为单位的文化资本和社会资本并无太大差异。在经济化浪潮的席卷下，经济资本成为乡村社会分化的主要依据。那些在外打工发家，最终选择离开乡村去城市或县城安家落户的家庭，是首先被划分出的阶层。此外，在现有的乡村空间依照经济资本划分也呈现出内部分层。

外出务工带来的收益让六营家庭生活由基本生活资料的需求逐渐向享受生活资料的需求过渡。村里由经济资本带来的阶层分化，在建房上一目了然。在校园空间内，标准化的校园秩序与管理让学生在吃、穿和基本生活用品的使用上并无太大差异。而手机的出现让家庭经济资本映射在他们身上，将村落中的阶层分化投射到校园空间当中。

（一）有手机与没手机

这种家庭经济资本的投射与阶层的划分在手机使用方面首先体现在手机的有无上。在学校里，最早拥有手机的同学是那些家庭经济优越的

家庭。一般他们是村里的新富阶层,相对具有更为现代的消费观念。家长在添置的新的手机之后,将旧手机流转给孩子,或者给孩子购买一部新手机。这些率先拥有手机的孩子让他们在班里拥有了得天独厚的优越感。也增添了学生阶层划分的新向量。

LMC上小学6年级的时候,率先在班里有了手机。父亲在外包工程,早早地配上了手机。那一年,父亲生意做得很顺,过年的时候就换了一部手机,旧手机便自然而然地归了他。现在已是高中一年级的他还记得当时第一次带手机去班里的兴奋和同学们诧异羡慕的目光。手机给他带来很多"无形资本"。

手机与面子:"俺是俺们班最早拿手机到学校去玩的,上六年级。要上学了俺背着俺奶把手机装到书包里,等走得离家远点了,就掏出来边走边玩,路上同学一下都围上来了……有的就说好话,想借着玩一会儿……就是很有面子的那种……"

手机与好人缘:"俺那时候学习不好还捣蛋,老师经常批评我,也拿俺没办法。有一次,闯祸了,老师拿教棍打手,让全班同学都不要理俺,难过了好一阵。后来,因为俺有手机,还会玩游戏,大家觉得我挺能,也想玩俺的手机。慢慢地就又和男生玩到一起了,后来女生也和我说话了。"

手机与权力:"……刚开始的时候,俺玩手机班里同学围着看,后来他们也想玩,害怕把手机搞坏,就只给玩得好的玩一下。有几次,轮到俺打扫值日,俺就说谁玩手机就帮我打扫值日,还真逃了几次值日……"

手机给校园空间中较早持有者带来了微观的权力与资本,学习成绩不再是同学间交往与评价的唯一要素。新富家庭的孩子拥有手机既是家庭条件的象征,同时也给这部分学生带来了校园人际交往资本与话语权。手机刚刚出现时对于普通农村家庭来说,仍然是一件奢侈消费品。尤其是对家庭经济条件欠佳的学生来讲,父母都很难有一部手机,更不能奢望自己拥有。没有手机的学生难免羡慕、渴望,有心理落差,但也会自我调节:大部分人都没有,自己有没有也无所谓。但随着手机在校园中普及,越晚拥有手机的学生心理压力与落差越大。

（二）好手机与次手机

2015 年,六营中学班级手机普及率为 89.6%,即大部分同学拥有了手机。到 2019 年,手机持有率达到了 95.3%,几乎每一位同学都有手机。但由家庭经济条件差异带来的"技术鸿沟"并不会因为技术的普及而消失。当普通家庭的同学终于迎来自己的第一部手机时,富裕家庭的孩子又购买了新款、功能更加强大的手机。有手机同学内部呈现出更加细化的层次划分。六营学生手机价格从一千元到四五千元不等,最好的手机是苹果手机,这也是很多学生最渴望拥有的,一个班里平均有一两部。大部分同学都是使用国产自主品牌,小米、VIVO、魅族、OPPO 等。家庭经济资本差异带来的社会分化不会因为手机的普及而消失。

WDL 的父母近 10 年都在北京打临工,家里三个孩子都在上学。相较于周围人家的洋气小楼,她家显得简陋但很干净。当问到班里大部分同学都有手机,你是不是也想有一部时,她顿了顿说:"好像也没啥吧。"但之后她又说:"感觉有手机的同学会比较亲密一些,自己没手机,就什么也不知道,大家约着玩什么的也通知不到俺,感觉在班里有种被忽略的感觉。"过两天父亲回来要给她带一部手机,她希望是一款智能手机,否则她宁可不要。

当手机逐渐普及时,手机的品牌与价格更加细化地划分出了学生的阶层。手机不同的品牌与价格对应着不同的家庭阶层。手机的拥有和档次日渐提升给新富家庭的孩子带来微观权力与资本的同时,也造成贫困家庭孩子的心理压力。

（三）手机:交往资本

家庭经济条件较好的同学每月获取的生活费相较于普通家庭的孩子要高一些,这些孩子在手机内容的消费和使用上有相对多的经济支付能力。例如:LMC 的父亲每月除生活费之外都多给他 100 元改善生活。而学校封闭式管理让他没有消费空间。他喜欢用手机看电影,有时遇到特别想看的电影,也会选择付费,他那里总有最新的电影。班里同学经常会问他要电影看,有时隔壁班的同学也来找他,因此他有很多朋友。

在手机使用过程中,资源的分享和传递,很多同学愿意主动和他往来,让他感觉到了自我价值的存在,获取了在校园空间中更多的交往资本。以往校园里同学间的交往更多依赖兴趣爱好、学习成绩、空间距离(同桌或同宿舍),而手机的差异化使用会带来潜在的交往资本,这些都是由家庭经济资本连带产生的。

二、禁令中的手机:规制与抵抗

现代社会是由一个个规训空间组成的空间化社会。学校只不过是社会空间中的一个规制性空间而已。学校中的纪律、监督、规章充分让空间展现了规训的权力,权力在空间中流动,是校园空间中的必然组成。手机作为学校空间的异质化介入,帮助我们看清学校的各种权力关系的流动。

学校对学生行为的规制的权力源于教育行政权力和村落社会文化权力。教育行政权力,是为了保证各级行政业绩,自上而下逐级展开的。为了保证升学率学校不得不严禁任何影响学习和校园秩序的行为,手机便是当下校园的防治重点,明令禁止携带手机。近些年来乡村新生人口出生率急剧下降,同时很多新富家庭的外迁,造成了农村中学生源严重不足的现状,如果生源达不到县教育局规定标准就面临撤并。学校保证生源的重要做法就是拼升学率。因此,一切不利于学生学习的行为被严格禁止。手机的普及让学校如临大敌。GG 中学 Y 校长告诉我,校领导工作也很难,每年面临县教体局的立体考核,升学率、校园安全都是重要指标,如完不成指标很难完成年度考核任务和个人升迁。最关键现在乡村居民大量外出务工,将孩子直接甩给学校,学校承担很大压力。学生有了手机之后学生工作更难做。以 GG 中学为例,每次月休返校,校领导都会在学校门口随机抽查,防止学生带手机、课外书、零食等。

老师是学校权力的底层,一方面要协助学校完成班级的日常管理,另一方面要完成知识传授。学校也会对老师教授课程进行打分评价,评价唯一标准就是成绩。为了保证所授课程的教学质量,以前课堂上要防止学生讲话、睡觉和思想抛锚,有了手机之后还要防止学生偷偷玩手机。乡村教师在校园管理体系中一直处于尴尬的地位,相对于校领导他们是被管理者,学校各项管理措施的执行者。在与学生关系方面,教师集传授知识和管理学生双重职责于一身。教师在学校是绝对的知识权威,但学校将与学生之间的管理与被管理者的矛盾转嫁为师生矛盾,老师们既受到学生显见的尊重又要面对学生隐形的抵触与反抗。手机的普及增加了师生冲突和管理成本。围绕手机展开的各种管理与斗争,可谓"斗智斗勇"。手机的出现,增加了校方和老师对学生的管理难度。GG 中学 LYX 老师感慨说:"手机给我们老师增加了很大的管理难度,一是手机小很难发现。二是一旦发现学生用手机,很难处理。因为手机比较贵重,最终都要返还,还了之后还会带,当场销毁吧,增加了师生的矛盾,我们老师也很难做。"

对学生日常行为的规制还来源于村落社会文化权力,这里的文化权力并非"地方知识"的文化权力,而指的是村落的主流文化意识形态。首先表现为关于乡村青少年发展的主流认知。父母在城乡二元体制下艰苦打拼后,深切地感受到读书是后代实现身份转换的唯一途径。在他们的心目中建构起了关于城市文明、现代、发达的憧憬。虽然村里也有极个别的家庭通过打工改变命运,但获取在城市的合法身份仍然很艰难。在六营,青少年通过上学改变个人和家庭命运是人们的主流价值观。父辈们多年艰辛的打工经历带来了家庭经济的改善,却无法换来在城市体面而有尊严的生活。他们希望孩子们通过上学走进城市并获得体面而又有保障的"红口本"(城市身份和正式工作)。家庭、学校和乡村社会的共谋为青少年学生设计了一个走出乡村,实现阶层流动的"正当"路径与氛围。凡是有悖于"共同目标"的行为都会被禁止。

另外,嵌入村落的现代教育体系已经成功地培养起农村青少年关于现代民族国家的主流意识形态。全国统一,标准化的新式教育培养了乡村青少年对城市现代生活的向往。通过求学实现自己的城市梦是重要途径,辍学打工只是无奈中的选择。面对学校的各种严苛规章,很多学生在表现出抵触情绪的同时,也表示理解。比起显见的教育行政权力,村落主流文化权力是潜在与隐蔽的意识形态层面,它让青少年形成一种自发的自我规训的意识与对行政权威的服从。

（一）教师:控制与利用

为配合学校禁止携带手机的明文规章,一般班级也有相应的班规。任课老师上课时对手机严加防范。班主任老师更"身负重任",查宿舍、后门监视、网络抽查等。一旦发现有学生用手机,处理一般手段有:没收期末返还;没收请家长领回;也有极端手段:"扔进水桶"或"直接摔碎"。六营的两所中学在2014—2015年间就实现了无线网络全覆盖,以方便老师备课与办公,这也为学生提供了蹭网便利。午休、三餐时间、课间、晚间,这些没有老师监控的非正式时间是学生使用手机上网的高频时间段。老师们便通过查看无线网络用户,顺藤摸瓜,查找附近玩手机的学生。当"抓住"一个学生后,老师用学生的手机上QQ,各种QQ"隐身"便"现形"了,类似的"猫和老鼠"的游戏还有很多。乡村老师们作为乡村先进文化的掌握者,在面对控制学生使用媒介技术的同时,又不得不利用媒介技术实施监控与管理,出现了新的控制手段与措施。这也对老师们的网络技术知识提出了更高的要求。

老师对手机既有控制也有利用。虽然学校禁止使用手机,但媒介技术确实带来管理便利。班主任会主动建立班级QQ群,方便假期或月休的时候,通知各种事宜,展开学生工作。老师们对手机是一种有差别的情境化使用,在校园管理场域中,对手机严格限制,而脱离了校园管理场域后,积极利用现代技术完成班级管理工作展开。这完全取决于场景的要求。在校园环境中,严格执行校园相应规章以彰显教师管理者身份。而一旦脱离校园场景,教师更愿意将手机作为与学生保持联络、便于管理的工具。乡村背景下的现代教育体系和管理模式,能够给乡村青少年与家长带来阶层上升流动的希望,这让教师关于手机的任何处理手段,无论是控制还是利用都具有合法性与正当性。

(二)手机与评价标准:好学生与差学生

在被隔离、封闭的单调校园环境中,手机成为乡村青少年排遣心绪、放松心情、舒缓压力的唯一渠道。而在 GG 中学,一切占用学习时间、耗费学生心思的事物都会严加制止,学习成绩是老师评价学生的唯一标准。教师除了采取上述具体的管理办法之外,还形成一个共识:要想保证学习成绩,必须远离手机,而使用手机必然导致学习成绩下降。树立"手机之恶"的观念,并将这一判断传递给学生,让学生形成自我监督与管理。

老师们普遍认为校园里手机影响学习成绩,造成学生之间的攀比,给老师带来管理困难,引发早恋等,一无是处。在手机的介入下老师对学生评判有了新的标准:好学生是不玩手机的,只有差生才玩手机。玩不玩手机成了好学生和差学生的区别。

事实上,老师和学生之间的悬殊地位中间总是隔着一块私密地带。只有学生最为真实地了解学生们的情况。很多学生都表示,其实大家都在玩手机。"只不过学习好的,老师就不怎么管,真是碰上了玩手机,只要成绩好就睁一眼闭一只眼。学习差的,老师就老是盯着啊,那玩手机不是一抓准?"(WDY,初三)在学生眼里手机是一种无差别使用。但有意思的是,在教室展开访谈时,学生们均表示不带手机到学校。但通过他们QQ 空间的互动,不难看出带手机进校园是常态。此外,在对 GM 高中高一某班布置的不记名作文来看,也证明了这一点。

"有时候一下晚自习,或者一月休就都忍不住想玩手机。做作业的时候也忍不住想拿出来看看,特别耽误时间。有时候玩手机玩长了,会觉得特别空虚,很恐慌。"(学生日记 23)

手机成为教师评定学生的重要标准之后,对学生手机使用呈现出极化态度,甚至将是否使用手机作为重要的评判标准,在一定程度上夸大了使用手机对学生的负面影响,忽视了学生的自制能力。与老师使用手机必然导致成绩下滑的态度相反,很多学生认为,其实他们并没有发现身边有谁因为玩手机而成绩明显下滑的情况。学生在明确了老师的态度之后,会依据教师的态度约束自己的行为。便出现了上述学生访谈时刻意回避自己真实情况,表示不带手机进学校,努力将自己描述为老师心目当中的好学生标准的状况。

(三)学生的抵抗策略

虽然学校的规制具有正当性,但哪里有压制,哪里就有抵抗。面对学校和教师对学生们实施的严格规训,学生并不总是被驯服。手机作为现代消费体验,其海量信息、多媒体资源、娱乐功能对乡村青少年来说是一种不可抗拒的诱惑。同时在封闭的校园中,接受严格的身体规训,让他们疲惫不堪,需要一个放松的空间。手机带来的丰富的娱乐化信息让他们感受到了生活的多样性。他们借助手机展开了特有的抵抗。

皮箱里的手机。为了配合手机禁令,学校要求班主任帮助学生保管手机,学生需要的时候找班主任,配合的学生却极少。很多学生每次返校时都将手机设置为静音状态,或暂时关机藏在行李的深处,带到宿舍后,把手机藏到箱子里锁起来。便可以轻松地将手机带入学校。

被窝里的影视剧。每天晚上下了晚自习回来是相对自由、放松的时间。回到宿舍后半小时后就熄灯。有值班老师监管,不允许打闹、说话。这段时间成为学生们的手机时间。在宿舍里躲在被窝里玩手机成为乡村学校的紧张学习环境下,学生们放松的"地下"手段。青少年学生们体验着一起与宿管老师玩"猫捉老鼠"游戏的刺激的同时,享受手机带来的愉悦与放松的体验。躲在被窝里悄悄玩手机是学生们在学校严苛纪律和自我身心放松之间寻求的一种折中方式。

"手机书"的秘密。面对学校的纪律,青少年总是有各种对策去应对。在课堂上玩手机,为了不被任课老师和班级门口巡视的班主任发现,他们会找一些不用的厚书,在书页的中间刻挖一个和手机大小、深度一致的凹槽,刚好能放下手机,合起书来并无异样。有这样的"掩护"在课堂上看手机,老师以为学生在低头看书,大大降低了被老师发现的概率。而且"手机书"可以自由携带,进入教室也不会引起老师们的怀疑。这成为很多学生携带手机进课堂的方式。

破解密码的"万能钥匙"。六营中学全部都实现了 Wi-Fi 覆盖。防止学生蹭网,老师们会将网络加密。对青少年学生来讲,破解密码并不是难题,他们从网上找到万能解密钥匙,随时可以破解密码,使用无线网络。"魔高一尺,道高一丈"班主任老师经常会查看离班级较近,最有可能被学生使用的 Wi-Fi 的联网状况。发现陌生代码,便说明有学生在使用网络。由于风险太大,学生们只会偶尔使用。

手机无疑增加了师生矛盾与冲突。学生思想上的矛盾与困惑、理想与现实的冲突表现在行为上便是对学校各种权力抵抗,最终体现在利用现实的"物",作为对乡村校园文化反叛、抵抗的工具。无论是悄悄携带手机行为,还是书籍里的手机形状的凹槽都是一种较为隐晦与间接的情绪表达,是乡村语境下的"反校园文化"。主要表现为青少年学生对学校权威及其倡导的以学习、考试主流文化价值的逃避与拒斥,但迫于环境与乡村社会压力,行为上却不得不服从或迎合。

三、身体规训与空间的僭越

福柯(1975/1999:27)在《规训与惩罚》中描绘一个高墙、空间、机构、规章等构成"敞景式监狱"。让身体完全卷入政治领域干预、控制、训练,并强迫它完成某些任务。这种对身体的规训不是增强体质,而是建立一种关系,通过规训机制强化对人体的征服,将身体变得更顺从。在农村中学,提高学习成绩,走出农村是对学生一切严苛管理的唯一合法性依据,并得到了教育体系的层层贯彻和乡村社会的全面理解。

学校对学生所有的管理都可以归类到福柯所谓的身体的规训中来。福柯(1975/1995:155)认为所有的权力关系都作用于身体。"他们不是把身体当作似乎不可分割的整体来对待,而是零敲碎打地个别处理;对它施加微妙的强制，从机制上掌握它，这是一种支配身体的微观权力"。规训权利对身体细致入微的规范、琐碎复杂的检查、细枝末节的监督，渗透着精心设计的政治、经济和技术的合理性，经过世俗化的方式在工商、医院和学校里蔓生。这种对身体的政治管制技术主要包括对时间和空间的分配与控制。

空间的分割与控制。依照福柯的观点，对身体的规训必须要在一个封闭的空间展开，在此基础上进行灵活的分割。六营的两所中学一律实行封闭化军事管理。一旦进入校园，无特殊情况不得外出。学校被分割为教学楼、宿舍楼、食堂、家属宿舍、操场五大空间，每个空间都有各自的功能，以保证校园空间的秩序。这样可以防止杂乱无章的个体行为，四处流窜或无谓聚集。每天学生在不同的空间中奔走或停留，形成秩序化管理。为了保证空间的分配有效性，学校有相应的空间管理制度。例如：上课时间不允许回宿舍；不允许将饭从食堂带到教室吃；课堂上有严格的座位规定，方便教师的管理等。

除了对空间的管理与控制之外，对时间也是严加设定，与空间配合实现对人的规训。和一般的中学一样，农村中学也是通过铃声来进行时间管理。唯一不同的是，农村学校对学生的时间管理更为精细与严苛。将所有时间都进行规划，严格规定什么时间应该出现在什么地方，做什么事情。并通过挤压日常基本时间如：吃饭、睡觉、课间等时间来保证学习与上课的时间，实现了时间对身体的控制。

校园空间经历了传统到现代的过程，但它的时空逻辑与吉登斯眼里的前现代社会时空一致。吉登斯（1990/2011：16）认为，前现代社会，人们的生活空间是受到"在场"区域性活动支配的，因此"空间和地点总是一致的"，而现代性来临后，各种缺场要素的孕育日益把空间从地点分离出来。建构的空间不单是在场发生的东西，场所的可见形式隐藏着远距离的关系。手机在校园的出现打破了通过对时间和空间的规划实现对身体规训的逻辑。封闭的校园空间因手机跨越时空的特征呈现出不确定的边界，即流动的校园空间。学生虽然身体被权利的时间和空间严格规训，但手机帮助他们实现空间的僭越。

课堂是教师传授知识,学生学习的地方。除需要讨论外,老师是不允许讲话的,否则会遭到老师的批评或惩罚。手机进入课堂后,给学生在"后台"聊天提供了很大的便利,而且这个"后台"空间不受座位、教室、学校等对身体规训的限制。"俺们几个要好的同学有时候商量好把手机带到教室……班主任的课当然不敢,遇到没意思的副科,历史啊,政治啊啥的,俺们就在下面悄悄聊天,说说这说说那,很快就下课了。"(LMC,高一)媒介技术让学生随时突破课堂空间,讲小话的方式也发生了变化。

手机跨越时空的"脱域"特质让乡村青少年在封闭的校园空间中,非常轻易地便可实现线上、线下,校园内外的交流与互动。校园中的电子书、视频、QQ等都是对校园空间的跨越。WDS在学校里是非常活跃的学生,对学校的各种管理规章,颇有微词。手机帮助他"翻越"校园高墙。"期末的时候,天天做卷子、上课,快被逼疯了。我就给我初三的朋友打电话,让他们给我送点好吃的来(初三已中考完毕)。他们就买了零食之类的混到我们宿舍,我们一起吃。"(WDS,初三)

手机进入校园帮助学生实现了对校园封闭凝固时空的僭越。当然,课外书籍、电视等传统媒体在一定程度上可以帮助学生实现精神的逃离与时空的跨越,但手机以即时、互动、便携的特性,让原本单调、机械的校园空间充斥着多样化的时空切换,帮助乡村中学生逃离封闭的校园环境实现短暂精神解放。

第三节 新型师生关系:权威的弱化

在校园空间中教师和学生的身份是被权力建构出来的。教师是被官方话语建构出来的施教者,学生是受教育者。老师应保持其知识权威性,并在日常行为规范上身正为范。学生应尊重老师、敬重知识。老师和学生都应是"说该说的话,做该做的事",师生互动间始终存在着"隐性冲突"，教师作为知识的传授者、管理者需要保持适度的神秘感来维持其权威性。手机介入到师生关系的维系中，颠覆了师生互动逻辑。

一、教师"后台"场景的暴露

20世纪初，社会学学者们开始借助场景分析人的社会行为。场景是指人从事社会活动时所在的具体环境。埃尔文·戈夫曼（1974，转引自车森洁，2011），认为场景定义的变化可能非常复杂，每个场景为参与者规定或排除了不同的角色，或者说场景为人们的行为设定了具体框架。场景变化规定着人们的行为，是一个复杂的过程，任何人在具体环境中的行为可以分为：前台行为和后台行为。[①] 前台的表演者是观众面前的一个具体角色，他们要扮演一定程度上具有理想概念的或是社会期待的角色。后台是相对前区更为真切、更为诚实，不那么正式的角色。借用前区后台的概念诠释教师的角色有多种角度。学生看到的讲台上的老师滔滔不绝、神采飞扬就是教师的前台，而讲台背后，上课时杂乱且布满粉笔灰的讲桌，教案上红红蓝蓝地勾画是教师的后台。校园里老师端庄、威严而知识丰富是教师的前台，同时在后区的家庭空间中又是一位慈爱的母亲或父亲。在师生交往过程中教师在校园场景中具有鲜明的行为特征，校园场景要求他必须符合职业角色要求。一直以来教师在学生心目中是被区隔的神秘化的角色。手机介入到师生之间将融合信息区隔，揭开前台与后台的幕帐。

在学生群体中间，关于老师的"八卦"是他们经久不衰的热门话题。虽然学校对手机严加限制，但出于管理便利，很多老师接新班第一件事情就是建立班级QQ群，方便日常管理。如此一来，学生们可以轻而易举地看到老师在QQ空间动态，教师的隐私便在学生面前暴露无遗。老师的

---

① 戈夫曼认为后台行为是表面上看起来可能比前台更真实，但实际上后台行为甚至也被认作是某种角色的扮演，只不过在那里相互之间不用忍受前台那种正式的风格。

家庭隐私、日常生活、情感表达、情绪宣泄完全暴露在学生面前,而之前在学生面前树立的严厉权威或和蔼可敬的教师形象,便有了更为多样的展现。教师们的后台完全置于前台,往往会给老师带来各种不便。而"权威依赖隐私",暴露后台空间,必然会影响到师生的等级关系。师生是存在一定等级关系的管理与被管理者,传授知识者和接受知识者。梅罗维茨(1985/2001:60-61)认为与一般的群体角色和社会化角色不同,等级角色不仅依赖于将后台行为划为隐私,并且需要否认后台的存在。为了更好地维护自己的后台,老师们会重新申请 QQ 号,专门用来学生管理与交流沟通。

出题考试是教师考核学生知识掌握情况的重要手段。在前手机时代,老师出的题目及试卷绝对神圣,学生不可能提前获知。而进入网络时代后,手机网络所提供的海量无差别的信息,让海量题库无差别地呈现在师生面前,给教师考核学生带来了困难。学生会提前搜索考核范围试题,甚至有学生会将手机直接带入考场现搜答案。出题考核学生和监考成为老师们最头疼的一件事。手机在校园的使用,让出卷这一非常隐秘的后台行为,不再那么容易成为秘密。

为了保证教学质量,"备课"是教师的基本功,包括课程设计、与学生的互动设计等。这是教师在办公室或家里完成的后台行为,学生只需要面对教师在课堂中的前台行为即可。可媒介技术有可能打破老师在后台精心设计的教学内容。WDS 是个聪明、活跃的学生,爱玩的天性让他在班里、村里人缘颇佳。他告诉我为了吸引老师的注意力,他喜欢在老师提问后,没人知道答案时快速地用手机搜索,然后抢先说出,以此引起老师和同学的注意,并为此沾沾自喜。一次数学课,他如是做,老师对此非常吃惊,便叫他上黑板演示证实,搜索后他已经快速地记住了演算过程。这让原本想让他出丑给点教训的代数老师摸不着头脑。

手机为教师后台行为前台化提供了技术支持,去神秘化的过程有可能导致教师权威式微,也有可能更好地促进师生平等关系的发展。但为了保证知识有效传递,保持教师适度的权威性与神秘感还是很有必要的。

二、知识权威遭遇媒介技术

在校园空间中，教师是知识权威的化身。这种教师的知识权威不仅是社会赋予的，也是知识权威性和教学专业性的体现。教师对某种知识资源的占有而形成在相关知识领域具有绝对话语权，并对教育教学过程具有相当程度的支配权和控制权。陈亚东（2001）认为教师的话语权，就实质来讲是教学过程中教师对知识的筛选，对知识意义的诠释，对知识价值的判断，对知识传递方法的选择等，具有潜在的影响力。手机的出现对教师的知识权威意义的诠释提出了挑战。

电子媒介跨越了物质场所关于场景的框架。交往场景的前台与后台的划分可能是物质性的划分也可能是信息性的划分。电子媒介的随时随地介入让交往场所不可能成为场景定义的唯一来源。梅罗维茨（1985/2001：61）认为："传播媒介越是倾向于将社会中不同人的知识分开，该媒介就会支持更多的权威等级，传播媒介越是倾向于融合信息世界，媒介就会越鼓励平等的交往形式"。也就是说神秘化的权威是由特殊的场景和掌握一定信息数量建构而成的。权威身份的维持是依靠对知识、技能及角色经验控制完成的。当传播媒介以海量、无差的信息传播模式存在时，权威便会被消解，呈现出扁平化的交往模式。

（一）全新学习路径："百度""小猿搜题""练习听英语听力"

"遇到什么问题首先就是请教百度啊，啥事都可以……""有时候会抄作业啊，不行就'小猿搜题'……""想用手机练外语听力……"（YXW，初三；XXY，初二；WDL 即将升入高中）

在教学过程中，为学生答疑解惑是教师的职责。可在实际学习过程中，有些学生因畏惧教师的威严，担心自己的问题会让老师小看自己等，放弃向老师请教。手机百度则不同，随时、便捷，即便是再简单的问题，都会给出详细解释，没有心理压力。手机百度为学生提供了新的学习路径。

对学习主动的学生来讲,手机为他们提供了更为丰富的学习渠道和学习机会。

与城市中学生有各种补习班、丰富的多媒体网络、父母的指导与监督、多元的学习路径不同,在封闭的农村中学,严格的寄宿军事化管理让老师成为学生绝对的知识权威,控制着知识传授与诠释。然而手机的出现打破了这一封闭、单向的学习过程,为学生获得多渠道、多样化的学习提供了技术可能。"万能"的网络打破了传统的老师教,学生学的环节,将学习这一曲折、艰苦的过程变得简单而又直接。教师为了提升教学效果,引导学生思考而设计的"悬念"问题荡然无存。这对教师教与学过程的控制和对知识的解读带来了极大的威胁与挑战。手机让原本师生地位差异逐渐弱化,教师的教学权威一定程度上受到威胁。

(二)媒介技术挑战知识权威:"学生不服你,没法开展教学"

在很长一段时间里,乡村教师是乡村环境中的备受尊重的知识精英,具有绝对的话语权。乡村青少年认识外部世界来源于老师的知识传授和对外部世界描摹。但城市化进程带来的人口流动让更多的人有机会走出农村接触外面的世界,加上现代媒介技术的普及带来了乡村居民知识、观念的变迁。手机在青少年学生中的普及不仅带来教师对学生的管理压力,也带来知识储备、更新与传授环节的压力。

"现在网络上啥都有,更新速度又快,有时候学生能在网上找到比老师更简便和新颖的解题方式。开始学生跟我说,我还觉得挺意外。后来有时我自己也在网上找新思路。不然学生觉得听我讲半天,不如网上看一看。学生不服你,就没法开展教学。"(WDW,GM 高中,高二数学老师)

(三)师生互动新平台:QQ 远程辅导

手机为师生互动提供了新的平台。QQ 可以帮助学生在老师缺场的条件下,寻求老师的帮助。手机为老师给学生答疑解惑提供了新的途径和渠道。脱离校园环境的网络语境的交流并没有像在课堂上那么正式,手机 QQ 里的老师不再是讲台上那个威严的代表,在一定程度上消解了教师的威严。

"有次做物理作业,有道题不会,正好才加了俺们物理老师的 QQ,就问他,虽然他平时挺严厉的,但也给俺讲了,感觉还挺方便,也没当面问那样紧张啊。"(YXW,初三)

手机海量的信息与丰富的教学资源,为学生提供了多元化的学习路径的同时给教师的教学管理带来压力,给老师的知识权威带来挑战,让乡村原本知识精英的地位受到极大威胁。梅罗维茨(1985/2001:60)在分析新媒介对权威与等级带来的冲击与影响时认为,当信息系统孤立、封闭的时候,权威就会得到无限加强;而当信息系统变隔离为融合,处于一种开放状态时,权威就变弱了。在区隔化的乡村校园环境中,教师控制并掌握所有知识,权威自然被加强,而手机进入校园后,介入到师生教与学的环节中,打破了原本被区隔和孤立化的校园空间,教师知识权威逐渐弱化。

三、手机与作弊新手段

手机进入校园,打破了乡村校园原本封闭、禁锢的时空。它让学生们思维更加开阔、活跃的同时,也打破了乡村校园里原有的教学秩序,教师权威在有意与无意之间逐渐消解。传统具有代际性质的师生关系,因为手机的出现而趋于平等。单纯的符号交流让学生减轻与教师交流的压力,师生之间增加了双向平等交流的可能性。但手机也引发或促成一些校园空间内的不恰当行为的发生。在校园空间当中表现最为突出的便是利用手机作弊、利用手机远程集体抄作业。

手机为一些学生作弊提供了方便。农村中学考试非常频繁。初中每月都要月考,进入初三后半段有周考,高中则更频繁。一些学生将手机调成静音模式,将提前准备好的小抄拍成图片,悄悄带进考场,甚至直接在考场上搜题。撤并后的农村中学全部是大班教学,初中一般都在 50 人左右,高中都在 80~90 人,无法一人一座,这为学生作弊提供了便利。手机成为他们考试作弊的新手段。手机也为抄作业提供了便利。以前有学生不愿意写作业便与完成作业的同学约定时间和地点,抄袭作业。现在不需要共同在场,远程同步传输作业照片,完成抄袭过程。这些校园里的不诚信问题基本源于手机强大的网络功能和跨越时空的特性所造成的,给老师的教学和管理工作带来了一定的困难,也是对教师管理权威的挑战

本章小结

在对六营青少年手机使用展开调研与研究时想尽力去发现乡村青少年独特的手机使用方式。但随着调研的深入发现乡村青少年手机的具体使用和城市青少年并未有巨大的行为差异。连乡村青少年自己也表示"手机好像缩短了和城市同龄人的距离"。这种基本无差的使用与手机的全球化、标准化生产也是契合的。然而作为一项质性研究,目的是在日常生活中"理出人们生活的所有原则和规律,理出那些恒久而确定的东西,剖析他们的文化描述他们的社会结构"(郭建斌,2005:42-45)。因此,发掘在特定的空间中手机给乡村新生代的日常生活结构及乡村秩序带来的冲击与改变显得更为重要。在校园空间中,更为突出的表现为封闭的农村寄宿学校的监控与学生利用手机实现的时空僭越与反抗,以及对传统师生关系的重构。

乡村学校在村落空间中原本就是一种嵌入式关系。不仅是地理位置上的嵌入,乡村教学内容与乡村生活格格不入,游离于乡村精神之外。董磊明(2010)认为现代的国民教育体系进入农村,客观上参与了现代文明、城市文明、工业文明对传统文明、乡村文明和农业文明文化的殖民。从小接受标准化国民教育的农村青少年已经完全接受了国家主流意识形态,勾勒出了他们对现代、发达、城市文明的美好憧憬。他们被"禁足"于封闭的校园空间里,比城市青少年更为努力地完成现代文明对他们的改

造，以实现脱离乡土的目的。面对校园中的各种权利与控制体系，乡村青少年在身体服从规训的同时，利用手机实现短暂的精神逃离与放松。虽然手机同样具有现代性表征，但因其娱乐本性在乡村校园空间中不具有"合法性"。事实上是从一种严苛的现代性规训空间中逃离到另一种相对开放的现代性空间中，接受更为彻底的现代与后现代化的精神规训。

　　乡村校园管理者们将手机视为扰乱学生心绪、占用学生学习时间、破坏封闭的学习氛围，影响学习成绩的大敌。学校从上到下对手机严加管理，力图保证校园的"纯洁"。但手机以其海量资讯、互动娱乐的现代媒体特质全方位地吸引着乡村青少年，给他们带来了新的感受、新的认识和新的视角。这让乡村青少年有了感受与体验现代生活的魅力的机会。于是在校园空间中上演着一幕幕关于手机的师生间"猫和老鼠"的较量。其实这些无限夸大手机之恶的做法是夸大媒介负面影响的效果，简单地将青少年学生视为大众媒体的受害者。手机的出现，亦如当时的电视，忽视了青少年学生具备了一定的鉴别力和主动性，无视手机给青少年带来的快乐与解放。与其筑坝防护，不如适时引导。大卫·帕金翰针对成人世界对少年儿童使用媒介的围堵与过度防护，提出"为儿童赋权，使媒介回归现实世界，成为可以自主支配的教育资源"（刘津池，2011）。面对日益复杂的媒介环境带来社会变迁与影响。无论是传统还是现代，全球还是地方，城市还是乡村，始终都不能忽视人的存在，都应该以人为主体，使媒介技术为所有青少年所用。乡村青少年在媒介技术的选择与使用中，充分感受、体察社会变迁的脉搏，无论最终选择留在乡村还是走向城市，在成长过程中利用媒介技术，寻求"自洽"生存状态与个人成长发展的协调尤为重要。

第六章　手机与同伴："线上"的同伴交往

已有研究表明,青少年时期同伴群体的支持逐渐超过父母的影响,同伴间的依恋在青少年的认知、情感、人格与行为的健康发展和社会适应方面起着重要作用。(雷雳,伍亚娜,2009)青少年的同伴关系是完全基于不同的交往结构建立起来的人际关系。Larsonetal(1996;转引自雷雳,2013:200-207)认为随着时间的推移,青少年越来越喜欢和同伴在一起,而不是和家人,同伴关系的重要性也随之增加。可以说在生命历程中没有哪个阶段的同伴关系会有青少年时期那么重要,青少年个体与同伴之间获得的亲密感超过亲子关系。同伴关系的维系是青少年获得人际关系交往能力、认知能力、社会能力的重要途径,有着比亲子关系、师生关系等社会关系无法取代的意义和价值。

在我国当前社会发展和教育体制下,青少年日常生活中的两件大事就是:学习和交往。各类知识的学习主要是在家庭和学校空间内完成,而独立的交往活动更多是与同伴的往来。与亲子关系、师生关系在相对固定家庭、学校空间内展开不同,同伴关系更加灵活地出现在任何可能营造同伴关系的空间中。尤其是媒介技术催生下青少年在网络空间中展开与同伴间的情感交流、思想碰撞。网络语境中的交往技巧与真实社会情境相互建构、互相影响,塑造着青少年人际交往模式和社会关系。

对于六营村青少年来说,留守家庭现状和乡村学校标准化寄宿管理,让他们的日常生活更加纯粹地围绕着学习和同伴交往展开。基于六营特殊的乡村语境,媒介技术发展跨越了计算机互联网阶段,通过手机带给乡村青少年现代网络体验。手机成为他们人际交往的重要中介,是线下社会交往模式的重要补充。手机深刻参与到了乡村青少年以同伴为主体的社会交往中,演绎着了现代性语境乡村社会人际交往的新模式。

第一节　乡村青少年同伴关系变迁

将六营青少年的同伴关系置于整个乡村社会语境中,伴随着城市化和现代性的演进,农村社会交往格局与观念发生了巨大变迁,乡土交往呈现出诸多现代性的倾向。情感交往向理性交往的转变、"亲缘"与"地缘"的关联过渡到"业缘"与"学缘"的关联。现代媒介技术,电视、手机在乡村的普及,在一定程度上重塑着乡村社会交往方式。尤其是成长于电视时代的乡村青少年正在接受手机对他们社会交往方式的重塑,最直接的体现就是同伴交往方式与亲密关系的变迁。

一、六营村人际交往的变迁

关于乡土社会的人际关系,费孝通先生(1998:115)认为中国传统的乡村社会是基于农业生产,世代定居的特征,形成了基于"血缘""地缘"为纽带的熟人社会。当然,费孝通先生所谓的"乡土中国"是以自然经济为基础的传统农业社会,其稳定性和封闭性决定了熟人社会的乡村人际交往模式。随着现代城市化进程的推进,农村传统的熟人社会的礼治秩序和乡贤统治解体,自然生成的信用机制已不可靠,只不过大家仍是知根知底的熟人。乡村价值秩序的总体变迁必然投射到基于个体的人际交往中来。虽说维持乡村传统社会的价值、秩序与权威逐渐消解,乡村青少年的父辈们还基本延续着熟人社会交往的逻辑。乡土社会的社会交往网络成为他们进城务工的重要人际脉络。乡土中人力资本能够帮助人们换取更多的经济资本。

（一）情感交往与理性交往

已有的农村社会学研究表明在现代化浪潮的席卷下,乡村熟人社会的人情交往逐渐被经济理性交往取代,人与人之间的交往逐渐从以往熟悉的乡邻情感交往过渡到经济理性的往来,这一结论在六营也有所体现。六营村 20 世纪 90 年代起开始的外出务工潮流,让村里家庭收入结构发生变化的同时也带来的经济上的分化,乡土传统的秩序和价值伦理标准更多纳入了经济因素。村中的经济精英已取代政治精英与文化精英的地位,享有更多的话语权,赢得乡邻们的无限好感。调研时听到这样一个故事:村里一家人在自己的宅基地盖房子,镇上关于新农村建设房屋建设审批手续非常麻烦,要是镇上"有人",审批手续就会很快下来。这家人就找了后湾子里能和镇上说得上话的大老板 LL 帮忙说话,手续才顺利办下来。经济差异带来乡村阶层新的分化的同时,话语权也向经济精英集中。

村支部旁边的那家小卖部已经有好几十年了。小卖部的房檐下是老人们常常聚在一起聊天的地方。听老人们说以前小卖部都是赊账,谁家需要什么,买东西,老板就用个小本记账,到了月底就挨家去收账,给钱或用稻子、鸡蛋顶都可以。但随着人们外出务工接触现代经济观念,逐渐习惯了现代商品交换模式——付现。"最关键的是现在人成天都不在家,难得回来一两次,在家蹲的时间短。买个东西,再记账也不方便了。人家能现给,俺们也方便,慢慢大家就都习惯了。这样挺好。"老板娘 WF 如是说。传统乡村社会农村买卖过程将乡村的人情往来牵扯进来,将买卖变成了基于人情的"物品交换"。而现代经济发展让大量农村人口快速流动至城市,并逐渐树立起现代商品交换方式。收入模式的改变和经济能力的提升让人们更加独立,很多人不愿受繁复人情往来的牵扯,而更倾向于简便而又理性的交往方式。

乡村借贷关系的变化也能很好地体现乡村人际交往及亲密关系的变化。多年以前,人们生活都不富足,邻里乡亲之间物品与金钱的借与还很平常。谁家来客人了,到邻居家要瓢米或借碗面很正常。家里有急事向乡亲借钱,也没有打借条的习惯。有位老人告诉我,当年儿子考上大学没钱上学。孩子的干爹答应给借 1000 块钱,但因要写字据,老人便愤然离开,从此不再和他家过祖。^① 当时农村居民无法接受这种现代商业的契约方式介入到基于基本信任的熟人间的关系往来。近些年来,六营村经济条件明显改善,乡邻之间的借贷关系减少。如果有急需,人们尽量将这种借贷关系限定在十分亲近的直系亲属范围内,如兄弟姐妹间,并将其视作一种互助形式。从借贷关系上看,六营村居民逐渐将亲密关系圈缩小至直系亲属。年轻一代的乡邻关系因长期在外务工,缺乏共同生活经验而仅限于情面上的维系。

六营村传统交往出现新维度。一些家庭在城市里奋斗与打拼,基本脱离了互助式的农业经济生产环境。金钱给新富家庭带来了优渥的生活或显著的家族地位,而不再依赖互助小农经济的人际礼节往来传统。他们可能是乡村里最早倾向现代人际交往理念,逐渐脱离农村传统交往风俗的群体。可虽然家庭经营方式实现了现代城市化转变,但举家脱离农村在城乡二元体制下仍非常困难,这部分家庭被迫拴系在家族内部的传统交往体系中,处于疲于应付的状态。几乎所有家庭都将村里外出务工的帮带资源作为交往和维系的重要关系。乡村传统的基于血缘、地缘的维系,增添了新的利益维度,经济理性和利益互惠成为六营人际交往的重要原则。

(二)"熟人社会"到"半熟人社会":熟悉的陌生人

传统的乡村社会就是费孝通先生曾经概括的,以农为生,世代定居的社会。人们基于互助的需要,聚集而居。在土地平等继承的原则上,兄弟分别继承祖业,一代代传承延续下来。"这是一个熟悉的社会,而没有陌

---

① "过祖"在当地的意思即为亲戚、乡邻间的往来。"过祖"的亲戚乡邻,关系较为亲近,在婚丧嫁娶寿辰等重大事情上都会出席并随礼。如不"过祖"则关系较为疏远,家里大事小情也不会相互通知,在礼情上不往来。

生人的社会。"(费孝通,1998:50-51)然而随着城市化、现代化进程带来的深刻社会转型,传统的乡土结构也发生剧烈变迁。大量村民外出务工,村民之间的关联日益经济化,价值观念多元化,乡土传统的价值秩序受到剧烈冲击。原有乡土秩序上的"熟人社会"逐渐沦落为"半熟人社会"。

"熟悉是从时间里、多方面、经常地接触中所产生的亲密感觉。这种感觉是无数次小摩擦里淘炼出来的结果"(费孝通,1988:90-91)。然而,六营村自20世纪90年代起,大量村民外出务工,留下老人、少年儿童和零星妇女。留守的老人和妇女大多还能保持着传统的乡邻亲密往来。而大部分的村民长期在外打工,只有过年回来,在村里待几十天,脱离了乡土共同生产和生活空间。他们在外地的人际交往仍是传统乡村社会血缘与地缘的延续,但随着时间的推移,这种熟人关系网被在城市新建立起来的业缘关系网打断。空间上的隔离与流动让村民们很难做到知根知底。长期在外务工的村民的人品、观念等都会随着时间和周遭环境的变化而变化,其工作、收入、社会关系不能像传统社会那样被村民亲眼所见,村民之间日渐陌生。市场经济发展带来的农村人口剧烈流动完全打破了乡村熟人社会的亲密感。

六营大部分青少年都留在村里求学。父辈们大量外出务工,隔代抚养重养轻教的特征,及老年人体力、精力有限,使乡土礼俗与传统价值秩序很难进行代际传承。在城市受到现代交往方式影响的父母们,返乡后迫于村落空间的风俗、伦理环境,不得不展开乡土传统的人际往来,但不会主动将乡土礼俗和传统传递给子女,因为他们坚信自己的孩子最终将走出农村,脱离乡土。此外,村里这一代青少年从小便接受现代国民教育,从思想与行为上彻底接受了现代化的"改造"。艰苦而封闭的学习环境让他们身在乡土,又无太多机会接触乡土。村里很多青少年学生对乡土的礼俗并不了解,对烦琐的人际交往礼仪的秩序表示嫌弃,觉得很麻烦,没有必要。对于这里过年最神圣的祭祖风俗很多男生表示不一定会按照父亲的方式去做。一是不懂,二是嫌麻烦。

"过年,俺家来客人了,都是俺妈招待,俺们哪里懂那些啊。好多人都不认得,俺妈叫俺叫啥,俺就叫啥。俺妈让俺干啥,俺就干啥。彻底嫌烦了,就锁在屋里不出来……要是一个人出门,不熟悉就不叫,害怕叫错啊,一般都是骑着车,办完该办的事就回了……"(WDL,即将升入高中)

青少年学生也因为长期封闭式学习,脱离了乡土人际往来。除了就近的邻里、亲戚保持联络与往来之外,与村子中其他村民都疏于往来。在青少年这一代眼中,乡村不再是一个"相熟"的社会。与此同时,现代教育的洗礼也让青少年学生们在交往过程中有意回避乡土交往秩序。

二、媒介技术与六营青少年同伴关系

同伴关系是青少年正式进行社会人际往来的操演。乡村青少年同伴关系在受到乡村社会人际关系结构变迁影响的同时,现代媒介技术也深刻地影响着其同伴交往。伴随人类的传播活动从口语到文字再到电子媒介技术的发展历程,人际关系经历了一个由亲密到逐渐疏远甚至是陌生的过程。乡村青少年是手机陪伴下成长起来的一代,现代媒介技术传递的现代交往观念和现代交往模式的体验,深刻地影响着乡村青少年的同伴关系。

"任何一种媒介的产生与变迁都在为少年儿童的同伴关系设定新的框架"。手机的出现极大影响着六营青少年的同伴交往方式和同伴关系。媒介技术进入六营之前,六营少年儿童主要传播方式是人际传播,同伴间的往来主要是面对面的人际互动。那时的少年儿童生活在同质的村落社会,儿童的同伴来源是基于地域关联的本村的伙伴,同伴们通过直接接触、从小一起长大、感情颇深。印刷术的出现为统一学制的现代化教育的推行和普及提供了可能性,让更多的乡村青少年基于"地缘"同伴往来转变为"学缘"基础上的同学的往来。而真正带来乡村青少年同伴交往变化的是电视的普及。

电视在六营的普及始于20世纪90年代,农村家庭经济水平提升之后,都纷纷购买电视。电视的普及让人们从村落公共空间退至相对私密的家庭空间。对于青少年同伴关系带来最为直接的影响是,电视展现给乡村青少年无比精彩的世界,无限满足了乡村青少年对村落以外世界的好奇。其带来的身心愉悦与放松,比同伴间的交往来得更容易、更轻松。电视挤占了大部分同伴玩耍的时间。暑假待在家里看电视成为孩子们的首选。同伴间的交流与沟通减少,在一定程度上造成了同伴的疏离。尤其是早期留守儿童,更加依赖电视,并将电视看作情感陪伴。李红艳(2011:70-78)认为他们更为主动地将电视作为自己的精神陪伴与慰藉,借助电视实现对理想家庭的知识建构,实现对自我的现实观照。

依照一般媒体的演变规律,电视技术发展之后要经历网络时代,再进入手机时代。而在六营,基于多种原因,手机率先帮助村民实现了网络代偿与满足,尤其是手机在六营青少年中普及之后,为青少年提供了同伴间交往的新模式。手机的出现在一定程度上让乡村青少年的同伴交往移至线上。在这个空间中,乡村青少年既可以延续线下基于"学缘"的同伴交流,同时也可实现基于"趣缘"的,跨越城乡时空的网络同伴的交流。同伴关系不再是传统的依照地域建立起来的就近伙伴的亲密关系,而更多地依据共同兴趣、爱好等。

手机拓展了乡村青少年同伴交往的渠道和空间,让同伴交往游走在虚拟与现实之间。延续媒介技术使人们交往空间有日渐退缩的趋势,手机让青少年几乎完全沉浸在个人私密空间里,彻底足不出户就实现同伴的交流与互动,不用依赖物理空间的面对面的沟通也能实现同伴间的情感依恋与相互支持。此外,虚拟空间的网络伙伴突破了城乡区隔,在实名与匿名共生的同伴交往状态下,乡村青少年同伴交流模式更具现代性。

三、六营青少年同伴交往的边界与深度: 脱离乡土、浅表化

现代化带来乡村社会的剧烈转型让乡村现有人际交往模式逐渐呈现出情感交往向经济理性交往过渡,熟人交往向"半熟人"交往延伸。从小

接受现代化标准教育的乡村青少年,成长于电视时代,成熟于手机时代,让他们更加急迫地脱离乡土人际交往模式。在同伴交往过程中逐渐脱离乡土传统,交往边界与深度日渐浅表化。

如前所述,在前电视时代,现代教育体系还未完善,乡村青少年同伴主要是依赖"亲缘"或"地缘"关系的发小。从小一起长大的友情是基于日常亲密互动与往来、斗争与磨合建立起来的,最后发展成为除了亲缘之外最为亲密的同伴关系。而电视时代的到来及现代教育体制的逐步完善与普及,乡村青少年的玩耍时间被接受教育的时间彻底挤占。尤其是像六营,处于豫南山区的村落,面临更大的升学压力。中学生大部分时间都是在学校度过,而基于亲缘或地缘的发小,日渐生疏,依赖"学缘"建立起来的同伴关系成为乡村青少年同伴结构的重要组成。

SXY 和 SCX 两个开朗女生是同姓本家又是邻居,小时候两个小姑娘经常在一起疯玩,两家串着吃饭、睡觉,就像亲姐妹。如今这两个昔日的姐妹都投入到忙碌的学业中。尤其是中学后,不同的班级、不同的学校、不同的日常生活、不同的朋友圈让她们日渐缺少共同话题而疏于联络。这个暑假她们就见了一面。平日假期里 SCX 更愿意坐车去镇上找自己要好的同学玩,而 SXY 更愿意在家里看电视、玩手机。假期里类似于 SXY 这样宅在家里的学生非常多。六营青少年已经没有"发小"的概念,更多的是基于现代教育空间中的"学缘"的同伴交往。乡村青少年同伴关系的组成愈加单纯,并逐渐脱离乡土人际往来。只有手机 QQ 在形式帮助他们维系着与"发小"们似有若无的关联。

近些年来,村里人口流动性加大,是村里青少年的友情临时化的又一原因。村里很多人家富裕后都会选在县城买房,送孩子到县城上学。"小伙伴们都陆陆续续地搬进城里了,整的这两年过年,湾子里都清净得很,没啥意思。以前可热闹,一起玩的人也多。现在不行了……"(WH,中专生)。对于日渐疏远的同伴只有通过手机维系现在的、过去的友情,但随着学习、生活交集的减少也日渐疏远。同学关系成为一种非常临时的组合,加剧了同伴关系的临时化和浅表化。

在学校,初一到初三每年都分班。升入高中后,高一下半学期文理分科分班。几乎每年中学生都要面临新的班级、新的同学、建立新的同伴关系。而以前的同伴由于班级的重新划分与学校的空间规制而疏于往来。此时的手机可以帮助暂时维系原有的同伴关系,但随着时间的推移,上一个同伴关系便被新的同伴关系所取代,之前的同伴关系逐渐淡化。同伴关系被频繁地被取代、更新,很难维持较为长久的同伴交往。SCX 告诉我,她的好友群分为小学、初中、高中,最热闹的就是现在的高中群,小学群和初中群里几乎已经没有人在说话了。同学们假期里在 QQ 群中的闲聊与插科打诨、空间的"互踩"成为打发时间的重要方式。而以前的朋友、同伴随着时间的推移、共同经历的减少,友情也逐渐淡化,疏于联络到不再联络。手机上的号码,那个 QQ 头像成为大家并未相忘的心理慰藉。乡村青少年基于"学缘"的阶段性的交往模式彻底打破了乡村熟人社会的传统,呈现出短暂与陌生化的特征。同时乡村青少年对通过手机展开人际交往方式的青睐加剧了上述特征和趋势。而同伴关系的临时化、浅表化的过程也加剧了同伴亲密关系的不确定性与陌生化。

手机带给六营青少年的现代网络体验让他们具有了跨越城乡时空结交各类网络同伴的技术可能性,无限拓展了同伴交往的渠道和方式。这种来自网络空间的陌生人交往可以通过 QQ 或者游戏达成。WHJ 今年 9月份上初一,这个暑假她第一次用妈妈淘汰下来的手机,学着上网,玩 QQ 是她的主要使用功能。很多学生表示很少和陌生网友聊天,大部分人都会设置验证,不愿意被陌生人打扰。相对于线上的直接交流,网络同伴间时空的不一致性让这种陌生的同伴关系较难维系和发展。正如马克·波斯特(1990/2001:10-11)所说网络社会中建立起的同伴关系,因其身份具有不确定性和随意性,与真实的人际关系相比存在更多的信任危机和风险,是非常脆弱的人际关系。面对纷繁复杂的网络世界,网络同伴身份隐匿和跨越时空的特性增加了乡村青少年网络陌生人交友的不确定性和风险性。

第二节 手机与友情:线下友谊的维系与延伸

六营青少年的同伴关系在乡村价值秩序的变迁、媒介影响、现代教育制度的介入下不再具有传统同伴关系稳固而长久的特性。现代学校将乡村青少年的同伴关系网络抽离于村落空间,而学校里频繁的分班调整让学生们不断面临同伴关系的解散与重组。手机淡化了同伴关系因分班带来的鲜明的时空割裂的顿挫感,将所有的同伴纳入网络空间中维系。只不过现实时空的割裂终将导致同伴关系的日渐疏离。当然在此过程中不断有新的同伴关系建立,并加入到网络空间中来。

同伴对青少年尤其是乡村青少年具有重要的意义。在生命历程中没有哪个时期像青少年时期这样如此需要同伴间的交流、分享、共同成长。对农村青少年同伴更具有特殊的意义,学校军事化寄宿管理和大班制让老师很难发现学生细微的情绪变化。父母常年在外打工无法满足青少年的情感需求。同伴在日常学习、生活中朝夕相处,更容易交流、分享成长的喜悦与烦恼。在面临孤独、沮丧、困惑、焦虑时,同伴能够相互给予温暖与情感支持,让负面情绪有效疏导。乡村青少年同伴关系呈现出鲜明变化,但同伴的地位仍是无法取代的。

一、我的"QQ"同伴:亲密关系的时空延展

在众多的手机功能中,聊 QQ 是被认为最为常用的功能。很多人表示,只要手机开机,QQ 就会保持随时在线。与其他功能使用保持同步进行状态,一边玩游戏一边聊 QQ,或者一边看影视剧一边聊 QQ,等等。微信在六营青少年中并不受到青睐。"大家都不用,我也就没用。""开始申请了一个,但没用,周围没人爱用啊。"(HHF,高二)同辈群体间的趋同让大家有了共同的选择。而手机短信因其按条收费不如流量收费来得经济

实惠,从一开始就不被六营青少年接受和采用。在深度访谈的 21 名六营青少年中,有手机的人均表示,手机 QQ 是同伴间交流的重要工具。在六营两所中学进行调研时,78.6% 的学生将 QQ 作为与同伴交往的重要渠道。

　　QQ 是乡村青少年的重要的通信工具。在调研中,与我的访谈对象约定访谈和确定联络方式时,所有的孩子都主动提供 QQ,而不是电话号码。① 将访谈对象加为好友后,我会通过 QQ 与访谈对象约下一次的访谈时间。他们基本都能及时地回复。② QQ 成为我田野调研中的重要渠道之一,为我提供了极大便利。QQ 空间同伴间的交流话题主要以学习、玩耍和情绪宣泄为主。"电话短信都浪费钱啊,俺订的学生套餐,送流量的……平时就是 QQ 上随便问问,瞎聊……商量一起上哪玩之类的。"(WHH,中专生)

　　假期里,我专设的"田野调研"的 QQ 空间甚为热闹,通过它可以观察到村里青少年和同伴们交流互动往来的过程。大家将各自的假期行程、心情、感想发至朋友圈,频繁与留言者互动,成为展示自我、同伴间互动的公共空间。上学时,空间里励志、情感宣泄的"说说"较多。空间成为同伴间相互增进了解,增加交流互动,增进情感的公共平台。日常互动加强了同伴之间的了解、认可及情感联络,成为线下同伴交往的重要补充。

　　"俺要加了谁就先看他的空间,就是看看呗……更了解些吧。"(SCQ,高一)

　　"每天早上起床、晚上临睡前都习惯刷刷空间,看看他们都说了些啥有意思的,看看我发的'说说'都有啥回复之类的,都习惯了。"(HHF,高一)

　　由于实行集中化教学,放假了大家都散落在各个村落,尤其是暑假,

---

　　①　村里的青少年经常基于各种原因更换电话号码,QQ 号不会发生变化,被他们认为是相对稳定的联络方式。

　　②　假期里几乎所有的孩子都将 QQ 调整成为屏幕提醒模式,只要有 QQ 信息就如短信一样,即时显现。

很多青少年前往父母打工的城市团聚。QQ 成为同伴间联络的重要桥梁。基于 QQ 平台的即时交流突破了空间限制,补足了较难实现的面对面人际交流。在 QQ 空间,多是晒出行、晒心情,与伙伴们在空间里高频互动。QQ 不仅为青少年同伴交流提供了新的渠道,也促进了同伴日常生活的把握与了解。不同时空终端的个体通过 QQ 互通有无,维系友情。

手机在实现空间拓展的同时也实现了时间的延伸。基于空间维系的同学、发小都有可能因为升学、搬迁等原因,很难再见面,而友情却让人难以割舍,关于青少年同伴的记忆总是难以磨灭。QQ 联络便成为同伴间相对恒久的联系方式。在 QQ 好友里储存不同时期的伙伴们,手机帮助不同时期的伙伴间完成情感维系。现实生活中,伙伴间的亲密关系更多地基于近距离的空间分享,远距离的时空分割给同伴交往带来的是生疏而不是美感。QQ 在一定程度上弥合了同伴间时空的距离。

"我最要好的朋友,初中毕业就上卫校了,但我们一直都用 QQ 联系,假期里有时还能约着见一面,感觉挺亲的……前两天见了,还是挺开心的,不过感觉大家的话没以前那么多了似的,不知道,也许我多想了吧,嗯……"(SXY,今年考入大学)

二、手机与同伴关系的建立与维系

保罗·莱文森(2004:78)认为手机将人类说话和走路两种方式整合起来,让人类的交流和沟通具有了前所未有的即时性和移动性。手机突破时空的特性让人们在人际网络中处于永远在线状态,手机号码与拥有者一一对应的关系让人们随时都可以找到要寻找的人,也被他人找到。青少年也利用手机的这一特性加强同伴间的联络。

如前所述,同学是乡村青少年中同伴的重要来源。每年的班级重新编排制度,让青少年不断认识新的同伴、与以前的伙伴被迫区隔开来,并不断更替。中国传统文化在人际关系上表现为人与人之间情感表达含蓄、保持分寸和适当距离。面对新伙伴的沟通联络的陌生与羞涩,手机的介入能够帮助乡村青少年很快能够建立起新的伙伴关系。"俺们班80多个人,刚开始大家都不熟。就先在'群'里聊后来才慢慢熟悉起来。"(LMC,高一)校园空间中的同伴关系,依然是遵循物理空间就近的原则,同宿舍、同位最先,也最容易建立起亲密的同伴关系。此外,手机是促成同伴关系建立与维系另一重要因素。

共同的话题是同伴间交往的重要基础,手机为青少年之间的交往提供了丰富的共同话题。手机的功能、设置、游戏闯关、电影情节、一部电子书等都是青少年乐于讨论的话题,甚至会因为不同的手机使用兴趣组成专属朋友圈。如果没有手机便失去了很多同伴间的共同话题和相处的机会。SFH是玄幻小说迷,他看过很多当下流行的玄幻和修真类小说,《花千骨》《神武八荒》《武道至尊》《仙逆》《修真世界》,等等。他在一个"花千骨"的玄幻小说粉丝群里,大家推荐书目,讨论故事情节,分享阅读体验。他经常会推荐给同样喜欢电子书的同学。"我给他们传,以后他们有好的也会给我推荐。大家都开心……在群里(QQ群)有人和我一起讨论我正在看的书,就会特别开心,觉得看书,追情节也不那么孤单。"在SFH看来共同的兴趣可以维持友谊也可以换来交换资本。推荐和给予的过程让他获得被同伴认可的满足。

同伴亲密关系是基于共同的时空建立起来的,一旦脱离的共同时空,手机就成为维系同伴关系的基本工具。放假脱离校园空间,就近的同伴搬迁脱离村落空间,如果没有手机,同伴关系便会随着时空的断裂而中断。

WDL刚刚考上了县城高中,但见到她时却闷闷不乐。前两天去学校拿通知书,顺道拿留在学校的书时,被告知因学校粉刷,书全部被老师卖掉了,其中还有几本没用完的日记本,这让原本家境并不富裕的她很是郁闷。原来,班主任一考完试就在QQ群里通知大家来取书,可是没有手机的她全然不知。最让她失落的是,班里同学组织出去郊游,在班级群里通知,她完全不知道。这些让她最终下定决心让父亲给她买部手机。她告诉我:"平时上课无所谓,大家都在一起,一到放假根本不知道班里同学和自己要好的同学在干什么。开始的时候有同学还打俺爷电话,①老是没人接,慢慢地班里有什么临时组织的活动,他们都不联系我了。"手机成为同伴间友情的互动往来的重要工具。

在 LMC 的帮助下,我成功加入他们班的群里。假期,这个群里格外热闹。聊天成为他们打发时间的重要方式。很多青少年一早一晚必打开QQ,刷空间,这已经成为习惯了。手机为乡村青少年提供了全新的同伴交流模式,交流内容延续了乡村传统基于"闲话"表述方式:"起了没?……吃饭了没?……这天热得没法睡……"闲话的形式也让他们亲近了很多。乡村传统交往与会话方式无意识地植入手机交往。

WDL 是接触访谈对象中不多的没有手机的学生之一。"班里有手机的同学,他们关系就会比较好吧,虽然上课紧张,平时放假可以在 QQ 上聊天啊,一起约着玩啊什么的。俺没手机,好多事情都不知道,班里组织的活动有些时候都错过了。"她说。我跟前的这个小姑娘好像因为没有手机而被同伴遗忘。性格内向的她也便顺从地接受了这个事实。在乡村中学生中,手机已成为同伴交往的基本手段,热衷于新鲜事物的青少年也乐于将手机作为重要话题,而因各种原因没有手机的同学可能游离于同伴交往方式之外。

三、小群体的手机文化标识

与 WDS 第二次约访谈时,我见到了他的朋友 YXW。发现他们两个人留着一样的发型。被他们称为"飞机头"。② 据说,他们 5 个玩得好的男生都留着这样的头发。WDS 觉得留一样的标志性发型能更好地和其他同学分开,并能说明他们兄弟几个人的亲密关系。

---

① WDL 家唯一一部手机是一部陈旧的直板 NOKIA,相当于家里的座机。平时就放在堂屋供桌边上,没人随身带。我在联系她访谈时,打这部手机很难打通,唯一一次接电话的是她的奶奶,告诉我 WDL 去学校了。

② 是当时村里中学生中流行的发型。鬓角两边剃得很短,头顶头发较厚。

在青少年中不乏这样的同伴小群体,有学者认为青少年小群体是自发的基于共同的兴趣、爱好和发自内心的心理认同而紧密团结在一起的小群体(谢锐,2007:45-46)。这种小群体具有鲜明的排他性,也具有较好的亲密关系。他们往往会借助身边的一切事物来标识小群体的独特性。统一发型、着装、用具、言谈、举止,等等。手机在青少年中的普及让小群体多了一个展示友谊,强化归属感的符码。

WDS 告诉我班里有些要好的女生会用一样的手机挂件,一样的屏保或背景、一个系列的手机保护壳等。这些手机外饰或内饰成为小群体的统一标识,也成为小群体反映个人喜好、表征小群体间亲密关系的载体,是她们亲密关系的象征。这些统一群体标识也能促进同伴间的心理认同与亲密感,使同伴关系进一步强化。

在传统村落空间中,乡村青少年不可能像城里孩子那样通过时髦装扮、丰富的文娱彰显自己的个性。手机为他们提供了小群体文化标识的载体。WDS 和他的小群体除了发型一样之外,他们用了大致相同的 QQ 名,都是符号化的用户名。有小伙伴建议,其他人也觉得新奇、个性,就都跟着换了,同伴们保持了一致。他和同伴的 QQ 名分别是:"·""……""@""&"。WDS 觉得这样很酷,能够彰显他们小群体的凝聚与个性。除此之外,他们之前还用过一个系列的动漫头像。后来因为用的人太多了,就弃用了。凡此种种都在划定群体的标识,同时也加强了同伴间的认同。

正值青春期的他们渴望自主、独立。他们在使用手机的过程中,不仅发挥其通信娱乐功能,并将手机作为彰显个性,圈定小群体的载体,各种趋同性的表征,进一步加强了同伴间的亲密关系,促进心理认同,并以此来彰显自己获得的友谊。青少年在网络空间寻求小群体的文化符号标签,展示脱离于乡土传统的个性。现代性对乡村社会影响日益深刻,在青少年身上体现尤为明显,而乡土文化的延续性很难给青少年提供自由表达、彰显个性的机会与渠道。手机网络为乡村青少年颠覆乡村秩序,实现自我解放与表达提供了难得的出口。

第三节　手机与情感陪伴:友情与早恋

随着青少年身心的发展,其来自同伴的支持与依恋在认知、情感、人格以及行为健康发展和社会适应能力中发挥着重要作用。同伴是青少年满足社交需要、获得社会支持、安全感和亲密感的重要来源。同伴之间建立起来的亲密关系,能够相互温暖与慰藉,减少青少年时期心理变化带来的焦虑、不安,促进安全感的发展。已有研究表明,青少年与父母之间的依恋关系平稳下降并逐渐让位于同伴依恋,实现个体化(雷雳,伍亚娜,2009:81-86)。但同时,大多数青少年则仍然需要父母的关注、支持和建议。然而六营村的大部分青少年,从小就处于留守状态,一直无法从父母那里获得足够的关爱、支持及心理安全感的获得,更需要同伴间的友谊和情感支持。

一、手机:最亲密的同伴

发展心理学(雷雳,2013:199-200)认为亲密是青少年友谊的最重要的特征。青少年会认为最亲密的同伴是可以分享自己的秘密、分担困难,理解自己,随时听自己的想法和感受的。这种亲密的同伴关系需要青少年努力寻找并尽心维持才可能获得。手机随时跟在身边,不离不弃,无条件地分担忧愁、分享快乐,排遣孤独、打发闲暇时光。它已经成为乡村青少年枯燥学习生活中最亲密、最忠实的伙伴。

同伴在青少年的生活中占据重要的位置。但现实生活中基于各种条件的限制,同伴之间的交流只能借助手机来实现,从某种意义上来讲,手机成为青少年最好的倾听者。在校园空间中,紧张的学习日程安排让同伴无法充分交流。月休回到家中,空间距离的隔离可能成为同伴间交流的障碍,手机便成为青少年最亲密的伙伴和最佳倾诉对象。

　　SCX 从进入高一开始,就养成了用手机记日记的习惯。由于学习压力大,有时心情不好,又不方便和同伴倾诉的情况下,便会选择记日记。"因为俺们学校晚上熄灯早。睡不着,心情不好的时候,就用手机写日记,写出来,心情好一些。"很多青少年都有在 QQ 空间发说说表达心情。他们默认听众的存在,在空间中诉说、表白、发泄,等等。无论是否有人参与互动,"说说"如同面向同伴的诉说。任何情况下,手机就是最好的聆听者和记录者,不受时间和地域的限制,以宽阔的胸怀接受各种表达与诉说。是否有人回应都已经不再重要,表达和疏解的过程更让人愉悦。

　　六营青少年们在 QQ 空间的表达与诉说主题多种多样:

　　"终于,在期盼下,下雪了,在夜幕下,雪花覆盖了家乡的和谐大地,魅力的下山村显得分外妖娆,家乡最美丽的地方,无论我走多远,变得多富,我心中最牵挂着,这个地方,因为我是商城人。"

　　"不会再做什么,为了下一年,拼一拼。"

　　"明年的今天……明年的今天……我?额,很有信心的我,在现实面前顿时觉得有点压力了;每个学生起早贪黑十多年的,就在这么短短两天就给了段(断)了。这就是现实。"

　　"老爸,节日快乐。"(父亲节)

　　"坚持走完这条路……不到尽头,绝不放弃。"

　　"会考后,我们就是高三了,压力真大,也终于可以体会到与战友们一起考大学的乐趣了。"

　　(以上均源自"田野调研"QQ 空间)

　　除表达与诉说之外,手机还是宣泄不良情趣和排解压力的渠道。对于农村青少年来讲,巨大的学习压力与父母长期在外,让其在青春路上的痛苦、迷茫和彷徨,只能求助同伴的开导。在遇到不如意的时候有同伴让你宣泄、帮你排解是有助于青少年身心健康发展的。手机提供的分享交流的公共平台及其娱乐休闲的功能是帮助青少年宣泄与排解的有效渠道。QQ 空间已经成为青少年抒发心情、表达决心、释放压力的公共平台。

例如:

"迷茫了!今后要怎么办!烦!"

"我承认,我很失败,失败透顶,要变强,强起来,逆袭。"

"今天考差了已然成为过去,明天好好考,加油!"

"真烦啊,有这样的人吗,谁来救救我……"

(以上源自"田野调研"QQ空间)

面对困难时表达与抒发是有效解药。随身的手机,随时都可以向这位"同伴"表达不满、抒发郁闷,而不用受到时空的限制,担心它爱不爱听。手机让情绪的宣泄更加简便、直接而没有压力。

手机本身的娱乐功能也能帮助人们疏解压力,是宣泄心情的最佳方式。WDS说每次在学校被老师批评,心情非常不好的时候,就会选在晚上躺在床上戴上耳机听劲爆歌曲。这样心情就能好一些。乡村青少年面对巨大的学习压力,手机的各种娱乐功能是帮助他们缓解压力、宣泄负面情绪、调节心情的方式。手机就像贴心的朋友一样随时跟在身边,在人们不快乐的时候,穷尽能事,帮助人们舒缓心情、排解压力。

同伴间的相处是最为放松的状态,亲密关系让他们经常会通过调侃来放松心情。六营中学生的空间里中流行一条以手机为话题的,调侃式的"说说"。里面出现了"我""手机""你们"在不伤害同伴情感的情况下,调侃自己和同伴,让每个人都放松心情。

"每天看你们发说说,我都好羡慕。你们长得又好看,还用智能手机,又有钱,朋友也多,整天讨论一些好像很厉害的东西,随便拿个东西都顶我几个月的生活费,我读书少,又是乡下来的,没见过多少世面,所以我只能默默地看着你发,时不时点个赞,这样好像可以假装和你们很熟,真的,心好累,好了看不说了,别人催我把手机还给他,我要去喂猪了……哎。"(源自"田野调研"QQ空间)

调侃是朋友间重要的相处方式,起到娱乐和放松的作用,增加了同伴间的话题,加深了情谊。

二、友情互动、情感陪伴

前文已提到发展心理学认为,在青少年遇到困惑与挫折时更愿意向同伴倾诉而不是父母。手机为同伴间的交流提供了技术便利,而乡村青少年的同伴关系受到乡村社会人际交往逻辑变迁和校园时空的规制,呈现出临时化和浅表化的特征,为了获取心理平衡,他们需要一个表达、交流、互动的平台。手机能够迅速地将不同时期的同伴聚集在一起,相对于传统的面对面交流的同伴关系,手机让青少年不同时空的友谊得到维护。

通信功能是手机最原初的功能,帮助远距离的人们实现了共时交流。手机号码与使用者一一对应,人们可以任何时候联系到想要联系的同伴或者被联系到。这就为身处不同时空的同伴间的交流提供了便利。六营青少年更愿意选择基于流量计费的符号互动方式。文本、图片、表情符号、声音、视频等越来越多地成为手机交流互动的主要方式。尤其是文本和各种符号的表达方式能方便、快捷、准确地传达即时心情。

"俺在 QQ 聊天的时候就爱用表情符号,简单啊……一个笑脸就代表很高兴;一个大哭的表情就代表很伤心吧。有些夸大了,但很有意思。"(SCX,高一)

手机即时的特点给同伴间的交流与互动带来无限便利,手机突破时空阻隔,将人们带入了线上的人际传播。在现实条件下,同伴关系受到空间的阻隔,给交流带来困难。即便是大家都在校园里,不同的座位、不同的班级、不同的年级、不同的寝室都会区隔同伴间的交流沟通。QQ 是乡村青少年重要的自我表达和同伴互动的平台。在"说说"里发布郁闷的心情,会收到伙伴们的安慰与开导。当身处不同时空的同伴遇到困难与挫折时,也会及时送上鼓励与安慰。

无论是文字还是符号的互动,最终实现的是情感的陪伴。一句简单的问候、一个开心的表情都可以化解同伴纠结的心情。平日里空间里的插科打诨、嬉笑怒骂,是同伴间交往的重要方式。尤其是对留守青少年,

手机帮助同伴间实现跨越时空陪伴与情感支持。QQ 空间的互动是体现手机促进同伴间情感陪伴的最佳观察场域

例如：

"开学了,同志们,好好学习与工作啊,让暴风雨来得更猛烈些吧,走了,祝大家学习愉快"评论:"加油!"(3 个)

我们一起加油!"生日快乐,一定要开心,幸福"评论:"啊,今天你生日,生快!""生日快乐""祝你生日快乐"……

"刚一到家就没电啦……"评论:"就是啊,咋每次回家都停电啊";"特无语";"哈哈"……

(以上均源自"田野调研"QQ 空间)

三、早恋:手机"红娘"

调研中很多老师告诉我,目前农村中学生早恋现象非常普遍,尤其是进入高中。手机帮助早恋学生突破了乡村学校的时间管理与空间区隔,进行情感联络。有学者认为"早恋"是当代中国的本土概念,指发生在生活、经济尚未完全独立,同时距法定结婚年龄尚有很长一段时间的青少年群体里的恋爱行为。(李学铭,1992:302-303)正值青春期的青少年,生理与心理发育逐渐走向成熟,对异性产生好感与爱慕是青春期的普遍情况。已有研究表明缺乏父母关爱、自卑心理、虚荣心理、从众心理都容易导致中学生早恋。农村中学生因父母长期在外打工,在家庭生活中无法得到父母充足的关爱,独自生活或者与爷爷奶奶生活的经历极易让他们产生内心的孤独和缺乏安全感,从而导致从异性身上获得相应心理补偿。

在访谈中,很多老师都认为手机为乡村青少年学生的早恋行为提供了极大的便利。因担心学生会分散学习精力,影响学习成绩,学校明令禁止学生谈恋爱。近些年随着留守青少年数量的逐年增加,亲情的缺失让他们需要更多的情感补足。同时手机的日渐普及,随身携带、跨越时空带来的联络便利为学生早恋行为提供了极大便利。

"现在一个班里百分之七八十都谈恋爱,很普遍。尤其有了手机之后,学生手机谈恋爱,老师很难发现,家长只顾在外打工,哪管得了这些。一次我们同事一个班学生谈恋爱被他发现了,为了让学生更好地将精力放在学习上,叫了两个人的家长,希望家长能配合管理。家长可倒好,把孩子的事情放到一边,两家大人聊的怪热火,当场高兴地结成了'亲家'。我们同事特无语,本来想让家长协助管理的,结果成红娘了。"(WDW,GM 高中老师)

手机和早恋在农村校园里同样具有私密性,也同样被学校明令禁止。早恋学生利用手机,维系与保持双方的亲密联络,而不受空间的阻隔。手机网络即时互动,无声交流的特性和资费低廉的优势让其成为在学校的禁令下"秘密"使用的首选。

虽然学校命令禁止学生恋爱,学生的恋爱的行为在手机的掩护下显得更为隐蔽,但在同学间是空开的秘密。他们除了利用手机的即时通信功能相互联络、维系情感之外,还会在 QQ 空间这样的公共平台,进行青涩的爱情告白与互动。

"既然闯进我的世界,参与我的现在,没有我的允许,不准许你擅自离开,致我最在乎的人。"

"相遇是命运的偶然,相识是缘分的安排,相知是生活的撮合,相爱是灵魂的醒悟,相伴是心的托付,一生相伴是彼此的回报。"

"也许有一天我们都会犯错,我们要约好,在吵架的时候告诉自己,错误是短暂的,错过却永远遗憾。"

(以上均源自"田野调研"QQ 空间)

乡村青少年进入高中阶段后有很多留守学生家庭教育缺位,学校以考试、成绩为导向,无视学生情感发展。在青春期发展的关键节点缺乏有效引导,会面临潜在风险。手机有可能是这些风险的助燃剂。乡村青少年极其需要关于婚姻、家庭、情感相关知识的引导与关爱。

本章小结

手机的迅速普及给乡村社会及六营青少年的同伴交往方式带来巨大改变。从空间上看,青少年学生更倾向于选择与自己日常生活比较接近的同学或者离家近的伙伴。六营青少年几乎所有的时间都是在学校度过,逐渐疏离了村落中离家近的伙伴。即便是放假在家,更多的青少年愿意"宅"在家中玩手机。在校园里,军事化的封闭管理,严苛的校园管理制度与时空规制,让青少年在校园空间中也无时间进行同伴交流。手机帮助青少年实现跨越时空的互动和交流的同时,也成为乡村青少年在清苦的学习、生活环境中的最好的同伴,帮助青少年放松身心,排解负面心绪、释放学习压力。手机也为同伴间的交流提供了丰富的话题。

六营青少年特殊的留守语境赋予了手机更为丰富的意涵。发展心理学认为在幼儿和童年时期的孩童渴望得到父母的关爱,并形成对父母的依恋。进入青春期的青少年逐渐从对父母的依恋转向对同伴的依恋。六营的大部分青少年从小父母便在外务工无法获得充足关爱,导致亲子关系疏离,亲情缺失。步入青少年阶段后,更加渴望得到同伴的友情,形成同伴依恋。手机为六营青少年提供了同伴间交流、沟通、互动的有效平台,帮助他们建立、维持伙伴关系,形成亲密互动。

青少年时期的同伴交往是其未来人际往来和社会化的演练。乡村语境中的手机使用在帮助青少年实现了同伴的沟通交流的同时,逐渐将乡村青少年隔离于乡土人际交往秩序与规则之外。乡土社会中的人际交往格局是基于"熟人社会"的稳定的、长久的、基于"地缘"而建立起来的人际交往模式。六营青少年作为乡村新生代,在城市化进程带来的乡村社会变迁、现代教育机制与媒介技术等多重因素的作用下,逐渐摆脱了乡土传统的交往模式,呈现出临时的、浅表化、陌生化的交往特征。手机参与其中将青少年同伴交往拉至线上,在促进同伴间联络的表象下,进一步区隔着原本已脆弱的同伴关系。六营青少年假期更多时间是在家里,玩手机或者电脑。即便是和同伴聚在一起,也是"在场的离场"状态,聚在一起玩手机。手机在乡村青少年中普遍使用进一步加剧了乡村社会人际交往格局变迁,并呈现出全新的人际交往特征,预示着未来乡村社会人际交往的基本模式与样态。

第七章 手机与乡村青少年的文化认同：
网络语境中的乡村边界

　　手机已全面介入六营青少年的日常生活。手机改变了乡村青少年的家庭空间边界，并呈现出传统代际关系的转变；突破乡村校园时空对身体严苛的规训，在一定程度改变了师生关系、教与学的过程；帮助乡村青少年扩大朋友圈，拓展同伴联络的时空。从未有过任何事物能像手机一样如此全面而又深刻地改变着乡村青少年的日常生活及交往模式。但任何媒介技术的作用都是在其特有的社会情境及个人的"生平情境"①中发生的。社会剧烈转型及人口移动迁徙给乡村居民带来现代性的身份焦虑，成为人文社会学科研究的重要话题。农民工（曹晋，2009）、新生代农民工（朱善华，2006）、城市务工子女（熊易寒，2008）等人群的身份认同问题成为社会科学、心理学、政治学等学科的交叉研究范围。学者们将被迫离开乡土，进入城市生活后而产生的文化认同的冲突与矛盾作为关注重点与重要研究议题。

　　从小在六营长大，从未长期离开过的乡土的青少年，在现代教育体制和迅猛发展的媒介技术的"培育"下，逐渐建构起对城市的"文明""现

---

　　① 舒茨认为，个体自童年时代开始就通过自身的经验与父母、朋友、老师的言传身教获得应对各种事件，生存所需要的各种知识。他们是个体理解社会现象、采取相应社会行动的基础。由于个体是在特定社会环境条件下哺育起来的，因而他具有特定的性格、动机以及宗教信仰和意识形态，由于这些经验和知识的构成的经验储备具有鲜明的个体特征，舒茨称为个体的"生平情境"。

代"与"发达"的憧憬与想象,和对身边"传统""封建""落寞"的乡村文明
厌倦与背弃。如果说六营青少年在电视的光影中还留存着乡土情境的记
忆,那么手机作为村落空间中具有现代性表征的异质文化,将割裂乡村青
少年对乡土情境的体验与记忆。"离开农村,走向城市"成为多数青少年
的梦想,为此他们比城市同龄人多付出成倍的艰辛努力。在传统与现代、
乡土与城市、地方与全球的现代性矛盾与冲突中给乡村青少年的文化认
同带来无限冲突与张力。文化与身份认同成为乡村青少年手机文化诠释
始终绕不过去的议题,也是诸多相关议题的最终指向。

第一节　乡村青少年的文化认同:"我属于哪里"

文化认同(culture identity)是群体对文化倾向性的共识和认可,表现
为对相应文化的归属意识。亨廷顿(1996/2010:6~7)曾指出,不同群体
通常以他们认为最有意义的事物来回答"我们是谁",通过"祖先、语言、
历史、价值、习俗和体制来界定自己",并以某种象征物作为标志来表示
自己的文化认同。文化认同是形成"自我"建构并形成自我同一性的重
要过程。同时埃里克森(1985/1998:2)认为2~18岁的青少年处在自我
同一性和角色混乱阶段,也是建立自我同一性的关键性阶段。① 即确认
"我是谁,我从哪里来,将到哪里去"。正值青春期的青少年对周围世界
有新的观察与思考,他们逐渐从父母的依赖关系中解脱出来,在与社会的
接触过程中逐步认识自己及其文化归属。埃里克森(1985/1998:2~3)认
为,这种自我认识的同一感有助于青少年了解自己以及了解自己与周遭

---

① 埃里克森将人的社会心理分为八个阶段:婴儿前期(0~2岁)获得本体安全感和
信任感,克服怀疑感;婴儿后期(2~4岁)获得自主感,克服羞耻感;幼儿期(4~7岁)获得
主动感,克服内疚感;童年期(7~12岁)获得勤奋感,克服自卑感;青少年期(12~18岁)
形成角色同一性,防止角色混乱;成年早期(18~25)获得亲密感,避免孤独感;中年期(25
~50)获得繁衍感,避免停滞感;成年后期(50以后)获得完善感,避免厌恶感;青少年期
是自我心理建设与完善,形成同一性的关键阶段。

环境的各种关系，顺利进入成年期。他认为个体人格同一的形成是青少年时期的挑战性任务。青少年只有通过寻找自我、肯定自我才能达到同一性认同，否则会陷入认同危机，并可能将此危机带入成年期。

一、整体视域下文化认同

文化认同是"对人们之间或个人同群体之间的系统文化确认，使用相同的文化符号、遵循共同的文化理念，秉承共有的思维模式和行为规范"（崔新建，2004）。在此意义上，文化认同不仅仅是一个单纯的个人心理发展过程，也反映了个人与群体、个人与社会的关系。这是一个复杂、渐变的过程，它会随着人们心理状态的变化以及社会历史情境的变迁而发生调整与改变。因此，面对文化认同不仅要考虑特殊的个体心理因素，也要将当下具体社会结构与情景纳入考察范畴。

身份认同是个人文化认同的重要组成部分，是最能反映一个人或一个群体对某一地方归属感的重要文化现象。身份认同一方面是天生的，另一方面是后天的，取决于个人在成长过程中影响到自己身份认同的社会、经济、文化、政治等环境。这是社会中心认同范式的基本预设。① 该范式将身份认同分为自我与社会两个方面，强调社会情境对个人存在和意识的决定性作用。将认同的研究视角从个体的微观层面，拉至宏观的社会对个人身份的塑造的力量，突出经济、政治、文化、社会、历史、权力的决定性作用。有学者（陶家俊，2004）对国外研究成果进行了系统梳理后认为，认同是哲学领域的重要议题，马克思曾指出生产关系是阶级身份的关键因素，社会存在决定社会意识；弗洛伊德认为人是在超我与自我矛盾的心理层面实现他与社会现实的认同，社会约束力与本我的"力比多"相持不下；阿尔都塞认为身份认同是社会文化与具体情景赋予的，社会身

---

① 关于身份与文化认同形成的关键因素的争论长久存在于文化身份认同的研究中，与心理学范式强调个人身份认同的内部心理过程与反应不同，社会中心认同范式强调社会对个人身份与文化认同的重要影响与作用。

份、地位、阶层由不得自己选择。以上先哲们都曾将社会情境纳入认同的核心机制,并起决定性作用。因此我们在探讨文化认同时不妨将其纳入社会中心认同范式。

现代社会从本质上讲是不断变化与不确定的、充满矛盾与冲突的,认同危机(identity crisis)是现代人的标志性危机。针对现代社会的身份认同问题吉登斯最有发言权。吉登斯所述的现代性认同危机产生于现代资本主义语境下。这里我们可以借鉴其思路与概念,因为吉登斯的"现代性"几乎等同于工业化的世界,是现代社会或文明的缩略语。吉登斯(1990/2000:18-32)认为现代性具有三种动力性机制:时空分离、脱域和反思性机制。其中时空分离是最关键的动力机制,打破了传统社会时空对应机制,对现代时空秩序重新规划。而脱域让社会关系通过时空穿越,从彼此互动的地域关联中脱离出来。现代性反思呈现出不同特征,它被引入系统再生产的每个环节中,使思想和行动总是处在连续不断的相互反映过程中。在上述动力推动下的现代性社会给个体的生存环境带来了巨大变化,时空的跨越及脱域的考验,让人们不得不及时地对自身进行反思与总结。但不断变化的社会情境与时空组合让人们很难形成对自我身份相对稳定的认同,最终导致了现代性语境下的自我身份认同危机。

鉴于上述,在对六营青少年文化认同考察时,要考虑到青少年所处的转型机制下六营村的生活境遇与所处社会历史情景,同时也要清晰地认识到在现代性语境下对六营青少年认同带来的变化与冲突。

在身份与文化认同的复杂机制中,"我者"与"他者"之间的复杂互动与比照是获得相对身份边界的重要途径。人们可以通过与"他者"文化的比照来确定自我文化的边界,并通过他人的评价来形成对自我的客观认知与文化认同。在庞大的社会网络系统中,只有与"他者"建立比照,在彼此对立的关系中获得自我身份与文化范围的确认。"他者"是"我者"存在的基础和意义,没有"他们"只有"我们",认同也就失去了意义。在现有的文化认同相关研究中,对"他者"体察与关切是基本视角,并形成各类议题。男性与女性、地方与全球、城市与农村等都是基于"我"与

"他"的比照而形成的身份边界与文化认同。当然"我者"与"他者"的文化边界并不是僵化不变的。文化是发展的,文化认同也是一个动态过程,随着文化的变化,认同也会发生变化。当弱势文化面对强势文化时,往往形成对强势文化的认同。六营青少年对城市文化的认同与向往便是上述最佳体现。

自我同一性的建立是青少年阶段重要任务,他们在特定的历史情境与社会语境中,在与成人、同伴以及"他者"的比较、参照、模仿中逐渐形成自我及群体文化认同。乡村青少年,因其所处地理位置及年龄阶段的特殊性本应成为关注群体而却往往被忽视。在现代社会城市化进程和媒介技术冲击下,乡村青少年对城市充满无限想象与憧憬并对乡村生活厌倦与背离,形成了对"他者"文化的强烈认同与向往,和对乡村文化的极度不自信。现代性和全球化的到来让"他者"和"我者"的关系日渐复杂,自我和他者不再具有明确界限的情况下,只有在对话、交往与混合中不断重新定位与调整。乡村的现实语境与城市化浪潮的不可抗拒地加剧了乡村青少年关于"我者"与"他者"边界的调整与改变,使文化边界更加模糊。

二、媒介技术与文化认同

早在 20 世纪 80 年代,英国文化研究中媒介技术的认同研究转向,将电子媒介技术给全球化语境下的受众带来的文化认同的冲击与新的可能,给予了充分关注。金玉萍(2011)认为 1980 年以来,英国文化研究呈现出技术转向和认同转向,将大众文化的电视媒介技术纳入研究领域,把电视的使用与不同受众实现自我身份及文化认同相结合,将阶级、性别、年龄、民族、种族等权利关系作为重要研究指标。全球化浪潮及媒介技术带来的"脱域"的试听感官体验,冲击了国家和区域文化的封闭性,影响着民族国家认同的同时也冲击着地方文化认同的建构。电视媒介把本地、全国、全球连接起来,使人们足不出户就可以与外界风云变幻的信息保持联系,人们可能通过电视跨越时空建构自己的"想象共同体",制造认同,或者通过手机或网络建立虚拟的"网络共同体"。媒介技术为文化身份认同与构建增添了更为复杂的向面。媒介技术及其内容更可能形成很多不同的认同方式,寻找媒介技术提供的认同空间和受众所处的社会文化情境之间的联系,是我们把握这些认同方式的重要路径。媒介技术与认同的关系成为一个备受关注的领域。

维克多(1999/2006:94-95)认为媒介使用本身日渐成为一种认同的仪式,通过仪式,使人们从原有的社会结构中暂时脱离出来,经历一系列仪式活动,然后重新聚合到社会结构中,经历这一仪式的主体,无论是个体还是群体,都将获得意义明确的权利和义务,以及稳定而反复性的文化认同。也就是说,现代媒介技术,让个人与群体跨越空间区隔获得短暂的关于身份与角色的权利义务体验之后,让既有文化认同进一步巩固和加强。电视作为大众文化消费的重要仪式性媒介,是传播政治意识形态,倡导的主流文化和价值秩序的重要工具,也是培养民众国家认同、民族认同的重要途径。与此同时,电视通过各种符号,不断刺激着人们的物质欲望,形成消费群体的识别,制造着各种消费认同、时尚认同。手机则跨越时空,帮助人们建构亲密关系,在网络空间的基于"趣缘"的互动与自我呈现中,建构起具有后现代表征的自我认同与亚文化群体认同。

凯尔纳(2001/2004:9-10)认为媒介在塑造有关世界和最深刻的价值观念,为创造认同提供了丰富材料的同时,也为认同危机埋下了隐患。信息全球化的趋势让媒介受众体验到了极为丰富的全球流动的媒介产品。多样化的媒介体验让受众形成了选择与认同的困难。多样的文化体验和不断更新的价值理念冲击着本地文化,割裂了本地传统文化的延续感。让人们在媒介建构的虚拟世界与现实物理空间之间艰难取舍与选择,甚至有可能在冗杂的信息冲击与具象现实之间迷失自我,很难确认"我是谁,我属于哪个群体"。尤其是对那些享受着现代媒介技术带来的纷杂的信息,而却身处一隅的乡村青少年更易造成文化所属的迷失。

三、"我属于哪里"的困惑：乡村里的新生代

正如纽曼卡斯特(1997/2003：3-7)认为，人们无法一般性地并抽象地讨论不同的认同是如何建构的，由谁建构的，结果如何，因为认同是由人们所处的历史、地理、生物、生产再生产制度、集体记忆、个人幻想、权力机器等社会脉络内化形成的。青少年所处的现实语境让六营青少年城市与乡村、现代与传统间摇摆不定，呈现出身份认同的困惑、焦虑与迷失。

要讨论六营青少年的文化认同，必须看周围环境以及普遍的文化价值体系对他们的塑造和影响。地处偏远山区，由于人均耕地面积少，80年代初实行家庭联产承包责任制之后，并未带来经济条件的好转，很多家庭仍处于贫困线以下。六营村的长辈们对曾经的贫苦记忆是难以磨灭的。20世纪80年代到90年代SDB在村里开代销点，在村里生活不算差。现年74岁的他还清晰地记得，当年每月收账后，卖掉收来的鸡蛋、稻子，才够买4两肉，拿回来连肥带瘦炖熟给小儿子打牙祭，而其他几个姐姐只能站在一边眼巴巴地看着。贫苦的生活给人们留下了许多苦涩的回忆，"赚钱、改善生活"成为人们的共识。进入千禧年之后，大量人员外出务工给家庭生活逐渐带来转机。城市的现代、财富与舒适明亮的生活与乡村的落后、贫穷、低矮的土坯房形成鲜明的对比，但城乡二元体制的限制让他们无法获得在城市生活的资本与身份。他们只能寄希望于自己的孩子，通过好好学习，走出农村，改变自己和家庭的命运，青少年逐渐将父母的期望内化为自己的动力与使命。

六营的WDW，毕业于国内一所211本科院校数学专业，2013年毕业时没能在城市找到一份稳定工作，便离开所在城市返回农村，现在是GM高中的数学老师。在这所高中里的年轻教师的人生轨迹基本是在外地上学毕业后，迫于各种现实压力回到家乡考编做教师。而农村中学封闭、枯燥、繁忙、单调的工作让这些曾经在城市生活过的年轻人极度不适应，常

常在一起抱怨,但却又没有勇气放弃"红口本"走出去。① 每周学校都要求班主任给班里学生开班会。WDW 说,多年来老师们最常用且最有效的激励方式的就是告诉学生们,农村孩子只有努力学习,才能有机会走出大山,改变命运,改变身份。一代代的教师们用相同的方式去激励后辈的同时也是在完成自己没有完成的"城市梦"。

　　除了老师、父母对城市生活的描摹与介绍,借暑假之机到父母所在城市对城市有短暂亲身体验与认知之外,六营青少年对城市最早和最频繁的接触与体验来自电视。通过人际传播、亲身体验、大众传播这三种方式建构起对城市的认知与想象。一直以来父母与老师为乡村少年儿童勾画出关于城市的图景与想象,希望唤起孩子们对城市美好生活的憧憬与向往,并成为其学习的动力。父母外出打工让青少年有机会走出乡村来到城市,切实感受到的城市生活也许并不如大人们描述的那样美好,但城市仍是他们的向往之地。WDL2016 年夏天是在北京过的暑假,城管收掉父亲煎饼摊的经历让她记忆深刻。虽然城市给她的感觉就像是北京炎热的夏天,从户外走进冷气十足的商场里让她感觉备感不适。但她还是下决心希望能通过上学正正当当地走进城市。

　　文化认同是个人心理体验,是社会历史与现实情境共同建构的结果,乡村青少年的文化认同在社会转型期给乡村带来的剧烈冲击与变革中,变得更加的复杂、多样与不稳定。现代合法性的主流意识的教育与宣传,加之城市的繁荣表象让正处在自我认同时期的青少年面对现代性"魅力"毫无抵抗能力,乡村的日益萧条与没落让年少的他们迫不及待地希望早日脱离乡土。

---

　　① "红口本"在当地的意思就是正式的、有保障的稳定、拿国家工资的工作。如教师、公务员之类。是否"红口本"是当地衡量工作好坏和人生的价值高低的重要标准。

第二节　青少年与乡村文化：
断裂与城市取向

从心理学层面来讲个人的自我认同危机往往发生在个人成长的关键时期，影响到个人未来发展，青少年是自我身份认同的关键时期。"对一个整体的社会而言，文化认同危机也会在关键时期出现，这种危机隐含着新的社会重组的可能性。"（赵旭东，2008：315-316）乡村文化认同是建构在乡村社会整体性基础上，但这种基础被世界范围内的现代化的全速进程彻底瓦解，支离破碎。手机作为极具现代与后现代性双重表征的媒介技术在城乡迅速风靡，成为信息时代现代与后现代的重要代理和表达方式。① 手机在偏远村落的普及加剧了乡村现代语境下多元文化纠葛的复杂局面。

一、乡土文明代际传承的断裂

自 20 世纪 90 年代起六营大量青壮年劳力外出务工给这个贫困的山村带来经济上的转机的同时，也给乡土秩序与价值观念带来了现代性冲击。但世代相传与沉积下来的传统的乡土价值文化秩序并没有轻易改变。在六营留守在乡村的老人们尽量保留着传统的习俗与交往模式。外出务工的大人们虽在城市谋生但仍对乡村存留着深深的眷恋与思念，保存着对乡土伦理习俗的尊崇与敬畏，因为他们知道，最终他们是要回到乡村的。但他们的子女则不同，从小接受现代标准化的课程教育，电子传媒技术伴随其成长，他们希望能离开农村，而现代教育和媒介技术的催化可

---

① 郭镇之、吴玫认为手机作为当代中国最具有影响力的传播媒介，其文化影响是复杂的，它是在完成"现代化"使用的同时塑造着"后现代"。

能导致乡土文明的断裂与流失。

多年来,乡土文明及伦理秩序主要通过代际传承。费孝通(2012:34)认为,乡土文化与文明是社会共同经验的积累。而传统乡土社会是"生于斯,死于斯"非常安定的社会,人们不常背井离乡,而且每个人居住的地方基本是其父母之邦。人们在熟悉的地方一代代繁衍生息,祖先的经验必然是子孙们的经验。在这稳定而同质的乡土社会依靠记忆与语言,便可将全部文化在亲子间传授无缺。长辈们通过言传身教的方式将乡土礼俗、价值秩序、文化伦理传递给后代,这些"地方知识"是个人安身立命、交际往来的乡土生存之本。然而这样的传承方式只是相对稳定封闭的传统乡村文化的传播特征。

在如今的六营村,人口流动成为常态,乡村边界不断拓展,"熟人社会"的乡土逻辑逐渐丧失,人们的价值观念也发生了巨大变迁。大部分父母常年外出务工,将子女留在村里,交由爷爷奶奶看护。亲子长年分离状态让父母根本无法尽到教养和文化传递的义务。而隔代抚养的爷爷奶奶们往往对孙辈溺爱,重养轻教。乡村的日渐空心化,让更多的文化礼俗也逐渐消逝或被人们轻视,而崇尚现代的经济理性逻辑。受现代观念的影响,六营父母并不过多要求孩子们参与家务,优秀的学习成绩是唯一要求。青少年失去了从父辈那里获得乡土文化代际传承的机会。

二、城市取向的乡村教育

王铭铭(1999:103-106)认为正规的现代学校教育出现在民族国家产生之后。传统社会的教育基本上是社会生活的一部分,社区的仪式和传统文化是教育的主要内容。在中国现代民族国家诞生之前的旧的学校教育体系没有统一的学制,无论官学还是私学,教育权利掌握在塾师手中,以经验为基础。故此,不同社区传统与地方知识可以得到延续与传承。民族国家兴起以后,产生的"国民教育"概念,导致全国统一的文化和知识取代地方传统知识。新式"国民教育"将教学纳入到全国统一、标准化体系中来。

　　费孝通先生的"文字下乡"就犀利地指出，这种统一化、标准化、专业化新式教育是中国现代化改造的表现，是对传统乡土文明依靠记忆与口头传承方式的改造。随着以工业化、城市化为主导的现代化建设推进，现代教育日渐普及并合法化。乡村中学生与城市中学生实行全国统一的标准化教育，让农村青少年的日常学习远远脱离于农村的生产生活。现行的标准化教材的重要内容就是培养学生对工业、城市和现代生活秩序的理解与适应。城市、工业化成了现代幸福生活的象征。农村学校的教育脱离了乡土的母体，将青少年从他们熟悉的乡土社会，带入了一个被歌颂、赞扬的现代世界，严重动摇了乡土的根基，进而摧毁了乡村青少年对乡村文化的认同。

　　在六营，对现代教育脱离乡土文化的最突出表征就是几所完全独立于乡村之外的全封闭的高墙学校，全村无论老幼都将"考出农村"作为个人成功与家庭幸福的重要指征。为了获取阶层流动和上升的机会，孩子们被封闭在校园高墙内，起早贪黑、奋力苦读，希望依靠时间、体力、精力的拉锯战赢得微薄的优势，殊不知这些用汗水拼搏出来的微弱优势早已被预设的城乡差距所消解殆尽。即便如此，一届届的学生，在个人梦想、家庭使命的驱使下，奋力拼搏，希望借此脱离农村，走向城市。

三、从城市的想象到城、乡空间掌中切换

　　六营村 12 至 18 岁的青少年的童年是在电视的陪伴下度过的。[①] 他们对电视光影中城市的高楼大厦、车水马龙充满了无限的想象与憧憬，同时被媒介技术所描摹的绚烂城市文明的图景完全征服。电视在很大程度上参与了乡村青少年对城市的想象，勾画出了关于城市的基本图景。少

---

　　①　20 世纪 90 年代末，电视逐渐在六营村普及开来，看电视迅速成为村里重要娱乐休闲方式。

年儿童关于城市的基本想象或刻板印象是与电视传播密不可分的。媒体中建构的关于城市的镜像成就了乡村青少年对城市的想象。(胡翼青，2010:17-20)

"在电视上看到那些城里人的住的啊、吃的、生活啊啥的都觉得可新奇、可羡慕……还有就是当时觉得他们说普通话很洋气……反正就是希望以后自己也能过那样的生活呗……可俺觉得城里人不如俺们这人好……"(WL,高三)

2010年之后手机的普及，让六营青少年第一次自主拥有现代媒介，并让他们实现了现代网络体验。村落空间的手机成为文化紧张与冲突的表征，这些紧张关系包括传统与现代、乡村价值与都市规范等之间的冲突。他们把手机看作是现代、时尚的象征，在手机使用中体验了城市价值观念、现代交往模式与现代消费理念。手机让身居乡土的乡村青少年有了现代网络生活的认知与体验。在海量的现代化、城市化和全球化取向的信息中颠覆了乡村青少年仅存的乡土记忆与价值理念。

第三节　遗忘与向往：城市与乡村的文化选择与身份界定

作为西方文化研究重要概念，身份认同是个人对特定文化的认同。在庞杂的社会文化体系中，每个人都存在于特定的历史文化语境中，在与"他者"比照、互动过程中，来确立自己的文化归属和认同。在传统的乡土社会，安土重迁，人们世代生存于此，人口流动小，赖以生存的土地资源很少变动。在这种稳定的代际传承的环境里，人们不但可以信任自己的经验，也可以信任祖辈的经验。这种基于礼治秩序、长老统治、"血缘"和"地缘"为纽带的稳定的乡土社会建构了牢固的文化认同机制。然而城市化、工业化强调变化、速度、效益打破了乡土封闭、稳定的文化秩序。现代媒介技术的普及将偏远的乡村也纳入到全球化信息网络体系之中。乡土社会及文化秩序产生剧烈变迁,原本稳定牢固的文化认同体系被无情打破。

现代化社会中的人们不可能再像传统社会中自然地延续祖辈文化,对自我文化身份产生恒久认同与肯定。在多元、杂糅、变动的文化样态中,人们在对"我者"和"他者"的不断的肯定与否定中艰难选择。因此,文化与身份认同在更广泛的意义上主要是指某一主体在强势与弱势文化之间进行的文化与身份选择,由此产生的强烈的思想动荡和巨大的精神磨难成为其显著特征,可以概括为一种焦虑与希冀、痛苦与喜悦并存的主体体验。吉乐瑞(1997:126,转引自陶家俊,2004)将这种现代语境下的独特身份认同为混合身份认同(Hybrid Identity),在一定程度上也代表了现代化进程中的六营青少年文化身份认同与焦虑状况。

一、手机与村落里的现代生活:心理、体验和行为

城市是现代性的产物和标志,而媒介技术这一现代性表征发源于城市,并在城市现代生活中扮演着重要的角色。与传统的农耕文明的封闭、稳定的生活状态不同,城市快节奏、高流动,海量信息快速流通并能够便捷获取。手机满足了人们随时随地获取信息,自我表达与展现的需求。手机是现代城市生活的重要象征,表征着城市社会的生活方式。在现代化推进中急剧变化的传统村落,也呈现出人口大规模流移和现代化特征。在偏远的六营,大量的外出务工者不仅带来了家庭经济结构和水平的改观,也将诸多现代性表征与观念引入乡村,其中手机便是村落中重要的现代性表征。每个青少年都有着他的"城市梦",手机则成为当下现代生活方式的最现实可得的体验与满足。

(一)手机带来的城乡"无差"的心理

现代性极具裹挟力量,将乡土社会纳入变革的体系中来,但乡村社会的发展与城市社会的发展相比始终处于边缘和从属地位。这种地位的差

异不仅存在于客观物质世界,同时也存在于人们的心理认知,乡村居民对自身的现代性评估呈现出心理式微。然而手机在乡村青少年一代中的普及在一定程度上弥补城乡心理差异的"鸿沟",帮助他们建立起了技术自信和城乡信息平等意识。"差别?……好像没有吧,城里学生有的,俺们也基本上都有。新闻、游戏啥的俺们不也都看都玩。想买啥东西的,俺们好多人都会用淘宝。"(YXW,初三)YXW与六营其他男生一样,并没有传统概念中农村青少年的羞涩、内敛等标签性特征。虽为留守青少年,但穿着和城市青少年并无太大差异,白色印花 T 恤、深蓝色窄腿 9 分裤,人字拖。性格开朗、思维活跃。他的很多日用品都是在淘宝上买的,也会主动在网络上获取信息、休闲娱乐。在他看来,手机带来了城乡无差别的技术体验和信息服务,面对同样的网络服务、海量信息、无差别的应用,城里的青少年和他并没有多大差别。

（二）现代娱乐与消费体验

近年来,村里大人和孩子们常常会感叹或抱怨,过年越来越没意思,年越来越淡了。早些年,村里老少期待的舞狮、社火、庙会早已不见了踪影。乡村社会大量人口外出务工,老、妇、幼常年留守的现实让乡村社会逐渐走向空心、凋敝与衰落。乡村青少年成长于乡村传统文化缺失的环境中。在强势的现代文化的冲击下,乡村社会传统精神内涵和文化逐渐丧失吸引力的同时,现代社会的文化理念迅速入侵。手机作为乡村社会中最为普及的现代表征,成为传递现代文化的主要载体。

乡村文化主体性缺失,让乡村青少年失去了乡村传统文化熏陶机会和对传统娱乐游戏的兴趣,现代文化形式轻而易举地席卷了乡村社会。现代媒介技术带来的多彩视听冲击和交互式体验成功取悦了乡村青少年。手机以其移动、便携的特质迅速取代了电视的地位。娱乐是青少年使用手机的主要用途。在六营村的假期里,很多青少年"宅"在家中,在各种手机娱乐功能及内容中切换、狂欢。尼尔·波兹曼面对现代媒介文化产业的繁荣警惕地指出，文化娱乐化是导致文化衰竭重要根源之一。①
他（2009：132-138）认为在现代社会中媒介成为传递文化的重要载体，周
而复始的娱乐内容将剥夺人们的主动性和反思批判力。波兹曼对现代都
市文化的警示同样适用于我国现今文化断裂的乡村，现代媒介既是传承
文化的载体，也是消磨另一种文化的利器。在乡村传统文化价值体系日
渐解体而新的价值文化体系尚未建立之前，媒介技术带来现代文化及娱
乐形式介入乡村文化，进一步加速乡村传统文化价值体系的瓦解与断裂，
阻碍了青少年形成乡村传统文化延续性认同。

此外，乡村社会中青少年的手机消费将现代消费社会价值理念嵌入
乡村社会。乡村青少年的手机的购买与使用体现出现代消费社会的基本
逻辑。乡村节俭习以为常的父母们面对孩子们购买手机的要求，一般都
会先让用二手手机。即便经济条件允许的情况下也会选择在升学、生日
等重要日子购买手机。父母们倾向物美价廉、更为实用的手机。而青少
年更考虑外观好看、功能强大等因素。WDL 因家庭贫困没有手机。她考
上县城高中后，希望父亲给她买一部触屏智能手机，否则她选择宁愿不
要。六营青少年对手机强烈的消费欲望最终都会落实。鲍德里亚
（2008：116）认为现代社会的消费是一种符号性消费，符号消费导致商品
需求更多的是消费者的消费欲望而非真实消费需要。手机的需求完全是
现代消费社会所建构出来的消费欲望。同时现代消费社会的符号消费特
征赋予了消费者解读商品符号象征意义的多种可能性。六营青少年的手
机已不仅仅是通信工具，被赋予了更多的文化意涵。"现代""时髦""紧
跟时代潮流""酷""新潮"……成为乡村青少年对手机附加意涵的解读，
在他们眼中，手机更像是能够表现自己现代性或紧跟潮流的宣言。

---

① 尼尔·波兹曼认为有两种方法导致文化精神的枯萎，一种是奥威尔式的——文
化成为监狱；另一种是赫胥黎式的——文化成为一场滑稽戏。而在现代民主社会，奥威
尔式的预言更能引起人们的警惕，而赫胥黎的预言在现代媒介技术下更容易实现。"最
终毁掉我们的不是我们所憎恨的东西，而恰恰是我们所热爱的东西。"

（三）经济理性

面对近些年来工业化、城市化给乡村社会带来的巨大冲击,传统乡土社会建立在熟人社会价值基础上的亲情、族里和乡邻的情感交往关系逐渐发生变化,传统乡村的伦理文化秩序被逐渐建立起来的经济理性和现代契约伦理所取代(张婷婷,2013)。村里父母们简单地认为只要提高家庭经济条件,最大限度地满足孩子物质需求就是家长的终极职责,只要给孩子配备手机便弥补了夫妻双方不在孩子身边的情感缺憾。乡村社会价值变迁及理性交往让乡村青少年的人际交往模式呈现出现代经济理性倾向,并在青少年的手机购买与使用中体现。

我家亲戚的一个小孩,年龄和我差不多大,他有一个PSP,但借给同学玩被老师收走了,同学给他300块钱,他加一点,买了一个手机,玩了几个月以后,他缺钱,就100块卖给我了,这部手机一直陪我到9年级(初三)……(《我和手机的故事》,匿名作文)

极具现代消费特征的手机在乡土语境下的人际交往中呈现出,脱离"熟人社会"的人情交往原则,具备现代社会的经济理性特征。这一方面是由手机的与乡土传统秩序相悖的现代消费特性决定的,另一方面是在现代乡土社会变迁与媒介技术共同作用下,乡村青少年交往模式呈现现代经济理性取向。

二、手机的偏向与乡村文化遗忘

加拿大著名传播学家哈罗德·伊尼斯(1950/2013:4-5)发现,媒介变革与传播的进步,并不一定带来文明的进步与繁盛,而恰恰相反,在很多情况下,技术的进步,由于固有的"传播的偏向",往往造成文明内在生命活力的退化与瓦解,最终使文明一蹶不振。伊尼斯将人类文明传播活动倚重的媒介分为"时间偏向"媒介和"空间偏向"媒介。"时间偏向"的媒介是质地较重、经久耐用的媒介,如羊皮纸、石头、黏土等,有利于宗教的传递和帝国的持久稳定；而"空间偏向"的媒介，如莎草纸、现代的报纸、电报、广播等，轻便难以保存的媒介，有利于帝国的扩张但难以持久稳定。照此划分，以手机为代表的现代电子媒介，因其便于携带、跨越时空的传播特性展现了其"空间偏向"的特性。伊尼斯强调文明的传承依赖于时间和空间的平衡，如果扰乱了时空平衡，将导致文明的断裂或危机。在文明传播过程中如果过分倚重空间，会导致文明的内外失衡，导致强势阶层对弱势阶层、强势文明对弱势文明，现代文明对自然生态的掠夺、摧残和奴役，这不仅导致生态危机与社会危机，更成为各种文明停滞、动荡或衰落的主要原因。现代化语境下的媒介技术过分倚重空间扩张，形成城市文明对乡村文明的殖民与奴役。手机作为新兴的媒介技术全面影响乡村新生代的文化与观念的形塑与建构，加速了现代"城市文明"对乡土文化的改造和重塑。乡村青少年沉迷于手机网络空间切换，而忽视残存的乡土传统的线性传承。

　　去年农历大年初三，WL 的妈妈约了他三姨一起去附近的甘什店（庙宇）去敬香许愿。因前一天得到她们的邀约，我一早便来到 WL 家。因为 WL7 月份要高考而且是第二年复读，妈妈希望他今年能"走运"，一早便让他收拾穿戴好一起去，坐在火盆边，边看电视边玩手机的他却极不情愿地嘟囔嫌太远。在妈妈的软硬兼施和众人的催促下，WL 终于与我们同行。六营到甘什店没有大路可走，只能步行，横穿田地、跨过一条小河、翻越沙丘、高高低低的大约一个小时的路程。女人们挽着篮子，篮子里装满了爆竹、纸钱、灯罩、竹签、蜡烛等，路上不时遇到同去敬香的人。一样肩扛手拿大包小包地拿着各种礼敬物品，埋头赶路。WL 两手插在棉衣口袋里，和大人们保持着不远不近的距离。敬香时，站在一旁观望的 WL 显得很不自在，一直远远地插着口袋站在一边。回来的路上，刚下甘什店的小沙丘，WL 看了下手机，嘟哝着表示后悔跟来。

　　与城镇周边的农村不同，地处大山深处的六营村虽然受到现代化的冲击，但在中老年这一代中，乡村核心习俗仍得到留存。例如：每年过年，大年二十九每家的男主人都会带领全家在家中举行祭祖仪式；正月十五都要返乡上坟、点灯、祭祖等。在走访中多数男孩子表示，父母叫怎么做就怎么做，但不会主动学习祖辈们的礼俗，很多孩子认为这些礼俗是封建迷信。

费孝通先生（2014:30-31）认为文化是依赖象征体系和个人记忆而维护的社会共同经验。在封闭的乡土社会，乡土文化与价值秩序是依靠记忆传承下来的。只有当社会环境时常变动，人们感到记忆力不足，才需要借助外在象征，如文字来传承。社会转型的大背景给乡村社会带来剧烈变动，人们需要借助外在象征延续记忆脉络。近些年来，六营村里一些大的姓氏开始集资修订族谱，方便身处城乡不同时空的家族成员寻根问祖，延续记忆。在村落空间中，具有空间偏向的各类电子媒介深入到乡土社会的日常生活，媒介的城市话语霸权帮助乡村居民勾勒对城市的想象和对现代生活的体验。媒介技术与现代教育给乡村青少年呈现出种种现代性的合法性与正确性导向让他们失去了对传统乡土文化延续的信心，不自觉地将自己隔离于传统文化之外。

三、无奈的制度身份限定

建构主义认为个人的身份认同是被社会建构的。各类媒介技术尤其是手机为乡村新生代展现了不断变化的现代物质生活方式和现代文化魅力。加速了乡村青少年对乡土传统的遗忘，和对现代生活的认同与向往。这是现代化语境下，社会结构变迁和主流文化与意识形态建构的结果。文化与身份的建构是以社会分类为前提的，这种分类既有上述的社会文化的分类，也有人为的、政策性的制度性分类，为个体身份的建构与认同确立边界和内容。制度性身份的划分主要为社会分层提供"合法性"的依据与认同，为社会分类提供心理与文化支撑。

备受诟病的城乡二元分割的户籍制度，造成了国民制度性等级划分。在这种制度下，农民被当作一种身份，一种社会等级，一种生存状态，一种文化模式及心理结构（王亮，2010）。农民即便脱离乡土或失去土地，其固有的身份与角色也很难改变,并深刻影响着农民对自我身份的心理认知。对于乡村青少年来说,这种制度性的身份划分带来的最直接影响是对个人教育权利的限定。父母外出务工,乡村青少年留守家乡求学的现状一方面是父母基于经济成本的考虑,最主要是农村户籍学生在城市接受教育的权利被无情限制。入学困难,高考受限让青少年留守成为多数农村家庭的无奈之选。

在村民意识中,户口簿上"农业户口"是对其农民身份的圈定,给他们带来极度的不安与自卑,尤其是在有了外出务工经历后更是如此,而现有的城乡二元的户籍限制并不能因为其身体的流移而转变身份,更不能获得城市居民的基础保障。现代的政治、经济、文化体制既给乡村青少年带来了对城市的憧憬与向往,对现代生活方式的肯定与认同的同时,又通过各种制度性手段强化着乡村身份。在现代化、城市化进程中的六营村,乡村新生代的身份认同无法进一步延续父辈的乡土记忆,心向城市与现代,但又无法轻易摆脱制度身份的限制。

第四节　手机网络中的自我建构：
网络语境下的乡村边界

霍尔(转引自乔治·拉伦:1998/2005:192-194)曾指出"只要不同文化的碰撞存在着冲突和不对称,文化身份的问题就会出现。……身份要成为问题,就要有个动荡和危机的时期,既有的方式受到威胁。"在现代性的冲击下传统村落面临着前所未有的文化冲击与震荡。这种文化震荡在乡村青少年的认知与行为上体现得尤为明显。现代性的"魅力"毫无悬念地让乡村青少年无比倾心。六营村里几乎每一个青少年都有自己的"城市梦"和对现代生活的憧憬。来自亲身体验或网络中城市的相关信息,让村里的青少年隐约感受到了城市现代性的弊端,"空气不好""人很冷漠,不热情""东西太贵"……现有社会制度设计的缺陷和乡土的生平烙印,让他们在乡村文化断裂语境下努力确认着乡村身份边界。他们在城市与乡村、现代与传统之间摇摆。从某种意义上说传统与现代性可能只是一种纯粹的概念上的区别,从经验主义角度提及传统与现代社会的严格划分是不现实的。也就是说在现实的经验世界并不是简单的现代与传统、城市与乡村或者取代与被取代的简单二元划分,而是呈现出更为复杂的文化认同与身份建构的样貌。

社会建构理论认为人的身份不是先验存在和固定不变的,而是特定历史和文化的产物,是社会和话语共同建构的结果。人们在交际过程中建构彼此的身份,获得彼此身份的区别与认同。手机在乡村社会的普及是现代性对传统村落冲击的重要表征,乡村青少年是手机通信与网络功能的深度使用群体。"除了上课、学习之外,剩下的时间几乎都在玩手机。"(SCQ,高一)成为他们日常生活状态的描述,QQ 是他们日常手机使用最频繁的应用。他们通过 QQ 及其空间实现日常人际交往、互动、自我呈现与建构,是考察乡村青少年现代语境下自我认同与建构的绝佳平台。

一、网络空间自我呈现与认同

全新的网络媒体传播环境让传统的单向度的受众随时可能变成了内容的生产者,霍尔曾经针对传统媒体的传收模式提出了受众对媒介文本的编码/解码理论,面对新兴媒体的传收平权,逻辑解释乏力。据此,英国学者 Abercrombie 与 Longhurst(1998:81-82;转引自黄鑫:2013)于 1998年结合新媒体的传播特征提出了观展/表演范式(Spectacle/Performance Paradigm)。该理论范式在原有受众理论范式的基础上,将受众在媒介消费行为过程中展现与建构自我形象纳入研究范畴,成为新媒体语境下,对霍尔编码与解码理论的重要补充。现代社会是观展社会,所谓观展就是"看与被看","观看凝视/公开展示"的双重意涵。即日常生活中的受众在直接或间接观看他人表演的同时,自己也可能成为被观看的对象。面临留守生活带来的情感缺失及日常繁重的学习压力,乡村青少年将 QQ

视为重要的自我呈现与身份建构的平台。

（一）自拍：美化展示

对乡村青少年来讲，手机最大的功能之一就是照相。因为在手机出现之前，村里没有自由拍照的设备。只有在特殊需要或重要的日子才会精心梳洗打扮后去镇上的照相馆照相。孩童记忆中的照相无异于很神圣的仪式。而手机的普及让这一"仪式"日常化。在他们的 QQ 空间中上传的照片主要有三类，乡村自然风景、日常生活随拍记录、自拍。其中日常生活记录和自拍都是自我展示的重要形式，而自拍占据重要比例。大部分女生的自拍喜欢使用美图"修饰"技术。

自拍是自恋的表现形式之一，Abercrombie（1998：81－82；转引自黄鑫：2013）认为自恋是观展/表演过程中重要的心理根源，自恋的重点在于自我，通过受众反射出的映像让自恋者建构自我。在观展社会中，所有观众幻化为一面面能够照见自己的镜子，想象着在观众的注目下用心地表演，并积极建构自我。

（二）说说：点滴记录与自我检视

"说说"是对日常生活点滴的记录与情感表达，它是传统日记形式的新媒体表达，是自我建构方式之一。通过这种内心独白式的表达与同伴互动交流，增进了解与彼此认同。这种表达方式原本应是具有一定的私密性的自我认知与剖析，一旦形成网络媒体的表达，便在表演的基础上形成了网络世界的自我建构，进而影响到周围同伴对表演者的认知与评价。

下面以访谈对象 LMC 的 QQ 空间 2015 年 3 月—4 月的部分"说说"为例。[①]"开学了，高中最后一学期，不紧张没压力，那是在开玩笑，心中忐忑，有太多未知，无论如何，尽力无悔吧"；"有谁能懂我，又有谁能理解我?"；"明天终于回家了"；"我真是倒了八辈子霉""每天都是新的开始，

---

① 引用该部分"说说"已征得访谈对象同意。

我可以重新来过";"我在争取,结果未可知……";"开始给自己打上一个大大的问号";"终于可以回家了……"

上述"说说"有情感表达、情绪发泄、虚拟对话等。很多人认为心情不好时可以借助"说说"发泄一下,这样大家都来关心或安慰,心情就会好很多。同伴知道最近心情状态,也会对自己言行表示理解。有开心的事情也可以借助"说说"分享。这些"说说"都是围绕着乡村青少年日常生活展开的,主要表现在情绪表达与发泄、日常心情记录、自我检视与督促等。这些情感的表达,一般直接呈现在公共空间中,周围人能够轻易走进其内心世界。呈现者借助网络公共平台展现自我、建构自我,进而获得自我的认同,并希望获得他人的认同。

(三)转发:群体文化认同与建构

转发是 QQ 空间中的常见的间接表述方式,也是自我身份建构的重要方式。在自我认同与建构过程中,人的自我建构与认同也依赖于他人对自己的再认。转发行为是表达对他人的认同,同时"被转发"是被他人认同与肯定的过程。在群体认同边界的划分中,形成网络空间的自我建构。

这里以 LMC 的空间为例,在他转发记录中能够清晰地发现他文化价值认同脉络,及自我建构的模块。在他转发行为主要分为三类,第一类是对偶像身份的认同。他于 2011 年 4 月在空间中有转载记录至今,在他的空间经常转发中国军网传媒中心、中国特种兵、中国军网的军营主题的配图文章共 7 次。最近一次转发是中国军网的《绝不放弃》的文章,并配发说说"这就是军哥们"。第二类是基于亚文化认同的爱好呈现。透过空间转发发现他是一个汽车发烧友和游戏玩家。空间里有各种各类炫酷汽车贴图 284 张,转帖手机游戏截屏图 27 张。第三类是从众式群体认同呈现。此外,还有一些零星的关于星座运势、祈福、节日问候等。这些转发内容建构出了转发人的爱好、性格特征、文化价值取向等。这也促成了相似个体的聚合形成小群体的文化认同。

（四）调侃与戏谑

近两年来在村里青少年的 QQ 空间中流行围绕手机和网络为主体的戏谑式留言和转发。经常出现在对他人"说说"的评价与回复中。具体如下：

我在农村,没网络没 Wi-Fi,为了赞你这条"说说",我走了几十公里的山路来到镇上,脚上磨起了许多豆大的水泡,鞋子也开胶了。本来想把家里的苞谷卖掉几十斤,在镇上坐车到城里的网吧赞你这条"说说"的,无奈的是,今年收成不好,种的粮食只够家里吃,所以我只好在镇上的砖窑里打工,挣足路费。从砖窑搬一块砖到拖拉机上只给一分钱,为了 100块的车费,我搬了一万块砖,十个手指头都磨出了鲜血。你说你也是,有事没事老发什么"说说"。

每天看你们发"说说",我都好羡慕。你们长得又好看,还用智能手机,又有钱,朋友也多,整天讨论一些好像很厉害的东西。随便拿个东西都顶我几个月的生活费,我读书少,又是乡下来的,没见过多少世面,所以我只能默默地看着你发,时不时点个赞,这样好像可以假装和你们很熟,真的,心好累,好了不说了,别人催我把手机还给他,我要去喂猪了……唉。

（以上源自"田野调研"QQ 空间）

手机打破了乡村封闭的时空,让乡村青少年将身份边界范围扩大到城市与乡村的等级范围,形成鲜明比照。在上述两条说说中,以手机为话题形成了鲜明的城市、乡村;城里人和农村人;发达与落后的隐性对照。乡村青少年关于对自我身份夸张式的戏谑与调侃是在现代性冲击下乡村青少年对自我身份焦虑体现的抵抗式表达。从小接受现代教育和媒介浸染的乡村青少年很难完全认同乡土文化,同时又不被城市接受,他们用夸张的自我戏谑和调侃的方式在表达反抗情绪的同时也难以掩饰当下他们身份归属的尴尬。作为弱势文化群体,他们通过自我解嘲的方式寻求自我保护与认同,实现群体的"狂欢"。既有对自我身份夸张性戏谑,也表

达了对手拿手机,貌似具有现代表征的同伴及自己的讽刺与调侃。是对
"他者"——城市的不认同的隐喻。在自我矮化的同时也戏谑了"他者",
通过幽默的方式来表达了情绪与身份认同上的不安与焦虑。

　　埃里克森(1985/1998:2)指出,自我认同与身份建构是青少年时期
的重要课程,而不同的社会发展阶段为青少年自我认同提供了不同的空
间和场域。网络空间的兴起为人们的自我身份的认同与建构提供了新的
平台和方式。手机在乡村青少年日常生活中的普及与深度使用,让 QQ
空间成为他们自我呈现和身份建构的重要平台。而网络空间的开放、自
由让人们通过多种途径和方式自我呈现、自我建构、自我确认。在空间中
他们通过自拍、转发、说说、戏谑等途径宣泄情绪、抒发情感、展现自我、维
持心理平衡,再对自我进行编码与展现,将自我与他人区分开来,确认自
我存在感并完成自我塑造与呈现,同时也在努力寻求群体文化归属带来
的安全感。

二、网络互动中的乡村边界:网络中"地缘" 的交往逻辑

　　身处乡村的青少年可以通过手机网络游走于全球,完全突破了传统
社会空间的界限。麦奎尔(2006:94-96)用时间和空间维度来分析媒介
与文化认同的关系。认为不同的媒介对认同的形成、持续或退化都会造
成不同的冲击。民族性、地方性的媒介能够促进持久的认同和文化自主,
而全球化媒介则对流行文化现象产生较大的影响。不同媒介在文化上的
影响力必须视媒介及特定时空而定。媒介文化认同的时间维度在前文已
做论述。在媒介与文化认同的空间向度上,作为现代表征的手机在传统
村落空间普及带来的文化冲击可想而知,村落中的手机无限延展了乡村
的空间。然而,六营青少年并未在无边的现代网络中自由驰骋,而是选择
借助手机媒体实现着乡村边界再圈定。

　　网络空间的虚拟特性让人们有机会根据自我意愿建构理想中的身

份。QQ 是六营青少年最常使用的手机应用,通过对调研对象的 QQ 空间的考察发现,他们在 QQ 的身份建构中延续了现实的人际构成与交往逻辑,在现代网络空间中圈定或强化现实身份。具体体现在真实的地域身份的描述、基于现实的好友圈两方面。在"田野调研"群中的好友身份描述中关于"地区"这一栏中。64 人中有 49 人标注的是真实地址"河南信阳",其中有 16 位学生在"学校"一栏填写了真实的"GM 高中"或"GG 中学"。这说明乡村青少年通过网络划定了自我身份的区域,说明大部分人对其出生、生长的地区具备基本的地域认同。

乡村青少年网络朋友圈体现了乡土传统交往逻辑与格局。在调研过程中村里大部分青少年表示,QQ 里基本都是认识的人,没有或者很少有陌生人。只有个别男生表示会有因玩游戏结识的陌生网友。为更好展开调研,在加这些孩子为好友时发现,64 人中有 53 人都设置了"好友验证"。在征得允许的情况下我看了 WDS 的好友分类情况为:亲戚(6 人);家人(3 人);同学(26 人);七年级(4)班(21 人);朋友(8 人);学生会(5人);八年级 2 班(13 人)。他告诉我在朋友这一栏里有两个是打游戏认识的陌生人,平时不聊。通过这个分类可以看出他的 QQ 好友几乎是现实朋友圈的网络复刻。在解释较少和"陌生人"聊天时,"没话说""说不到一起去""没意思"为主要原因。乡村青少年手机网络"朋友圈"基本延续了乡土社会基于"地缘""血缘"为纽带的人际交往组成。

文化具有相当的持久力和延伸性,并不会因媒介技术而轻易发生改变。手机虽然全面渗透并重构了青少年的日常生活实践,但手机带来的改变可能更多的是形式上、初级的、短期的变化,而相对稳定牢固的乡土价值层面的文化认同,不会轻易发生变化,已经具备了媒介使用能力的乡村少年将手机网络纳入原有的文化体系中来,为己所用。

三、网络语言中的地方认同:地方方言

语言是社会的产物,是社会现实的有机组成部分,不仅是人们认识世

界、理解世界的工具,也是人们建构社会身份、社会关系的重要工具。人们通过与自我身份意识相关的描述和解释,或通过具体语境中的事件描述来理解性地建构、维系、增强自我的身份意识。在与他人的互动中随时随地的建构自我身份(项蕴华 2009)。此次田野调研的主体访问工作都是访谈对象家中展开,访谈对象都主动使用地方普通话与我交流,平时他们一律使用家乡话。在现代城市话语体系为主导的网络空间中,他们会根据所处的环境对语言和表述方式进行调整和切换。

六营青少年的网络交往空间更大程度上是基于现实空间的延伸,在QQ 平台的互动中自然且无意识地使用方言。通过考察"田野调研"群互动和好友动态互动发现,在好友日常互动中日常交流中方言词汇以同音形式高频出现,是当地青少年网络语言表达的典型特征。在群互动和空间中粗略整理了经常出现的方言表述:"我同恩雪"(我跟你说);"斗白"(行不行);"怪俏吧"(漂亮);"俺们班……";"学校有人白"(学校有人吗?)"小胖,n 们在哪哪?"(你们在哪啊);"阔以白"(可以吗)。

很多人认为用老家话聊天感觉很亲切,是不自觉的使用行为。YXW认为如果有人普通话表达在手机上聊天,大家会觉得这个人"拐文儿"(音;装腔作势的意思),所以在网络空间中大家会约定俗成地用地方话表述。网络方言的使用是青少年对地方文化认同的重要方式,也是建构群体身份,形成群体身份的重要标志。在群体的影响与感染下,强化了个人对地方文化身份的确认与建构,也得到了群体归属与安全感。

乡村青少年在开放的网络空间中,通过个人网络互动交往边界的确认及方言的使用,构成了全球化、城市化网络语境中的地方身份建构。吉登斯(1990/2006:78-79)认为安全感是大多数人对自我认同的连续性以及对他们行动的社会和物质环境的恒常性所具有的信心,是一种对人和事物的可靠性感受。乡村青少年在网络中进行乡村边界的再确认和方言的使用来获得日常生活的连续感和可靠性,在手机带来的全新的、快速变化的、信息冗杂与开放的网络环境中寻求属于自己的安全感与身份认同。

本章小结

梅罗维茨(1985/2001:31-47)认为,电子媒介最根本的作用不是通过内容来影响人们,而是通过改变社会生活场景来产生影响。新媒介可能将社会场景转变成具有新的社会行为模式、情感和信仰的社会环境。手机在六营的普及已经深刻地塑造了乡村新生代的生活及人际交往模式。以城市化、工业化为基本特征的现代化浪潮给乡村社会带来巨大冲击的背景下,各类媒介技术传递的与乡村传统文化相悖的现代价值观念和生活方式,将对乡村青少年的乡村文化认知与文化身份确认带来怎样的影响,是本章讨论的重点。

媒介技术对社会的影响无法脱离特定的社会背景,基于社会现实背景下的媒介技术讨论才有实在意义。现代乡村社会面临前所未有的社会变迁,乡村中坚力量外出务工,老、妇、幼留守村落,传统乡村价值的代际传承缺失。现代标准化的国民教育制度让乡村新生代从小接受与城市青少年无差别的现代化理念,现代媒介技术完全挤占了乡村青少年的业余时间,并传递各种城市化现代化讯息。乡村新生代虽身居村落但从小就接受现代观念的洗礼,并形成了对现代城市生活的憧憬和向往。

伊尼斯(1950/2013:4-5)指出人类传播行为所倚重的媒介呈现出"时间偏向"和"空间偏向",而人类的传播活动只有克服媒介的偏向既不过分倚重时间,也不过分倚重空间,才能达到文化历史传承的平衡。手机是典型具有空间偏向的媒介。它能给人们带来跨越时空的"脱域"体验,让乡村青少年游走于城乡时空的切换中,而乡村文化更偏向于时间的线性代际传承。此外,手机给乡村青少年带来的前所未有的快速、即时、交互的娱乐体验方式让青少年失去了对传统的以神话、故事、传统仪式活动为载体的传统乡村文明的兴趣。作为现代表征的手机在一定程度上加剧了原本已有裂隙的乡村传统文化的传承。

　　现代化的合法性推进,加之其本身的魅力让乡村青少年无法抗拒。但任何人的认同无法完全脱离其"生平情境"。因此,在乡村新生代呈现出向往并崇尚现代文明的同时,努力寻找乡村属性的安全感。在手机使用过程中,他们徜徉于手机给他们带来的跨越城乡地域和文化边界的快乐体验的同时,又在努力寻找让他们感觉更加亲近与安全的乡村边界与归属。吉登斯(1990/2006:78-79)认为个人的主体安全感来自文化的延续性。任何人和社会不可能完全摆脱弱势文化,完全投入强势文化的怀抱。乡村根本的文化价值及肌理是乡村居民的基础沉淀,不会因媒介技术冲击及社会剧烈变迁而发生轻易且彻底的转变。文化的稳定性及延续性给相应群体化认同带来的持续的安全。

第八章　结论与思考

　　六营村地处大别山腹地,这个曾经贫困的偏远山村现代化、城市化的浪潮带来了经济模式的转变,并改变了村落的样貌。村里的中坚人口通过进城务工,也将现代的生活方式、消费模式带进村落。城市是他们这一代人的梦想,但大部分人都不能够实现城市身份合法化转变,也无人能摆脱对乡土的眷恋。在他们的努力下,六营发生着令人慨叹的变化:乡间小楼比比皆是,但却终年乏人留居,毫无生机;外出务工经济让人们逐渐摆脱了贫困,家庭经济条件改善却以透支亲情、弱化家庭基本功能和牺牲子代成长过程中的情感需求为巨大代价。六营的青少年一代成长于乡村社会现代变迁语境中,充满矛盾的村落空间里。与父辈们不同,成长于脱贫时代的六营的青少年一代,背负着父母们城乡身份转变的期望,从小接受标准化国民教育,成长于坐落乡村空间的现代式封闭学校,基本接受了现代国家的主流观念,并建构起对现代城市文明的憧憬和想象。城乡二元壁垒,让他们无法轻易实现身体的空间挪移,手机在全面渗透并重塑其乡村日常生活的同时,帮助他们实现了对现代城市多样生活的瞭望与初体验,为将会走向城市的他们奠定了现代性意识形态基础。

第一节　研究发现与意义

相对于以往的乡村传播学民族志研究,本研究在研究对象的选择、理论视角与框架都有所不同。本研究将乡村留守新生代的手机深度使用作为研究切入,以列斐伏尔的"日常生活"理论的微观视角,及空间理论作为研究叙述方式。将乡村青少年日常生活中的手机使用分别置于家庭、校园、网络空间中,围绕媒介技术与代际、师生、同伴三种权利关系的互构展开诠释性研究,并进一步探寻在媒介技术给乡村带来的传统与现代、城市与乡村、地方与全球的切换与冲突中,乡村新生代如何实现自我身份确认。

基于上述理论视角和框架的田野实践经验的收集与诠释研究,发现在特定时空语境下技术变迁与乡村文化价值体系之间的互构逻辑关系。本研究希望通过对乡村青少年日常生活手机使用这一微观视角,投射出社会转型期的乡村变迁与媒介技术的角色。任何关于媒介技术的研究不可能脱离现实语境,摆脱社会结构、文化秩序、价值体系而存在。六营村里老年人的"聚议"、妇女的电视、青少年的手机,不同人群对不同媒体的偏向是时代变迁的反映。青少年手机的深度使用,是乡村社会经济环境的转变,青少年教育背景和身心发展特质等多种因素共同作用的结果。与手机相关的代际关系、权利关系、交往格局的调整是社会变迁的反映,手机引发的村落空间中的各种现代性与后现代表征,是乡村现代化变迁中的新向面,而媒介技术并不具有决定性作用。

在六营村,对手机深度使用群体青少年来说,手机给他们日常生活带来的改变是显而易见的。以往必须通过身体的空间移动才能触摸到的现代与城市,手机让他们足不出户,随时可以连接到遥远的异质空间,通过无差别的网络讯息与服务充分享受现代媒介生活,这是单向度的文化意识形态主导的电视媒介所不能做到的。在村落空间中掌握外部讯息,获取文化资源都不再是难事,打破了乡村日常生活的时空边界。随之而来的是媒介技术赋予年轻一辈更多话语权及乡村传统的代际权威的调整;多元信息传播平台带来的师生权利关系的变化和同伴关系的现代化取向。不难发现这些变化更多体现在社会生活和交往方式层面的现代取向的改变,而深层的文化秩序延承不会轻易因现代技术的变革而消逝。媒介技术赋权无法改变乡村代际权威的舆论环境;手机信息传播模式给教师的权威带来挑战,教师威严也不会彻底丧失;青少年的手机使用的性别差异化是乡土传统性别价值体系的延伸,乡村青少年在现代多元文化的体验与网络媒介实践中,仍然努力从乡村文化逻辑中寻求带来更多安全感的乡村认同。现代媒介技术重塑了乡村新生代社会生活和交往方式,却不易撼动乡村稳定核心价值体系和认同机制。

国内乡村传播研究基本继承了外国传统,在发展传播学的预设下展开,得出的普遍结论是媒介技术对促进农民或农村地区的现代化、城市化,缩小"知沟",实现少数民族地区的民族认同和国家认同等。与此不同,本研究在通过对六营村青少年手机使用行为的考察后发现,媒介技术给乡村青少年带来的更多的是技术的"震惊"与娱乐狂欢。几乎所有的孩子将手机作为其娱乐休闲的工具,而很少有人主动利用其网络搜索功能,进行知识积累、开阔视野。智能手机的多种功能在他们手中基本限于影视、电子书、音乐、QQ 无线通信、短视频的使用。手机对于村落空间中的青少年是否具有使用价值姑且不论,手机给农村家庭带来的额外经济压力、同学间的攀比、与乡村社会消费的实用逻辑违背的现代性消费观念深刻地影响着乡村青少年。手机传递的现代表征与内容给乡村青少年带来的现代文化"震惊"让他们毫无抗拒之力,并迅速沦陷。原本处于乡村文化传承断层的他们将更多的时间和精力投放在手机上。手机作为现代化的表征,他们自发而又快速地吸纳了它所带来的现代消费和娱乐至上理念,成为他们逃避现实压力和未来困惑的途径。手机更大程度上是实现了技术、娱乐、消费层面的城乡互通,而深层次的"我者"与"他者"文化精髓的学习与传承却被自动屏蔽。因此,媒介技术无法消灭城乡的"沟墅"，却让乡村新生代处于"拔根"状态，嫌弃乡土文化，向往却又无法完全获取并接受现代城市文化。

因此，在特定时空中媒介技术所带来社会变化或革新均是基于该时空下特有文化价值体系的向面之一。即手机引发的乡村交往格局和关系秩序的变迁，实质上是乡村现代化进程中的表现。手机参与下的各种变迁更多地体现在社会生活交往方式，权利关系调整等方面，而乡村社会的核心文化价值体系和文化认同机制并未改变。具有现代和后现代表征的手机在村落空间的使用，是被乡村文化价值体系逐渐"驯化"的过程。

第二节　研究适用性、存在的不足及后续研究

中国地域辽阔，而不同区域的村落具有不同的文化特征和现代化进程。[①] 本研究所选取的田野地点六营村是基于个案的调查，不具有大范围的普遍性。她虽曾经也像中国西部或偏远农村深陷贫困，但市场经济和城市化迅猛发展让她在 21 世纪初迅速脱贫，为现代媒介技术在村落中的普及奠定了物质基础。与具有地理、交通优势的中东部大部分农村更为彻底的城市化不同，身处山区腹地的地理位置和悠久的历史，让她保持了特有的宁静与安逸的同时也让乡土文化价值秩序延绵传承。

六营村在现代化与城市化浪潮的波及下，成为现代与传统、城市与乡村多种向量交织、对抗的场域，该阶段的六营是现代化语境下中国农村发展链条上最关键的一环，充满冲突与矛盾，是进行乡村社会考察的绝佳场域。

在研究过程中由于时间和精力的限制，在对不同空间中的青少年手机使用展开考察与诠释时倚重访谈资料。而在民族志研究中，参与式观

---

① 贺雪峰在考察了中国乡村社会结构差异后，认为中国南方地区多为团结型村庄、北方地区多为分裂型村庄、中部多为分散的原子化村庄。

察是挖掘事件内涵的更有效路径。在对乡村青少年手机使用行为的文化解读与逻辑推演时展现了手机给六营青少年带来的各种现代性取向的变化,而对乡村文化语境下的手机使用的文化诠释有待突破。

为了更好地展开研究,本研究是基于特定时空的和群体的社会学研究。任何研究对象并非一成不变,这也为后续研究提供了方向。乡村青少年在步入城市空间中之后,手机将在其适应城市生活,拓展人际关系,展开社会交往起到怎样的作用? 在适应城市生活之后其乡村文化认同又会发生怎样的变化? 随之而来的手机使用方式发生如何变化? 与城市青少年有什么区别? 以此来探寻媒介技术参与下的人的文化认同与归属的发展逻辑与轨迹。在展开历时性研究的同时,可尝试进行不同群体间的比较研究。在研究方法上,尝试不局限于人类文化学的民族志研究,量化分析、心理实验等多种研究方法综合运用。

第三节　现实思考:乡土文化的主体性回归与传承

在即将结束第二次田野调研准备返城时,村里高三的学生们陆陆续续地接到了录取通知书。WL 在复读之后接到了河南省内的一所二本高校,在交谈中明显感受到他如释重负的轻松,但鲜见喜悦与兴奋,包括她的母亲。近些年来,随着高校的扩招,村里的孩子考上大学已不再稀罕,随之而来的是家长对他们就业和未来发展的担忧,可上大学是乡村青少年"农转非"的唯一捷径。WL 的大姐 2013 年研究生毕业后在城里无法找到一份安定的工作,回到 GM 高中做一名数学老师,而姐姐上学带来的大龄婚嫁问题又成为这两年家里的主要矛盾。想到城里高企的房价和日益空心化的六营,看到姐姐上学后的境遇,WL 觉得对自己的未来茫茫无目标……

在六营村,上学被人们普遍认为是实现身份转化的主要途径。十年寒窗苦读,换来金榜题名时,然而这并不一定能换来其阶层与身份的转变。然而现实是农村生源重点大学入学比例偏低,高职院校成为他们主要选择。《社会蓝皮书:2014年中国社会形势分析与预测》指出,我国农村家庭普通本科生就业最困难,失业率达高达30.5%,家庭的城乡背景对毕业生的就业机会有明显影响。此外,高房价、高物价会让农村学生和家庭背负巨大压力而很难在城市安身立命,阶层流动困难重重。日益空心化的乡村,也很难返回。从小接受现代国民教育,在现代媒介伴随下成长起来的乡村青少年被城市的残酷的生存逻辑击碎了他们的城市梦。未来的他们将不属于城市亦不甘心回归农村,"青春无处安放"。

中国社会是具有乡土基因的社会,现代化与城市化迅猛发展让人们快速奔跑的同时忘却了自己的文化归属。当城市面临环境污染、人口膨胀、交通拥堵等现代城市危机时,也许回归乡村是现代性城市发展和农村与农民的自我救赎之路。蒙德拉斯在20世纪60年代的《农民的终结》中宣布现代化导致了法国农村与农民的终结。然而二十年之后,他发现乡村社会逐渐复兴,人口流动逆转,并获得了罕见的生命力。

近些年国家出台了一系列关于推进农村建设与发展的规划、政策、指导意见等,但乡土的回归关键在于人的主体性回归。这是中国9亿农民寻求文化归属自洽,实现人们对乡土的眷恋与再认同的根本路径,也是帮助现代城市化发展面临诸多弊病与问题实现自我救赎之路。当然重新唤起农民关键是乡村新生代的乡土记忆、培育他们对乡土的依恋与归属是一个庞杂而系统的工程,既离不开社会文化环境、经济结构、新型城乡关系建设等宏观环境作为孕育土壤,也离不开乡村教育模式调整、乡土文化培育、自主经济发展等中观与微观层面的具体实施。以农民主体性回归为标志的乡土文化复兴任重而道远。当然,在此过程中人是社会发展的根本。无论身处城市还是乡村,认同现代城市文化还是乡土传统文明,实现自我文化归属与自洽最为重要。

附　录

附录一
乡村青少年媒介使用情况调查问卷及调研报告

乡村青少年媒介使用情况的调查问卷

你好,本问卷旨在调查农村地区少年儿童的媒介使用情况,用于科研调查,请您真实填写,感谢您配合作答。填写说明:请在下列选项中选择适合您的答案,并均为单选。如找不到适合自己的答案,问卷设计了"其他"可自行填写

一、个人及家庭情况

1. 性别:男　女

2. 年龄：　岁

3. 年级：　年级

4. 父亲年龄及学历：　岁;小学、初中、高中、大专及以上(请划勾)

5. 母亲年龄及学历：　岁;小学、初中、高中、大专及以上(请划勾)

是否住校生:是　否

6.父母是否常年在外打工( )

A.父母一方近些年在外打工　　B.父母双方近些年打工

C.父母均在身边

7.近一年来和谁一起生活( )

A.父母或其中一方　　B.爷爷奶奶　　C.独自　　D.亲戚

E.其他

二、媒介使用情况

1.你获取信息的主要途径是( )

A.电视　　B.广播　　C.网络　　D.书籍　　E.手机　　F.杂志

2.多种媒介关于同一信息的内容出现偏差时,你认为哪种媒介的信息更可信( )

A.电视　　B.广播　　C.网络　　D.书籍　　E.手机　　F.杂志

3.媒介使用时长调查(除寒暑假)

(1)你看电视的一周平均时间是( )小时

A.1个小时及以下　　B.3个小时　　C.5个小时及更长时间

(2)你一周课余时间用来阅读书籍、报刊的时长平均是( )

A.1个小时及以下　　B.3个小时　　C.5个小时及更长时间

(3)你一周用来上网的时长平均是( )

A.1个小时及以下　　B.3个小时　　C.5个小时及更长时间

(4)你一周用来听广播的时长平均是( )

A.1个小时及以下　　B.3个小时　　C.5个小时及更长时间

4.你与父母沟通的主要方式是( )

A.面对面　　B.固定电话　　C.手机　　D.不联系　　E.其他

5.你与同学及朋友沟通的主要方式是(　　)

A.面对面　　　B.固定电话　　　C.手机　　　D.微信、QQ 等社交软件

E.其他

三、电视使用情况

1.家庭拥有电视数量情况：(　　)

A.1 台　　　B.2 台及以上　　　C.没有电视

2.你经常与谁在一起观看电视(　　)

A.父母或其中一方　　　B.同学或朋友　　　C.家中老年人

D.独自一人

3.周一到周五观看电视频率(　　)

A.不看电视　　　B.偶尔看　　　C.每天都看

4.你最喜爱的节目内容(　　)

A.电视剧或电影　　　B.娱乐节目　　　C.新闻　　　D.知识性节目

E.动画片　　　F.体育节目　　　G、其他

5.你认为观看电视是为了满足以下需求(　　)

A.娱乐　　　B.获取新闻　　　C.消磨时间　　　D.情感陪伴

E.逃避或缓解压力　　　F.了解外面世界

6.家长或长辈(是/否)会对你观看电视的时长做出限制？你(会/不会)听从他们的建议？

7.家长或长辈会对你观看电视的内容进行限制吗(　　)他们希望你观看的节目有 ＿＿＿＿＿＿＿＿＿＿＿＿＿＿＿＿

A.会　　　B.不会　　　C.有时会

8.学校及老师会对你的电视观看行为有要求吗(　　)

A.会　　　B.不会　　　C.有时会

9.你认为电视中的内容是对现实生活的真实反映吗(　　)

A.是　　　B.不是　　　C.不知道

10. 观看电视是你认知外界世界的主要渠道吗( )

A. 是　　B. 不是　　C. 不知道

请罗列出你喜欢看的电视节目_____

四、网络使用情况

1. 家里是否拥有网络及计算机( )

A. 是　　B. 否

2. 你上网的主要途径是( )

A. 家庭网络　　B. 网吧　　C. 手机　　D. 其他

3. 你使用计算机上网的情况( )

A. 能够自如使用　　B. 上网简单操作还行　　C. 不会使用

4. 你使用计算机上网主要用来( )

A. 浏览时事新闻　　B. 打游戏　　C. 看电影或电视剧

D. 基于社交工具的同伴联络与往来　　E. 了解娱乐八卦

F. 其他

5. 你使用计算机上网的频率( )

A. 每天　　B. 每隔两三天　　C. 一周一次

D. 很少使用计算机上网　　E. 从不

6. 你希望在家里或学校拥有计算机及随时使用网络的机会吗( )

A. 非常希望；　　B. 希望　　C. 无所谓　　D. 不希望

7. 你认为计算机网络可能给你的最大帮助是什么( )

A. 了解外面世界　　B. 学习查阅资料　　C. 娱乐放松身心

D. 便于同伴联系　　E. 其他

8. 父母是否支持你使用计算机网络( )

A. 支持　　B. 反对　　C. 无所谓

9. 学校或老师是否支持你使用计算机网络( )

A. 支持　　B. 反对　　C. 无所谓

10. 你认为网络上描绘的现实世界是社会真实的反映吗(　　)

A. 是　　　B. 不是　　　C. 有些是,有些不是　　　D. 不知道

请你说说网络给你或将会给你生活带来的改变是什么

_____

五、手机使用情况调查

1. 你是否拥有手机(　　)

A. 是　　B. 否

2. 你觉得你周围拥有手机的同学多吗(　　)

A. 多　　B. 一半一半　　C. 不多　　D. 很少

3. 你的手机来源是(　　)

A. 父母购买的　　　0B. 亲戚赠送的　　　C. 自己购买的　　　D. 其他

4. 你使用手机的主要用途(　　)

A. 接打电话或短信　　B. 上网　　　C. 游戏　　　D. 同伴联络与往来

E. 看影视剧　　　F. 听广播或音乐

5. 与你手机联络最多的人是(　　)

A. 父母　　　B. 老师　　　C. 同学或朋友　　　D. 其他

6. 现在你与手机的关系是(　　)

A. 重要的生活平台,每天都要使用,离不了

B. 重要的社交平台,维持与同伴间的联络

C. 仅仅是通话工具,方便联系

D. 可有可无,无所谓

7. 手机是你与父母和朋友沟通的重要渠道吗(　　)

A. 是　　　B. 不是　　　C. 不好说

8. 使用手机主要是为了满足你(　　)的需要

A. 联络及社交　　　B. 社会认知,了解世界　　　C. 娱乐

D. 消磨时间　　　E. 情感联系

9.学校或老师对使用手机的态度:(　　)如果反对,一般会学校或老师会采取什么办法_____(如上交、没收等)

A.支持　　　B.反对　　　C.无所谓

10.你的父母对你使用手机的态度(　　)

A.支持　　　B.反对　　　C.无所谓

请你说说手机给你的个人生活带来的或可能带来的改变是什么

_____

谢谢您的认真回答!

六营村中学生媒介使用情况调研报告

为了准确把握六营青少年媒介使用情况,设计本次问卷。问卷调研活动在六营村所属的初中和高中两所中学内展开(GG 中学、GM 高中)。本研究将研究对象锁定在初一到高二年级,年龄段在 12~17 岁之间,并具备清晰表述的能力和基本交流技能的学生。共发放问卷 200 份,有效问卷 169 份,回收率 84.5%。通过对回收问卷的数据统计与分析得出以下结果。

一、乡村青少年媒介使用基本状况

问卷调查显示(如图一),当地中学生主要接触的大众媒介中电视占30%、电脑 30%、手机 36.1%,书籍仅 4.1%,而报纸杂志、广播均为零接触。其中 40.2% 的电视接触行为是"浅接触",即,每周看电视时长为1 个小时及以下,而每周 5 个小时及以上的电视"深度接触"行为仅占29.9%。与此鲜明对照的是每周 5 小时及以上的手机深度接触行为高达55.2%。电视不再是农村中学生群体接触的优势媒介,手机则替代电视成为农村中学生最为青睐的媒体。这与早先一些学者的研究结果有一定差距。[1]造成这种现象的原因是多样的,如,样本差异、问卷设计、分析手

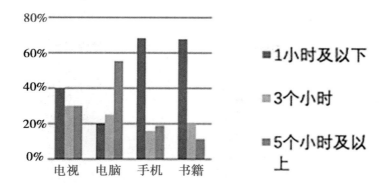

图一:农村中学生媒介使用时长

段等,但其中最为重要的原因是,媒介技术发展带来的媒介环境改变及农村儿童媒介使用行为的根本性变化。

(一)电视:渐被冷落的背景音像

被调查者家庭中电视的拥有率为100%,很多家庭有两台电视。在多样化媒体的使用过程中,有67.7%的学生表示课余时间只是偶尔看或者根本不看电视。在访谈中很多学生认为电视节目没意思,因为电视不好看,即便遇到好看的电视也可以通过手机或电脑追看。在访谈中,有一部分学生表示,会一边看电视一边玩手机。这种多场域同时的媒介接受行为,使青少年的电视内容接收被干扰,多种媒体营造的多场域争夺着受众的注意力。以手机为代表的新媒体以其出色的传播特征吸引着受众的全方位参与,这也是导致农村中学生电视接触率走低的重要原因。电视节目是农村中学生主动地媒介消费行为下的挑剔选择,满足其特定需求,并非"无意识收看"。有限的电视使用也呈现出特定的偏好及目的。湖南卫视、江苏卫视、浙江卫视等以娱乐定位的频道是他们的主要选择。喜欢看的电视内容依次是:各类综艺节目(如快乐大本营、爸爸去哪、奔跑吧,兄弟等)、影视剧、科教类、普法类、新闻类。在电视的收看方式上,倾向于选择手机离线下载收看。

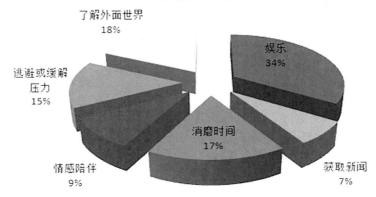

图二:农村中学生电视观看满足

卜卫先生结合施拉姆对儿童的电视需要的划分,将媒介需要分为:交往、学习、新闻、情绪刺激、缓解焦虑、消磨时间6种需要。[2]本文参考该划分方法,结合问卷通俗表述的原则,作以微调。图二能看出农村中学生电视使用动机主要是娱乐。影视剧、各类综艺节目都是为了满足其娱乐需求,这与一些城市中学生电视使用满足研究结果并无明显区别。[3]媒介技术的发展是否缩小了城乡的"知沟"还有待于进一步论证,但可以得出的初步结论是,随着城乡一体化进程的推进及多元化信息传播模式的普及,电视在沦为传统大众媒体后,城乡青少年电视消费模式将逐步趋于一致。

(二)手机:重要的娱乐、交际工具

此次在中学生范围内的调查,手机拥有率为84.2%,几乎一个班级里人人都有手机,而且年级越高,手机拥有率越高。手机的高拥有率是手机高性能与价格便宜、父母便于联系主动购买、攀比心理等多种因素共同作用的结果。很多学生表示虽然学校里明令禁止携带手机入校,自己仍会悄悄地将手机带到学校。中学生的手机是接打电话、上网、游戏、交友、购物、娱乐多种功能的复合使用。

手机以其移动、便携的优势成为当下农村中学生接触和使用率最高的媒体,55.2%的学生认为自己每周使用手机平均用时 5 个小时及以上,69.6%的学生的手机主要用来接电话、收发短信和 QQ 联络,娱乐功能占30.4%,可见,通信、娱乐是中学生使用手机的主要用途。

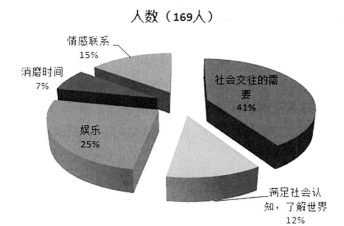

图三:农村中学生手机使用动机

城乡融通、媒介技术多样与资讯的发达使农村的青少年不再依赖某一媒介满足对世界的认知与想象,手机因其轻巧、便利、易得的优势,跨越了传统电脑网络的发展阶段,直接进入手机移动互联网时代。手机作为基本的通信工具,满足了 40.7%的同学的社会交往的需求,是与父母、同学和朋友的沟通联系的重要工具。尤其农村的留守儿童,手机更是与父母情感维系的重要纽带。75.2%的农村中学生通过手机实现上网。手机的强大功能,让农村中学生体验到网络带来的快乐。很多学生能够熟练掌握下载、缓存、离线游戏、离线观看等网络操作行为。即便家里没有网络可以到镇上有免费 Wi-Fi 的地方下载或缓存需要的内容,然后回到家里使用。访谈中,WH(18 岁,中专)说,"现在大家在一起玩,很多时候都聊的是手机游戏啊什么的,要是不知道,就是很没意思的嘛。"手机的线上交流是线下人际的延伸与补充,为现实人际交往提供了丰富话题和无限可能。

（三）电脑：有限的愉悦追求

当地中学生上网途径主要是手机，而计算机网络的使用是有限的。光纤已通入各村，但入户率较低，家庭网络拥有率为23.8%。镇上的网吧是当地青年上网、游戏的重要场所，但较计算机网络及网吧兴起之初，选择网吧上网的学生人数也逐渐减少。本次调查显示，只有4.2%的学生会选择去网吧，很多学生觉得网吧的环境太差，不愿意去，但最主要的原因是手机满足了中学生的网络需求。中学生家庭网络入户与家庭状况密切相关。走访中发现，父母或一方常年在外打工，父母教育理念较为保守的家庭基本拒绝接入网络，而父母在家或有成年兄长常年在家的家庭接入网络的较多。其中家庭条件是接入与否的重要变量。同时农村中学生电脑基本技能有限，78.4%的学生仅会上网浏览网页等简单操作，其中19.1%的学生不会电脑操作。

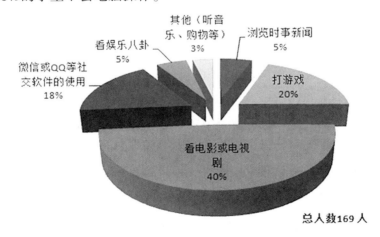

图四：农村中学生电脑使用情况

农村中学生使用电脑的机会极为有限，电脑的使用更多是传统媒体的娱乐补足，在电脑上看没看过的电影，没赶上的电视剧或者综艺节目，玩网游等。结合图四可以看出农村中学生使用电脑机会较低，电脑使用能力较差，被动的浏览、观赏、游戏等娱乐性使用较多。用于学习、个人爱好等方面的创造性内容较少。在中学生有限的计算机网络接触使用中,54.7%的使用行为主要用来娱乐放松身心。电脑在农村普及率不高,手机以其强大的智能体现迅速补足,在"您是否希望在家里能够随时使用计算机上网"问题中,76.1%的学生表示无所谓。可见,在媒介发展历程中,媒介形式的更迭并不需要历史化呈现、体验,只要满足了人的媒介需求,跨越式发展是完全可能的。

二、媒介选择与使用的影响因素

(一)性别影响媒介及其内容的选择

在抽取性别等同样本量分析后发现,农村中学生在电视、计算机网络、手机的使用方面表现出明显的性别差异。在电视使用方面,女生的电视的深度接触率高于男生。而手机和电脑的深度接触率低于男生(本研究深度接触指 5 个小时以上的接触)。在电视内容的选取上,男生女生都比较钟爱综艺节目和影视剧,在此基础上女生更为钟爱电视剧、美食节目等;很多的男生对科教、军事、普法类节目更感兴趣(如探索发现、我爱发明等)。

手机是农村中学生群体接触的绝对优势媒体,在具体接触行为中呈现出明显的性别差异。60%的女生使用手机主要用来接打电话或发短信,男生仅占 20.9%。与此对应,74.4%的男生使用手机主要用来上网浏览网页、打游戏、使用社交软件,而女生仅占 30%。女生倾向于手机基础功能的使用,使用行为相对保守。而男生更喜欢手机延伸功能,愿意主动开发、探索,喜欢刺激性的使用功能。此外,男生对手机的依赖感更强烈,12.9%的男生认为手机是重要的生活平台,每天都要用,离不了。女生则更倾向于将手机看作是方便联系的通讯工具。

在计算机网络使用方面,男生计算机使用青睐游戏、交友等具有一定参与性的主动使用行为。而女生使用电脑主要是一种以浏览、观看为主

体的传统媒体补足的使用行为。打游戏占男生电脑网络使用行为的
33.3%,观看影视剧也是其重要使用行为,占30.2%。女生电脑网络使用
行为中,观看影视剧是其绝对主要使用行为,占69.6%。

(二)身份差异决定媒介素养

此处身份指留守与非留守的差异。非留守儿童较留守儿童呈现出更
出色媒体使用能力。走访中发现,当地中学并未开设计算机课程,计算机
常识的获取途径是家庭、网吧、亲戚或同学。与中国许多其他农村一样,
父母双方或一方在外打工的留守儿童在商城地区也非常普遍。本次调查
发现非留守家庭网络接入率较高,71.4%的非留守儿童将电脑作为其上
网主要途径,同时这部分学生认为自己的电脑使用能力较好,能够自如使
用。而留守儿童中只有9.8%的学生家庭接入电脑,10.4%的人表示能够
自如使用,绝大部分只是简单操作,甚至完全不会。非留守儿童比留守儿
童有更多的计算机网络接触机会和好的电脑使用能力。

留守儿童在面对计算机网络教育的缺失,手机起到了功能补偿的作
用,上网、游戏、聊天带给他们和计算机网络几乎相同的体验。因此,当问
到是否愿意拥有一台属于自己的联网计算机时,94.7%的无计算机网络
的留守学生表示无所谓。手机在留守儿童中起到网络代偿功能的同时,
与父母的情感联络成为手机的重要功能,89.1%留守儿童认为,手机是自
己与父母情感沟通的重要工具。

(三)同伴的媒介行为是重要参照

在农村亲缘与地缘关系的密切勾连让中学生的同伴关系更加亲近,
联系频繁。一起玩耍、一起看电视等,农村儿童各类媒介内容的使用更是
一个群体消费的过程。新媒体的互动参与性加强了同伴间联系的同时,
也使更多同伴"卷入"。

鲍德里亚认为消费是让一个符号参照另一个符号、一件物品参照另
一件物品、一个消费者参照另一个消费者,由此而形成的消费总体性只是

一个伪欲望情景。[3]调查发现很多学生表示媒介及媒介内容的选择在很大程度上受到同伴的影响。70.3%的学生表示会有意识收看同伴提及的电视节目。此外84.5%的学生表示手机游戏的选择主要来源于同伴。很多同学认为购买手机的原因是同学都有,自己也想有,而不在于其实际价值。因此,农村儿童在媒介的选择与内容的使用上更多地来自对同伴的"参照"。媒体的选择与使用中同伴的影响是无形且强大的。

三、农村中学生媒介使用存在的问题

媒介技术的迅猛发展让城乡少年儿童都拥有了海量接触信息的可能。尤其是农村中学生手机的高普及率为这一可能提供了重要的技术支持。但媒介环境应是多种类、多渠道并存的复合场域,任何一个媒介不可能取代其他媒介,改变媒介生态平衡。此外,中学生尚处于少年期,心智发展不成熟,媒介使用行为仍需多方引导。充分考察少年儿童媒介素养及城市少年儿童媒介使用现状后发现,农村中学生媒介使用仍存在一些问题:

(一)媒介选择与接触不均衡

农村中学生媒介的复合使用是具有强烈偏向性和不均衡性的。相对于城市中学生媒介使用,多样性严重不足。江林新等人针对上海少年儿童媒介接触与使用的研究表明海中学生对电视、报纸、杂志、网络等各类媒介接触使用较为均衡、多样。[4]由于客观媒介环境、主观意愿等多方限制,农村中学生的媒介使用主要集中在电视、计算机网络、手机这三类媒体,而报纸、杂志等媒体的接触环境缺失。在网络使用方面,主要通过手机实现网络链接而非计算机。

(二)父母对媒介使用行为监管缺失

农村中学生父母对其媒介使用行为基本持放任态度。缺乏基本监管,更遑论媒介健康使用行为的引导。本次调查表明仅有44.8%的家长会对其电视收看时长进行限制,但其中74.7%的家长不会对收看内容作出要求;在电脑使用上42.6%的家长对孩子上网持无所谓的态度,即不会对其上网行为作出任何要求;53.5%的家长对孩子手机使用持无所谓态度。于此相对应,江林新等人针对上海青少年媒介使用行为调查后结论为:上海少年儿童的媒介使用行为受到普遍监管,尤其是网络媒体,只有两成的学生可以自由上网。[4]这与农村中学生家长的普遍不限制、不监管、无所谓的态度形成鲜明对照。

(三)学校权威控制而缺乏引导

与城市中学不同,农村中学更以教学为根本,一切以学生学习成绩为核心。农村学校对中学生媒介使用是"权威控制"的简单形式,缺乏适当的媒介使用能力及素养的培养。学校没有培养学生基本媒介素养,引导学生正确使用媒介的基本意识,"明令禁止"等简单粗暴的管理手段使学生媒介使用愿望与学校的管控形成无形对抗,不利于中学生形成正确的媒介观。例如当地中学没有开设计算机课程,家庭计算机普及率不高,学生计算机使用能力较弱。在访谈中,老师们均不赞成学生使用电脑。学校对学生媒介使用行为的控制,极大影响了农村儿童的媒介素养培养。尤其是对手机的使用,学校明令禁止携带手机进入学校及课堂。很多老师表示,现在手机是学生学习最大的干扰,一旦发现学生携带手机,便没收。

四、结论

与之前一些关于农村留守儿童媒介使用情况调研结果显示电视是农村青少年接触信息、休闲娱乐的重要媒介的结论不同,此次针对六营村中学生的调研结果显示,手机以其绝对优势成为六营青少年日常娱乐生活的重要媒介,而电视则沦为背景媒介。造成这种结果的原因是多样的。

手机价格的持续走低;家庭经济条件的改善;父母外出务工,亲子联络的现实需求等原因使乡村青少年的手机日渐普及并深刻影响着他们的学习和日常生活。

【参考文献】

[1]李永健、刘富珍:《农村青少年媒介接触与使用——对山东枣庄农村青少年媒介接触的调查》,《中国青年政治学院学报》,2007 年第 4 期。

[2]卜卫:《论儿童的媒介需要和媒介选择》,《现代传播》,1993 年第 4 期。

[3]让·鲍德里亚:《消费社会(第 1 版)》刘成福译,南京大学出版社,2008,第 17-18 页。

[4]江林新:《上海市少年儿童媒介接触和使用——2010 年调查报告辑要》,《新闻记者》,2010 年第九期。

附录二
主要访谈人物基本情况及访谈提纲

主要访谈对象基本情况
每个类别均依照访谈时间先后顺序

主要访谈对象——青少年							
序号	姓名	性别	年龄	年级	手机号	QQ号	备注
1	WDZ	男	16岁	初一	1551433＊＊＊7	2711933＊＊8	与奶奶生活
2	WDL	女	16岁	初三	暂无	2723177＊＊4	与爷爷奶奶生活
3	WDY	女	15岁	初二	1551452＊＊＊9	2647642＊＊3	同上；WDL的妹妹
4	XS	女	17岁	初三	未留	1989730＊＊4	与母亲生活；家中有电脑和网络
5	ZBF	女	14岁	初一	无手机	941643＊＊9	与爷爷奶奶生活
6	XXY	女	14岁	初二	无手机	无	同上
7	PMH	男	18岁	高一	1597853＊＊＊3	1298411＊＊5	独自生活
8	PMP	男	18岁	高二	1367349＊＊＊6	1563860＊＊5	与爷爷奶奶生活
9	LMC	男	17岁	高一	1321387＊＊＊3	1947009＊＊2	与爷爷奶奶生活
10	HZB	男	15岁	初一	1586132＊＊＊4	无	与爷爷奶奶生活
11	WDL*	男	13岁	初一	1569078＊＊＊7	忘记	同父母生活
12	HHF	男	18岁	高一	1564918＊＊＊2	1664951＊＊6	与爷爷奶奶生活
13	WRR	女	17岁	高二	无手机	无	与母亲生活
14	WHJ	女	13岁	初一	1587124＊＊＊6	318564＊＊＊5	与母亲生活
15	WDS	男	16岁	初二	1366987＊＊＊3	206940＊＊＊1	与母亲生活（家中有电脑及网络）
16	SFH	男	16岁	初二	1592446＊＊＊2	4646＊＊＊1	与母亲生活

					主要访谈对象——青少年		
序号	姓名	性别	年龄	年级	手机号	QQ号	备注
17	SXY	女	17岁	高三	1592346＊＊＊6	65161＊＊＊6	与母亲生活
18	SCQ	男	17岁	高一	1568598＊＊＊2	187563＊＊＊6	与奶奶生活
16	YXW	男	15岁	初三	1529023＊＊＊7	20359＊＊＊8	独自生活
17	SCX	女	18岁	高二	1560934＊＊＊6	163949＊＊＊7	与母亲生活
18	HQF	男	18岁	高三	1522538＊＊＊3	81534＊＊＊3	与爷爷奶奶生活
19	HWJ	女	16岁	初三	1523768＊＊＊5	191326＊＊＊1	与爷爷奶奶生活
20	WL	男	18岁	高三	1583478＊＊＊2	202448＊＊＊4	与母亲生活
21	WHH	男	18岁	中专	未留	未留	在父母打工的城市上中专(郑州)

				主要村民	
序号	姓名	性别	年龄	联系方式	备注
1	XC	男	52	1555716＊＊＊8	代理村长
2	LFQ	男	49	1394917＊＊＊8	代理村支书
3	SYR	女	52	1573846＊＊＊9	留守妇女(WL的母亲)
4	SDB	男	72	0376-748＊＊＊9	留守老人(WL的姥爷,独自生活)
5	WH	女	46	1568798＊＊＊6	留守妇女(SCX的母亲)
6	LDR	女	49	1566756＊＊＊4	留守妇女(WRR的母亲)
7	MFY	女	43	未留	与丈夫外出务工(FQF的母亲)
8	WHF	女	65	无	留守老人(LMC的奶奶)
9	WF	女	42	未留	小卖部老板娘

				主要老师	
序号	姓名	学校	教授课程	联系电话	职务
1	YZS	GG中学	初三英语老师	1383765＊＊＊5	主管教学副校长
2	LYX	GG中学	初三政治老师	1378290＊＊＊7	初三班主任;校团委书记
3	ZDJ	GG中学	初二语文老师	1383976＊＊＊5	初二班主任
4	WDW	GM高中	高二数学老师	1823766＊＊＊2	无(WL的大姐)
5	LXB	GM高中	高二语文老师	1825673＊＊＊5	高一班主任

访谈提纲

（一）关于手机

1. 在记忆当中大概是什么时候见到手机的？看到后心里怎么想（什么感觉）？

2. 周围同学大概什么时候开始用手机的？当时心里什么感受？

3. 手机最吸引你的功能是什么？

4. 手机对农村学生的利与弊？你为什么想/不想拥有一部手机？

5. 你什么时候拥有的第一部手机，拥有第一部手机和更换手机的故事？

6. 你觉得手机对世界、乡村和对你的改变是什么？

7. 你觉得手机对你最大的影响和最大的用处是什么？

8. 你觉得手机是一个炫耀的工具吗

（二）关于手机应用

1. 你手机的常用功能是什么？

2. 你知道网络购物吗？你怎么看？

3. 你使用微信吗？为什么？

4. 关于QQ：QQ给你的生活或同伴交往带来什么样的变化？你的QQ联系人组成？在QQ里经常互动的人？QQ最吸引你的功能是什么？

5. 手机游戏和网络游戏那个最吸引你？为什么？游戏给你带来哪些满足？

6. 关于手机视频，平时都用手机来看什么？通过什么方式看？手机影视剧和电视收看有什么区别？

（三）关于城市与乡村

1. 你的理想是什么？你觉得最终会在哪里发展？

2. 你对乡村的记忆和城市的印象分别是什么？

3. 你觉得你和城市青少年在日常生活、思想观念等方面有区别吗？

4. 你觉得手机会缩小城乡差距吗？

5. 你喜欢城市还是乡村？为什么？

附录三
田野日记选——赶集

　　这里的乡村是由晨集叫醒的。清晨 6 点整个村庄就苏醒并从赶集开始忙碌了起来。乡间小路上早起的人们骑电瓶车在赶集的路上热情地大声打着招呼。"大嫂赶集啊……";"国(哥)去赶集啊……"这里的人们仍然保持着早睡早起的习惯,赶集是一天的开始。昨夜的小雨让这个清晨略显清凉,空气中弥漫着浓重湿气,植物的叶片湿漉漉的,各种绿色那么艳丽。路两旁大片的绿融融的稻田上漫着轻薄的雾气,静等着晨光的铺洒。

　　近些年来乡村发生了显见的变化,现代乡村生活因为农业机械化和外出务工也变得日渐闲适,但在乡村生活,购物仍不便利,赶集的传统得以留存。一天的吃喝等基本物品可以在集市上购买,农家自产的多余物资也可在集市上流通。一路 10 多分钟来到铜山集,这里已是人头攒动。刺耳的汽车喇叭混杂着悠然赶集的人群,人、车略显得拥挤。乡村大概只有在这个时候人最多、最热闹,人们即使不买东西也要来逛逛,赶赶人气。因单号(农历)逢集,人多、车多,道路都沙化了,昨天的雨水让路上略显泥泞,还有一些水坑,这些并不影响人们赶集的热情。集市上还保存着传统的乡村买卖形式,人们把家里吃不完的菜、鸡、鸭,拿到集市上来卖,价钱也更灵活一些。卖家静等买家上前询问才回答,可能在同为种田、种菜好手买家面前,推销完全没必要,而且即便卖不完也可自家吃用。买卖之间没有叫卖、没有价签、没有广告、没有聒噪的音响,倒显得那么质朴而不功利。街上熟人间哥啊、姐啊、嫂啊的热情而又大声地打着招呼,甚至街当间就拉起家常来,全然不顾刺耳喇叭在身后的催促。卖家遇到熟人客套寒暄后不忘在各种推辞间硬塞一些物品。

　　铜山集不大,也就 100 多米在道路两旁展开,买完了必需品,便买些油果子等带回当早餐。一些无需回去做早饭的老头们围坐在一张斑驳的桌子前、大饼就着免费茶水，"撇撇瓜儿"（聊天）、张望着热闹的集市，早餐便解决了。由于青壮年都外出务工，集市上能看到的大多是老年人或者中老年妇女，让这集市少了很多现代商业气息，熟人社会也让这里少了很多欺瞒。作为外乡人，铜山集给我的是不同于现代城市生活的新奇，我想当地人更多的可能是热闹、熟悉与亲近吧。

太阳逐渐升起，热气上来，人们各得其所，人流逐渐稀少，各种喧闹将息，罢集了……

清晨的铜山集

自产自销的"商贩"

集市上的食客

附录四
调研对象命题作文节选

　　为了更好地充实、丰富研究资料,与田野调研资料形成有效补充,在第一次调研过程中,选择 GM 高中一年级某班在老师的配合下,当堂不记名命题作文《我和手机的故事》,当堂共 71 人,收集作文 71 分。

《我和手机的故事》节选一

　　……记得上初中时,班里同学一个个都拿着各种牌子的手机,一时自己也有了想要的想法,虽然家庭条件不怎么好,但想得到它的奢望还是非常强烈。我知道自己当时的胆子很小,并不知道从哪里来的勇气对父母说了:'爸、妈我想买手机',本以为他们会把我训斥一番,然而他们并没有,而是很和蔼的语气和我说,你现在还小,又在上学,不如你考上高中再给你买,即时当时的我很失望,但仔细一想也就答应了,那一年我 13 岁。

　　随着年龄的增长,对手机的欲望没有减少,反而越来越深(强),于是我翻出姐姐的第一部手机,把它变成了我的,那时我 15 岁。

　　有一次和堂哥玩时,把正在放音乐的它掉到了水里,使自己成了"无机户"。当时我压抑了好多天,一次在与同学聊天时得知他有一部手机不用了,我犹豫地说,多少钱卖给我,但他说你要就送给你,听到他这么一句话,我高兴的都快跳起来了,因此有了第二部手机。

　　……　……

《我和手机的故事》节选二

　　……刚开始,手机对我来说是用来玩游戏的,听歌的没什么好玩的,有了 QQ 号之后，就栽进去了，整天挂 QQ、踩空间、逛家园，一心把 QQ 等级提上去，那时候 QQ 提示应连续不绝，而且还故意把手机音量调到很大，好让别人认为自己很潮，这样一种思想。……我们每天都盼着晚自习结束，夜猫子们行动起来吧。

…… ……

我上课的任务除了课桌上的书之外，还有我桌子里面的电子书。那是我上九年级，用的木桌子，聪明的我想了一个非常聪明的办法，就是把桌子挖个洞，这样就可以上课看了，哈哈，我太有才了。

…… ……

《我和手机的故事》节选三

……假期里，手机几乎与我寸步不离，正如一个脑筋急转弯所说，早晨起来第一件事情是什么，答案不再是睁眼而是拿手机，只有拿到手机才开始将自己惺忪的睡眼睁开，接着就是整天漫游在手机中。……刷空间动态，找自己亲密的玩伴聊聊家常，打游戏，总要在一个游戏里待很长时间才能出来。此外，看小说、看电影、看动漫，就在那小小的不到 5 寸的屏幕上睁 24 小时都不成问题。

…… ……

《我和手机的故事》节选四

我和手机也许是一家。

从前在没有手机之前，我的生活单调无味，视野非常狭窄，看着同学说着那些新潮的玩意儿、新潮的事物、八卦、我只能默默地听，当时，充满失落。我清楚地记得同学问我要 QQ 号时，我一脸的尴尬无无奈。

…… ……

手机真不是一个好东西，因为它我也很纠结，不要吧就觉得和亲朋好友没了联系,有了吧,又会让我玩得忘了时间,没办法,自控能力真不行。

…… ……

《我和手机的故事》节选五

从小我就有一个愿望,那就是拥有一部属于自己的手机。当时同学们几乎人手一部,只有我没有,看着同学们下课拿着五颜六色的手机,相互讨论着各种手机上的游戏时,我流露出了十分渴望的眼神,就像是在大漠中寻求水的感觉。……一些无聊的同学竟然相互要起了手机号,当一位不知情的同学找到我时,我满脸通红,尴尬地说出了我没有手机的实情,小伙伴们都惊呆了,这又使我重新燃起了买手机的欲望,我下定决心攒钱买手机。

…… ……

我的愿望终于实现了,我整天拿着它玩游戏,那时已经放暑假了,我每天几乎只睡 5 个小时,每天除了吃饭,其余时间都在玩手机,当时就感觉整个世界都在我手中一样,那时我越来越能跟上潮流了,每天都在 QQ 上和同学打得火热,起初我打字速度很慢,每分钟只能打七八个,而现在每分钟都能打七八十个字了。

…… ……

附录五
田野调研图片选

午后的六营村

稻田与房屋

正月里的六营村主路

夏日里的六营村主路

六营小学

稻田中的移动基站

乡村小别墅

无人居住的老屋

村东头的凌集（没什么年轻人）

外迁后留下的空置房屋

随处可见外出打工人家

老屋内的中堂

凌集上的理发店

拔花生的老人

麻将馆门口的中招考试喜报

GM 高中教室一景

高考动员会上玩手机的男生

玩手机的少年

玩手机青少年

手机联系人

炫手机的少年

17、留守、与爷奶一起生活　终于，在期盼下，下雪了，在夜幕下雪花覆盖了家乡的和谐大地，美丽的小山村显得分外妖娆，家乡最美丽的地方，无论我走的多远，变的多富，我心中始终牵挂着，这个地方，因为我是商城人，

赞(10)　评论(2)　转发　更多 ▼

👍 17、留守、与爷奶一起生活、快乐精灵 等10人觉得很赞

:你还搞抒情啊！
2014-2-6　回复

17、留守、与爷奶一起生活　回复 ☆*--*深深缘浅 ：没有啦！只是发表一下自己滴感想了！
2014-2-6　回复

回复 17、留守、与爷奶一起生活 ：呵呵
2014-2-6　回复

:你是不是想作诗啊
2014-2-7　回复

QQ 抒发心情

223

参考文献

[1]安东尼·吉登斯,《现代性与自我认同》,赵旭东,方文译,北京:生活·读书·新知三联书店,1998。

[2]安东尼·吉登斯,《现代性的后果》,田禾译,南京:译林出版社,2000。

[3]埃里克·麦克卢汉,《麦克卢汉精粹》,何道宽译,南京:南京大学出版社,2000。

[4]埃里克·H.埃里克森,《同一性:青少年与危机》,孙名之译,杭州:浙江教育出版社,1998。

[5]保罗·莱文森,《手机:挡不住的呼唤》,何道宽译,北京:中国人民大学出版社,2004。

[6]布尔迪厄,《文化资本与社会炼金术:布尔迪厄访谈录》,包明亚译,上海:上海人民出版社,1997。

[7]本尼迪克·安德森,《想象的共同体——民族主义的起源于散布》,吴叡人译,上海:上海世纪出版社,2011。

[8]陈向明,《质的研究方法与社会科学研究》,北京:教育科学出版社,2000。

[9]戴维·莫利,《传媒、现代性和科技:"新"的地理学》,郭大为等译.北京:中国传媒大学出版社,2010。

[10]达格拉斯·凯尔纳,《媒体文化:介于现代与后现代之间的文化研究、认同性与政治》,丁宁译,北京:商务印书馆,2004。

[11]丹尼斯·麦奎尔,《麦奎尔大众传播理论》,崔保国,李琨译,北京:清华大学出版社,2006。

[12]丁未,《流动的家园:攸县的哥村社会传播与身份共同体研究》,北京:社会科学出版社,2014。

[13]费孝通,《费孝通选集》,天津:天津人民出版社,1988。

[14]费孝通,《乡土中国,生育制度》,北京:北京大学出版社,1988。

[15]米歇尔·福柯,《规训与惩罚:监狱的诞生》,刘北成译,北京:三联书店,2012。

[16]贺雪峰,《乡村治理的基础——转型期乡村社会性质研究》,北京:中国社会科学出版社,2003。

[17]哈罗德·伊尼斯,《帝国与传播》何道宽译,北京:中国传媒大学出版社,2013。

[18]孔明安,《物.象征.仿真——鲍德里亚哲学思想研究》,合肥:安徽师范大学出版社,2010。

[19]柯克·约翰逊,《电视与社会变迁:对印度两村庄的民族志调查》,展明辉,张金玺译,北京:中国人民大学出版社,2005。

[20]罗伯特·S.费尔德曼,《发展心理学:探索人生发展的轨迹》,苏彦捷译,北京:机械工业出版社,2011。

[21]列斐伏尔,《空间与政治》,李春译,上海:上海人民出版社,2015。

[22]林文刚,《媒介环境学》,何道宽译,北京:北京大学出版社,2007。

[23]雷雳,《发展心理学》,北京:中国人民大学出版社,2013。

[24]李学铭,《青少年心理学》,北京:北京语言学院出版社,1992。

[25]刘铁芳,《守望教育》,上海:华东师范大学出版社,2004。

[26]马克·波斯特,《信息方式后结构主义与社会语境》,范静哗译,北京:商务印书馆,2001。

[27]马克·波斯特,《第二媒介时代》,范静哗译,南京:南京大学出

版社,2005。

[28]尼克·史蒂文森,《认识媒介文化:社会理论与大众传播》,王文斌译,北京:商务印书馆,2001。

[29]尼尔·波兹曼,《娱乐至死》,蔡承志译,广西:广西师范大学出版社,2009。

[30]尼尔·波兹曼,《童年的消逝》,吴燕莛译,北京:中信出版社,2015。

[31]纽曼尔·卡斯特,《认同的力量》,夏铸九译,北京:社会科学文献出版社,2003。

[32]米歇尔·福柯,《规训与惩罚》,刘北成,杨远婴译,北京:三联出版社,2012。

[33]乔治·拉伦,《意识形态与文化身份:现代性和第三世界的在场》,戴从容译,上海:上海教育出版社,2005。

[34]让·鲍德里亚,《消费社会》,刘成富,全志刚译.南京:南京大学出版社,2008。

[35]尚·布希亚,《物体系》,林志明译,上海:上海世纪出版集团,2001。

[36]孙志祥,《大别山下的状元县》,河南:河南人民出版社,2010。

[37]熊培云,《一个村庄里的中国》,北京:新星出版社,2012。

[38]阎海军,《崖边报告:乡土中国的裂变记录》,北京:北京大学出版社,2015。

[39]詹姆斯·凯瑞,《作为文化的传播——"媒介与文化"论文集》,北京:华夏出版社,2005。

[40]商城县志编委会,《商城县志》,河南:中州古籍出版社,1991。

[41]商城县地方史志编纂委员会,《商城县志》,河南:中州古籍出版社,2005。

[42]赵孟营,《新家庭社会学》,武汉:华中理工大学出版社,2000。

[43]班建武,《符号消费与青少年身份认同》,《教育学术月刊》,2009

226

年第 7 期。

　　[44]卜卫,《国外对儿童与大众传播关系的研究》,《新闻与传播研究》,1990 年第 4 期。

　　[45]卜卫,《论儿童媒介的需要与媒介选择》,《现代传播》,1993 年第 4 期。

　　[46]卜卫,《关于儿童媒介需要的研究——以电视、书籍、电子游戏机为例》,《新闻与传播研究》,1996 年第 3 期。

　　[47]曹晋,《传播技术与社会性别:以流移上海的家政钟点女工的手机使用分析为例》,《新闻与传播研究》,2009 年第 1 期。

　　[48]陈新民,王旭升,《电视的普及与村落"饭市"的衰落——对古坡大坪村的田野调查》,《国际新闻界》,2009 年第 4 期。

　　[49]程东亚,《知识观的转变与教师话语权的赋予》,《洛阳师范学院学报》,2001 年第 1 期。

　　[50]常亚慧,《隐匿的权利:学校生活的常态分析》,《当代教育科学》,2007 年第 2 期。

　　[51]陈钢,《媒介技术变迁对儿童同伴关系的影响》,《现代教育技术》,2020 年第 6 期。

　　[52]陈钢,《"人机交往"还是"人际交往"——读屏时代青少年的同伴互动》,《当代青年研究》,2012 年第 1 期。

　　[53]崔新建,《文化认同及其根源》,《北京师范大学学报》(社会科学版),2004 年第 4 期。

　　[54]车淼洁,《戈夫曼和梅罗维茨"情境论"比较》,《国际新闻界》,2011 年第 6 期。

　　[55]董磊明,《现代教育与农村青少年的文化认同》,《人文杂志》,2010 年第 3 期。

　　[56]费中正,《作为技术商品、符号环境和特殊文本的传媒——斯菲斯通的驯化理论探析》,2011 年第 11 期。

　　[57]范佩佩,《从传播技术到生产工具的演变——一项有关中低收

入群体手机使用的社会学研究》,《新闻与传播研究》,2010 年第 1 期。

[58]郭建斌,《民族志方法:一种值得提倡的传播学研究方法》,《新闻大学》,2003 年第 2 期。

[59]郭镇之,吴玫,《现代与后现代双重表征:当代中国的移动电话》(下),《现代传播》,2008 年第 5 期。

[60]高振平,《社会发展进程中的代际差异》,《北京青年管理干部学院学报》,2002 年第 1 期。

[61]贺雪峰,《中国农民价值观的变迁及对乡村治理的影响》,《学习与探索》,2007 年第 5 期。

[62]贺雪峰,《农村家庭代际关系的变动及其影响》,《江海学刊》,2008 年第 4 期。

[63]胡翼青,何乔,《传播与城市的想象——以燕子河镇儿童为例》,《当代传播》,2010 年第 5 期。

[64]季念,《手机传播中的时空重塑》,《文艺研究》,2008 年第 12 期。

[65]金玉萍,《身份认同与技术转向:新受众研究发展态势》,《国际新闻界》,2011 年第 7 期。

[66]林江新,《上海市少年儿童媒介接触和使用——2010 年调查报告辑要》,《新闻记者》,2010 年第 9 期。

[67]刘津池,都月,《对应媒介教育"保护主义"的诊断和超越——大卫·帕金翰的媒介教育思想及其启示》,《中国教育研究》,2011 年第 12 期。

[68]陆双梅,《震惊的体验:迪庆藏族民众手机交往中的社会文化心理探析》,《新闻大学》,2014 年第 2 期。

[69]刘涛,《社会化媒体与空间的社会化生产——列斐伏尔的"空间生产理论"的当代阐释》,《当代传播》,2013 年第 3 期。

[70]刘涛,《社会化媒体与空间的社会化生产——福柯的"空间规训思想"的当代阐释》,《国际新闻界》,2014 年第 5 期。

[71]刘涛,《社会化媒体与空间的社会化生产——列斐伏尔和福柯的空间思想的批判与对话机制》,《新闻与传播研究》,2015年第5期。

[72]雷雳,伍亚娜,《青少年的同伴依恋与其互联网使用的关系》,《心理与行为研究》,2009年第7期。

[73]李培林,《流动农民工的社会网络和社会地位》,《社会学研究》,1996年第4期。

[74]李艳红,刘晓旋,《诠释幸福:留守儿童的电视观看——以广东揭阳桂东乡留守儿童为例》,《新闻传播与研究》,2011年第1期。

[75]陆双梅,《震惊的体验:迪庆藏族民众手机交往中的社会文化心理探析》,2014年第2期。

[76]李艳艳,《手机在农村信息化过程中的角色探讨》,《今传媒》,2009年第12期。

[77]李亚玲,《手机媒体对农村信息化分析》,《传媒观察》,2008年第10期。

[78]毛峰,《文明传播的偏向与当代文明的危机——伊尼斯传播哲学中的历史智慧》,《史学理论研究》,2005年第2期。

[79]平章起,《教育中的文化不连续性与成年仪式》,《当代青年研究》,2010年第8期。

[80]孙信茹,《手机和菁口哈尼村寨生活——关于手机使用的传播人类学考察》,《现代传播》,2010年第1期。

[81]孙信茹,苏和平,《媒介与乡村社会空间的互动及意义生产》,《云南社会科学》,2012年第6期。

[82]孙信茹,《"媒介化社会"中的传播与乡村社会变迁》,《国际新闻界》,2013年第7期。

[84]石艳,《区隔与脱域——学校空间管理的社会学分析》,《教育科学》,2006年第4期。

[85]石艳,《现代性与学校空间的生产》,《教育研究》,2010年第2期。

[86]孙秋云,费中正,《消费现代性:手机与西江苗寨的社会变迁》,《贵州民族研究》,2011 年第 3 期。

[87]谭英,《中国乡村传播实证研究》,北京:社会科学文献出版社,2007。

[88]陶家俊,《身份认同导论》,《外国文学》,2004 年第 2 期。

[89]王莹,《身份认同与身份建构研究评析》,《河南师范大学学报》,2008 年第 1 期。

[90]王铭铭,《教育空间的现代性与民间观念——民代三村初等教育的历史轨迹》,《社会学研究》,1999 年第 6 期。

[91]王丽,王庭照,李录志,《西部地区城乡文化背景下初中生学业成绩对同伴关系的影响》,《心理研究》,2015 年第 8 期。

[92]王亮,《制度建构与个体的身份认同问题——我国二元的户籍制度对湿地农民身份认同的影响》,《前沿》,2010 年第 8 期。

[93]王莹,《身份认同与身份建构研究评析》,《河南师范大学学报》,2008 年第 1 期。

[94]谢锐,《青少年小群体的群体传播特征》,《青年记者》,2007 年第 9 期。

[95]项蕴华,《身份建构研究综述》,《社会科学研究》,2009 年第 5 期。

[96]夏支平,《熟人社会还是半熟人社会——乡村人际关系变迁的思考》,2010 年第 6 期。

[97]杨席珍,《家庭传播刍议》,《新闻传播》,2005 年第 6 期。

[98]约书亚·梅罗维茨,《消逝的地域:电子媒介对社会行为的影响》,肖志军译,北京:清华大学出版社,2001。

[99]杨善华,《改革以来中国农村家庭三十年——一个社会学的视角》,《江苏社会科学》,2009 年第 2 期。

[100]杨善华,《朱伟志. 手机:全球化背景下的"主动"选择——珠三角地区农民工手机消费的文化和心态解读》,《广东社会科学》,2006 年第

2 期。

［101］袁潇,《基于手机媒体的青少年身份认同研究》,《南京邮电大学学报》,2012 年第 3 期。

［102］张婷婷,《社会转型与乡村代际关系研究:基于文献的述评》,《中国农业大学学报》,2011 年第 3 期。

［103］赵汀阳,《认同与文化自身认同》,《哲学研究》,2003 年第 7 期。

［104］赵旭东,《文化认同的危机和身份界定的政治学——乡村文化复兴的二律背反》,《社会科学》,2007 年第 2 期。

［105］周晓虹,《文化反哺:变迁社会中的亲子传承》,《社会学研究》,2000 年第 2 期。

［106］张婷婷,《市场理性与乡土伦理:一项基于征地补偿引发的家庭纠纷的社会学研究》,《华东理工大学学报》,2012 年第 1 期。

［107］张淑华,李海莹,《身份认同研究综述》,《心理研究》,2012 年第 1 期。

［108］张轶楠,陈锐,《留守儿童媒体使用情况的调查》,《现代传播》,2007 年第 5 期。

［109］张似韵,《学校教育体系与社会等级再生产——布尔迪厄的文化再生产理论述评》,《社会》,2002 年第 1 期。

［110］张孝翠,《长沙手机媒介研究》,湖南大学新闻学院硕士论文,2010。

［111］朱秀凌,《控制与协商:手机对青少年"私人场域"的构建与入侵——基于中学生家庭的实证研究》,《中国青年研究》,2015 年第 1 期。

［112］郑震,《列斐伏尔日常生活批判理论的社会学意义——迈向一种日常生活的社会学》,《社会学研究》,2011 年第 3 期。

［112］金玉萍,《日常生活实践中的电视使用——托台村维吾尔受众研究》,复旦大学新闻学院博士论文,2010。

［113］李春霞,《电视与中国彝民生活——对一个彝族社区电视与生

活关系的跨学科研究》,四川大学文艺学专业博士学位论文,2005。

[114]赵海英,《手机:农村居民生活方式变迁的推进器——昌五社区个案研究》,哈尔滨工业大学人文与社会科学学院硕士论文,2011。

[115]熊易寒,《当代中国的身份认同与政治化:——一项基于城市农民工子女的实证研究》,复旦大学国际关系与公共事务学院博士论文,2008。

[116]郭建斌,《电视下乡——社会转型期大众媒介与少数民族社区——独龙江个案的民族志阐释》,复旦大学新闻学院博士论文,2003。